HIER IST ES IMMER NOCH SCHÖN

Die Übersetzerin dankt dem Deutschen Übersetzerfonds e. V. für
die Unterstützung der Arbeit an diesem Buch

Carlsen-Newsletter: Tolle Lesetipps kostenlos per E-Mail! Unsere Bücher gibt es
überall im Buchhandel und auf carlsen.de.

Alle deutschen Rechte 2023 bei CARLSEN Verlag GmbH
Völckersstraße 14–20, 22765 Hamburg
Originalcopyright © 2022 by Yuxi Tian
Originalverlag: BALZER + BRAY, an imprint of HarperCollins Publishers
Originaltitel: *This place is still beautiful*
Aus dem Englischen von Sylke Hachmeister
Sensitivity Reading: Jennifer Pfalzgraf
Lektorat: Katja Maatsch
Umschlaggestaltung: formlabor unter Verwendung eines Bildes von © Robin Har
Produktionsmanagement: Björn Liebchen
Satz: Pinkuin Satz und Datentechnik, Berlin
ISBN: 978-3-551-58458-8

XiXi Tian

HIER IST ES IMMER NOCH SCHÖN

Aus dem Englischen von Sylke Hachmeister

*Meinen Eltern, für all eure Opfer;
und Chris, für all die schönen Tage.*

1
ANNALIE

Der für den ersten Sommertag vorhergesagte Regen bleibt aus, das bedeutet erstens, dass meine Mutter den Vormittag garantiert größtenteils im Garten verbringt, und zweitens, dass Thom Froggett garantiert beim Eiscafé vorbeikommt und sich seine zwei Kugeln Rocky Road in der Waffel abholt.

Meine Mutter ist eine Supergärtnerin, deshalb verbringt sie einen übergroßen Teil ihrer Freizeit damit, ihre preisgekrönten Prachtrosen zu schneiden. Meine Schwester Margaret ist eine Superschülerin, deshalb hat sie die Highschool als Jahrgangssprecherin und Jahrgangsbeste abgeschlossen, sich dann für ein Doppelstudium in Ökonomie und Politologie plus Gender Studies als Nebenfach an der NYU eingeschrieben und schiebt jetzt vor dem zweiten College-Jahr noch ein cooles Ferienpraktikum bei einer McKinsey-mäßigen Consultingfirma in Manhattan ein.

Ich dagegen liege in der Schule bestenfalls im Zweierbereich, spiele die zweite Flöte und marschiere in der Blaskapelle immer noch manchmal aus Versehen rechts statt links. Wenigstens den Lidstrich ohne Absetzen morgens im Rückspiegel meines Autos kriege ich überdurchschnittlich gut hin.

Eins kann ich aber wirklich besser als Mama und Margaret, nämlich Eiskugeln portionieren (hauptsächlich, weil beide laktoseintolerant sind und nie Eis essen), und deshalb habe ich einen Ferienjob im Sprinkle Shoppe ergattert. Ich bin wild entschlossen, mit meinem unspektakulären Talent etwas Spektakuläres zu erreichen: Ich will die Aufmerksamkeit eines gewissen Thom Froggett gewinnen, haselnussbraune Augen, Fußballstar, könnte aber auch als Wäschemodel durchgehen.

Thom und ich haben schon seit der Grundschule am Rande miteinander zu tun, weil sein Nachname und meiner (Flanagan) im Alphabet nah beieinander sind, wenn auch immer ein gewisser Justin Frick dazwischen war. Von der ersten bis zur achten Klasse standen wir in der Mensaschlange also fast nebeneinander, nur dass ich, anstatt mit Thom zu quatschen, in der ersten Klasse Justins Spuckespritzer im Haar ertragen musste, in der achten dann seine Versuche, mich zu einem Date zu bewegen.

Thom auf der anderen Seite von Justin bekam überhaupt nichts mit, außer wenn Justin mal nicht zwischen uns stand. Die paar Tage im Jahr, an denen Justin fehlte, waren die besten meiner frühen Jugend. Leider wollte beim Warten auf wabbelige Chicken Nuggets und Kakao in diesen Plastikpackungen mit Strohhalmpiksloch die romantische Stimmung nicht recht aufkommen, und so blieb die junge Liebe meiner prägenden Jahre unerwidert.

Auf der Highschool gab es keine Mensaschlange mehr und wir gingen in unterschiedliche Kurse, sodass uns mehr trennte als nur der unglückselige Justin Frick. Die Pubertät traf Thom mit der Wucht eines Güterzugs. Praktisch über Nacht schoss er dreißig Zentimeter in die Höhe und lernte seine dunkelblonden Haare so zu stylen, dass sie ihm engelflügelgleich in die Stirn fielen.

Gegen Ende der neunten Klasse hatte er eine Freundin. Und das wars, bis sie sich diesen Januar trennten, was ich etwa vier Tage später von meiner Freundin Violet erfuhr (die nicht nur ein besonderes Talent für die philippinische Küche hat, sondern auch alles Mögliche über ihre Mitmenschen in Erfahrung bringen kann, was die sozialen Medien nicht preisgeben).

Während wir nach der letzten Stunde unsere Rucksäcke aufsetzten und zum Schultor gingen, erzählte Violet mir von ihrem Plan. „Das ist jetzt deine Chance", sagte sie.

„Das hat aber schon was Gruseliges, wie du mir die Nachricht überbringst." Wir gingen den Hügel zum Parkplatz hoch und ich wich vor dem scharfen Wind des Mittleren Westens zurück. „Als hätte ich ihn schon mein Leben lang gestalkt."

Sie zuckte ungerührt die Achseln.

„Ich finde es schon ein bisschen krass, sich direkt nach der Trennung auf ihn zu stürzen."

„Wer zu spät kommt, den bestraft das Leben. Der Typ ist schneller wieder weg, als du gucken kannst. Während du dir eine Strategie überlegst, hat er womöglich schon ein Auge auf Cheerleader Numero zwei geworfen. Das müssen wir verhindern."

„Sie haben Namen, Violet. Außerdem will ich keine Lückenbüßerin sein."

„Das ist gerade eine ziemlich abstrakte Sorge. So als würdest du dich fragen, ob es dir in Georgia nicht vielleicht zu heiß ist, um dort aufs College zu gehen, bevor du dich auch nur irgendwo beworben hast. Um das Problem kannst du dich später kümmern."

„Da hast du wohl recht", gab ich zu.

Schneebestäubt quetschten wir uns in Violets winzigen Honda Civic und drehten erst mal die Heizung auf.

„Du gehst folgendermaßen vor", sagte Violet. War ja klar, dass sie schon einen Plan im Kopf hatte.

Der Plan bestand vor allem darin, dass ich im Sprinkle Shoppe anfangen sollte. Violet und Thom hatten einen Kurs zusammen und er hatte ihr gegenüber einmal erwähnt, dass er sich im Sommer jeden Nachmittag nach seiner Laufrunde ein Eis dort holte, immer die gleiche Sorte, als wäre es sein Job, das Eiscafé lag nämlich auf seinem Heimweg. „Er liebt Eis", verkündete Violet, als hätte sie gerade ein neues Element für das Periodensystem entdeckt.

Ich sagte nichts und dachte darüber nach. „Vi, das ist ein extrem dämlicher Plan."

„Absolut nicht!"

„Doch."

„Na ja." Sie sah mich herausfordernd an. „Dann bist du jetzt dran. Hast du eine bessere Idee?"

Hatte ich nicht.

„Bewirb dich einfach, wenn es so weit ist", sagte sie nur.

Als ich an meinem ersten Arbeitstag die Tür zum Sprinkle Shoppe aufmache, kommt mir ein Schwall kalter Luft entgegen. Die kleine silberne Glocke über der Tür bimmelt.

Das Eiscafé bringt mir nicht nur gutes Geld und die Gelegenheit, Thom zu observieren, ich finde es auch richtig schön. Es liegt in einem kleinen Backsteingebäude in der City und hat ein altmodisches Flair. In großen geschwungenen Buchstaben steht der Name in weißer, leicht abgeblätterter Farbe auf einem Holzschild unter dem Vorsprung des spitzen Dachs. Ich mag den schweren silbernen Türgriff und die Vitrinen, den Boden mit den Schachbrettfliesen und die Spitzenborte am Tresen. Das Café erinnert mich an so einen typischen Fünfzigerjahre-Treffpunkt, wo Jungs in Collegejacken Mädchen auf ein Eis einluden und sie fragten, ob sie mit ihnen gehen wollten.

Audrey steht schon mit umgebundener Schürze hinter dem Tresen. Audrey gehört zu den Cheerleadern, die Violet Sorgen machen. Sie hat rotblonde gewellte Haare und lange goldene Wimpern, dazu zarte Sommersprossen, die wie Zuckerstreusel über ihre Wangen verteilt sind. Sie ist wunderhübsch, wenn sie mich nicht gerade, so wie jetzt, unfreundlich ansieht.

„Du bist zu spät", sagt sie.

Ich schaue aufs Handy. „Bin ich nicht", sage ich. „Zwei Minuten nach meiner Uhr."

Beinahe hätte ich etwas Unfreundliches erwidert wie *Bestimmt war in den hundertzwanzig Sekunden, die ich nicht da war, der Bär los*, aber dann sage ich mir, dass es die Sache nicht wert ist. Schließlich muss ich noch die ganzen Ferien mit ihr verbringen. „Tut mir leid."

„Egal."

Audrey arbeitet schon seit vier Monaten hier. Für den Sprinkle Shoppe ist das eine Ewigkeit, denn die meisten bleiben nur den Sommer über, wenn es viel zu tun gibt. Pech für mich, dass wir in derselben Schicht sind und sie mich rumkommandieren kann.

„Du", sagt sie und zeigt mit dem Eisportionierer auf mich wie ein Diktator, „bist für das Eis zuständig. Ich kassiere."

Keine Einwände meinerseits. Mathe war sowieso noch nie meine Stärke.

Sie reicht mir den silbernen Portionierer. Er sieht ziemlich selbsterklärend aus, aber da kommt die erste Kundin und bestellt eine Kugel Schoko-Mint und eine Kugel normales Schokoeis. Die Schoko-Mint-Kugel gerät zu klein, und ich packe die Schokokugel nicht fest genug darauf, sodass sie mit einem weichen Platsch zu

Boden fällt. Das scheint doch nicht ganz so einfach zu sein, wie es aussieht, und ich habe meine Portionierkünste offenbar maßlos überschätzt.

Audrey muss das Eis aufwischen. Die nächsten zwei Stunden verdreht sie so oft die Augen, dass ich schon befürchte, sie sieht mich demnächst einfach gleich mit zur Decke gerichteten Augen an, um Zeit zu sparen. Aber nach dem zehnten Eis hab ich den Bogen raus.

Ich komme mir schon fast vor wie ein Naturtalent, als die Tür wieder aufgeht.

Er ist es. Genau wie Violet versprochen hat.

In diesem Augenblick danke ich ihr im Stillen für ihren Weitblick. Sie ist doch wirklich weise. Dafür hat sie sich ein paar Liter Cookies'n'Cream verdient.

Thom hat seine Laufklamotten an. Als er zum Tresen kommt, wandert mein Blick unwillkürlich zu seinen trainierten Waden. Er schüttelt sich die Haare, die dunkel sind vor Schweiß, aus den Augen. Ich überlege, was ich als Nächstes machen soll. Wahrscheinlich seine Bestellung aufnehmen. Wahrscheinlich einfach irgendwas anderes machen, als hier dumm rumzustehen.

Da saust Audrey an mir vorbei und schnappt mir den Portionierer einfach aus der Hand. Ich bin so baff, dass ich keinerlei Widerstand leiste.

„Hi Thom", sagt sie mit Hardcore-Grübchenlächeln. Wenn es um Thom geht, ist der Eis-Job offenbar nicht unter ihrer Würde. Mich beschleicht der Verdacht, dass andere – genauer gesagt Audrey – denselben Plan verfolgen wie ich und sich dabei geschickter anstellen.

Ich hab meine Chance verpasst. Audrey ist der Boss, also mache ich ihr Platz. Sie zeigt streng auf die Kasse. Wie Violet gesagt hat, wer zu spät kommt, den bestraft das Leben.

„Dasselbe wie immer?", fragt sie.

„Du weißt Bescheid. Danke", sagt er freundlich. Ich glaube, er hat nicht mal zu mir hergeschaut, obwohl ich doch auch hier stehe.

Ich gucke zu, wie Audrey zwei wohlgeformte runde Kugeln Schoko-Nuss-Eis in eine Waffel drückt, als ginge es um einen olympischen Wettbewerb. Und sie hat die Goldmedaille verdient.

Behutsam nimmt Thom das Eis und geht ein paar Schritte weiter, bis er an der Kasse steht. Direkt mir gegenüber. Ich wache auf.

„Hi", sagt er. Ich sehe nur seine gebräunte Haut und seine strahlend weißen Zähne. Obwohl er Sport gemacht hat, riecht er gut, eine magische Kombination aus Moschus und Äpfeln. Kann Schweiß so gut riechen?

Mein Herz purzelt abwärts und findet sich nicht mehr zurecht. Was antwortet man noch mal auf Hi?

„Ist schon eine Weile her seit der Mensaschlange in der Achten, was?"

„Ja", bringe ich überraschenderweise heraus. „Ohne Justin Frick zwischen uns weiß ich gar nicht, was ich machen soll."

Das bringt ihn zum Lachen. Ein super Gefühl.

„Du arbeitest hier?"

„Yep. Ich brauchte einen Ferienjob."

„Dann solltest du wissen, dass ich jeden Tag herkomme."

Ich kann ein *Das hab ich schon gehört* gerade noch zurückhalten. Denn das wäre ja wohl total creepy, und einen gewissen Sinn dafür, was geht und was gar nicht, habe sogar ich. „Okay, sollte das für mich ein Problem sein?"

„Ich hoffe nicht." Er grinst. Wir flirten miteinander. Wahnsinn! Audrey sieht mich mit Mörderblick an, doch ich lasse mich nicht aufhalten.

Inzwischen steht eine weitere Kundin hinter ihm, die schon Eis bekommen hat. Mir fällt wieder ein, dass ich ja kassieren soll. Betreten schaue ich auf die Kasse, denn mir wird klar, dass ich keinen Schimmer habe, wie ich dieses antike Ding bedienen soll. Ich habe Angst, dass es, wenn ich die falsche Taste drücke, einfach auseinanderfällt.

Hilflos sehe ich Thom an. „Tut mir leid", sage ich. „Heute ist mein erster Tag, ich kenne mich noch überhaupt nicht aus."

„Macht nichts", sagt er. „Ich hab Bargeld dabei, und ich weiß, was es kostet." Er reicht mir drei zerknüllte Dollarscheine und zwei 25-Cent-Münzen.

Ich nehme das Geld. „Ich vertraue darauf, dass du mich nicht übers Ohr haust, denn ich hab echt keine Ahnung, wie viel zwei Kugeln kosten."

„Würde ich nie tun", sagt er und wendet sich zum Gehen. „Aber nur, dass du's weißt, eigentlich kostet es drei Dollar dreißig. Der Rest ist für dich." Er zwinkert mir zu, und ich weiß nicht, wohin mit mir.

Jetzt kann Audrey machen, was sie will, die Ferien verdirbt sie mir nicht mehr.

„Gibs zu. Ich bin ein Genie", trumpft Violet ein paar Tage später auf, als ich ihr die Tür öffne.

„Die Idee war nicht übel", gebe ich zu, während sie an mir vorbei ins Haus saust.

Schon seit wir klein sind, kommt Violet jeden Nachmittag

zu mir. Weil sie mich zu diesem Job gedrängt hat, müssen wir die Frequenz jetzt runterfahren, denn nachmittags ist im Eiscafé Primetime, und ich bin für montags, mittwochs und freitags eingeteilt. „Dienstags und donnerstags also kein Thom." Ich seufze.

„Na toll", sagt Violet. „Du bist mir ja eine schöne Freundin. Da verkuppele ich dich mit dem Schwarm deiner Kindertage, und du versetzt mich dreimal die Woche, ohne auch nur mit der Wimper zu zucken. Lässt du uns etwa alle im Stich, wenn du erst mal mit Thom zusammen bist?"

Ich verdrehe die Augen.

„Komm mir nicht so!"

Dann führe ich Violet in die Küche, öffne den Eisschrank, hole eine Riesenpackung Cookies 'n' Cream heraus und stelle sie triumphierend auf die Küchentheke. „Freundliche Gabe vom Sprinkle Shoppe. Reicht das als Dank?"

Violet fallen fast die Augen aus dem Kopf, dann strahlt sie über das ganze Gesicht. „Das ist jedenfalls ein Anfang."

Meine Mutter kommt aus dem Garten herein. Sie trägt einen Hut mit breiter Krempe und schmutzige gelbe Arbeitshandschuhe, die sie jetzt abstreift und hinter sich auf die Terrasse wirft.

„Hallo Violet", sagt Mama, als sie uns sieht.

„Hallo Jenny." Violet winkt ihr zu.

„Wenn du nachher gehst, ich hab was für deine Mama. Erinnere mich daran, damit ich nicht vergesse."

Violet und ich sind schon so lange befreundet, da kommt es oft vor, dass Mama ihr Rosen aus dem Garten mitgibt oder frisch gebratenes Gemüse für das Abendessen. Und umgekehrt ist es mit Violets Mutter genauso, wenn ich dort bin. Violet gehört praktisch zu meiner Familie und ich zu ihrer.

Wir nehmen unsere Eisschalen, die überquellen, weil Sommer ist und keiner da, der uns in unserer Gefräßigkeit sehen könnte, mit auf die Terrasse. Ich liebe es, die geballte Sommerwärme in dem gebeizten Holz unter den nackten Füßen zu spüren. Ich krümme die Zehen. Das Eis ist süß und kühlt. Alles fühlt sich so gut an.

„Die Rosen deiner Mutter gehen echt ab, was?", sagt Violet.

„Der Frühsommer ist die beste Zeit." Die Rosen sind Mama heilig. Von Margaret weiß ich, dass Mama damit angefangen hat, nachdem unser Vater uns verlassen hat. Ich kann mich nicht daran erinnern, weil ich noch zu klein war. Seitdem hat sie sich sozusagen zu einem Profi entwickelt. Einen Großteil der warmen Sommermonate verbringt sie draußen mit Prüfen, Abknipsen und Wässern, und den Boden düngt sie mit der allerbesten Kompostmischung, damit der pH-Wert genau richtig ist.

Tatsächlich mag ich an unserem Haus den Rosengarten mit am liebsten. Jetzt im Juni stehen die Prachtrosen in voller Blüte, und sie sind wirklich umwerfend.

Eine Weile bewundern wir den Garten Eden. Dann kratzen wir die letzten flüssigen Reste aus unseren Schalen, gehen zurück auf den kühlen Linoleumboden der Küche und stellen die Schalen in die Spüle.

In Wahrheit kommt Violet vor allem deshalb an den Nachmittagen zu mir, weil wir dann unsere Lieblings-Dessert-Show auf Food Network sehen können. Bei mir zu Hause ist es nämlich mucksmäuschenstill, während bei ihr die jüngeren Geschwister durchs Haus toben. Diese Tradition pflegen wir seit Jahren, und das werden wir vermutlich tun, bis wir aufs College gehen oder die Sendung abgesetzt wird. Durch die Dessert-Show bin ich zum Backen gekommen. Während wir zuschauen, notiere ich mir meistens die interessantesten Ideen zum Nachmachen und Experimentieren. Violet kann sich darauf verlassen, dass jede Woche eine neue Fuhre von etwas Süßem auf sie wartet.

„Ich fasse es nicht, dass dieser Idiot eine Mille-Feuille backen will", stöhnt sie. „Guckt sich irgendwer von denen die Show mal an, bevor er sich bewirbt? Mit einer Mille-Feuille kann man ja nun echt keinen Blumentopf gewinnen. So was von unoriginell. Genauso gut könnte man eine Packung Butterkekse rausholen und die nachbacken."

„Mach ihn nicht so runter. Mit einer Mille-Feuille kann man schon was Interessantes anstellen."

„Bitte back diese Woche keine Mille-Feuille", sagt sie. „Mach lieber das Dessert von der Frau, den Pfirsichauflauf. Der sieht wahnsinnig lecker aus. Und passt gut zu Eis."

Ich schubse sie zum Spaß. „Um diese Zeit nehme ich keine Bestellungen mehr auf."

„Du musst natürlich nicht. Ich werfe es nur mal so in den Raum für den Fall, dass du weiterhin deiner genialen besten Freundin deine Dankbarkeit dafür zeigen willst, dass sie dich mit deinem Traumtyp zusammengebracht hat."

„Ich guck mal, was ich machen kann", sage ich. „Aber bist du nicht etwas voreilig? Thom und ich haben uns erst zweimal unterhalten."

„Bis Juli seid ihr zusammen", prophezeit sie.

„Wie kannst du dir so sicher sein?"

„Erstens, weil ich mich auskenne. Und zweitens, mein Gott, bist du so dumm oder tust du nur so? Du bist bildhübsch. Er müsste blind sein, um das nicht zu sehen."

„Bin ich nicht!" Für Violets schwarze Locken, die ihr lang und glänzend über den Rücken fallen, könnte ich morden. Wir haben schon unendlich oft zusammen übernachtet, und wenn sie aufwacht, sehen ihre Haare noch genauso perfekt aus. Außerdem hat sie wunderschön geschwungene Augenbrauen, die sie nicht mal zupfen muss.

„Bist du wohl. Genau deshalb haben sie dich beim Sprinkle Shoppe sofort genommen, während ich dort keine Chance hätte. Dir ist schon aufgefallen, dass sie nur gut aussehende Leute einstellen, oder?"

Violets schonungslose Selbstkritik macht mich verlegen. Ich weiß, dass sie nicht auf Komplimente aus ist oder mich in Verlegenheit bringen will. So ist sie einfach.

Violet war die Erste, die in der dritten Klasse auf mich zukam, als sie aus New Jersey herzog, und mich zu ihrer Freundin erklärte, während alle anderen mich ignorierten. Die unbeirrt Kare Kare und Adobo mit Schweinefleisch als Pausensnack mitbrachte, obwohl die anderen Kinder sagten, es würde stinken und komisch aussehen. Die wahrscheinlich schon bei ihrer Geburt wusste, dass sie Umweltwissenschaftlerin werden und mit Abaeze Adebayo zusammenkommen und ihn eines Tages heiraten würde – Abaeze, der unkompliziert und zurückhaltend ist, in jeder Hinsicht das glatte Gegenteil von Violet.

Das ist eine ihrer besten Eigenschaften, sie sagt mir alles direkt ins Gesicht.

Ich wäre auch gern so wie sie. Dass ich einfach wüsste, was ich will, und genau das sagen könnte, was ich denke.

Wenn ich so wäre, würde ich ihr jetzt sagen, dass ich mir nicht so sicher bin, ob Thom mich eines Tages mag, denn ich habe nichts Besonderes an mir und bin in allem nur die Zweitbeste.

Stattdessen lache ich bloß und sage, sie soll sich mal lieber auf Plan B vorbereiten für den Fall, dass ich diesen vermassele.

„Keine Sorge, Annalie Flanagan", sagt sie. „Ich hab immer einen Plan B in der Tasche."

Am Mittwoch in der Woche darauf bekomme ich vor meiner Nachmittagsschicht einen Anruf vom Besitzer des Eiscafés, er schimpft darüber, dass Audrey abgesagt hat, und fragt, ob ich allein die Stellung halten kann.

„Natürlich!", rufe ich. Das kommt quietschiger raus als beabsichtigt, denn hallo, nichts ist besser, als den ganzen Laden für mich zu haben, wenn Thom vorbeikommt. Meine Begeisterung verrät mich.

„Meinst du wirklich?" Er klingt skeptisch, und ich sehe sein Gesicht vor mir. „Das ist doch erst deine ... warte mal ... vierte oder fünfte Schicht?"

„Ich krieg das auf jeden Fall hin", sage ich zuversichtlich. Denn im Ernst, wie schwer kann es sein? Ich hab das Portionieren bewältigt, und ich hab sogar die Kasse bewältigt. Und ich glaube, im Grunde besteht der Job nur aus diesen beiden Aufgaben. Das ist schließlich keine Atomwissenschaft.

„Falls irgendwas schiefgeht, hast du ja meine Nummer."

„Was soll schon schiefgehen?", frage ich, kurz bevor alles schiefgeht.

Nachdem ich zwei Stunden gebraucht habe, um mich für das passende Outfit und Make-up zu entscheiden, gehe ich los. Ich wollte nicht zu aufgebrezelt wirken, als hätte ich mir wahnsinnig viel Mühe gegeben, aber schon ein bisschen peppiger als sonst. Ich hab mir schätzungsweise vier Schmink-Tutorials auf YouTube angesehen und mich dreimal umgezogen. Ich musste den Eyeliner zweimal neu machen. Ich hab erwogen, mir dezente künstliche Wimpern anzukleben, und dann beschlossen, dass das zu auffällig ist. Ich hab mir die Haare geflochten und dann alles wieder aufgemacht, weil es affig aussah.

Letztlich spielt all das keine Rolle, denn die Schlange geht bis auf die Straße, darunter das komplette Softball-Team, und mir kleben die Haare im Nacken vom Schweiß, während ich im Eiltempo Eis portioniere und gleichzeitig versuche, alle Kunden im Blick zu behalten.

Ich renne hin und her, fülle eine Waffel nach der anderen und spüle die schmutzigen Portionierer ab. Die Waffeln werden knapp, und ich muss nach hinten flitzen und neue holen. Eine Familie mit kleinen Kindern kommt rein, die ungeduldig schreien. Mir ist so heiß. Hoffentlich zerläuft mein Make-up nicht komplett.

Nach einer gefühlten Ewigkeit steht das Softball-Team schließlich vorn in der Schlange. Die Familie setzt sich, aber insgesamt leert sich das Café. Zum Glück hat es nicht viele Sitzplätze. Es gibt ein paar winzige runde Tische mit alten wackligen Stühlen, aber eigentlich ist es so gedacht, dass man zahlt, das Eis nimmt und wieder geht.

Ich versuche mir gerade den Schweiß abzuwischen und checke mein Gesicht noch mal in der Selfie-Kamera meines iPhones, als Thom hereinkommt. Punkt drei Uhr. Wie immer ist er verschwitzt (da fühle ich mich gleich nicht mehr so eklig), in seinen Laufklamotten, und einfach der schärfste Typ diesseits der Sonne. Er fängt meinen Blick hinter dem Tresen auf, und ein Grinsen breitet sich auf seinem Gesicht aus. Ich schmelze dahin.

„Du wirst langsam zu einem festen Bestandteil in meinem Tagesablauf, A", sagt er.

Niemand nennt mich A. Und ich kann es eigentlich nicht leiden, wenn man mir einfach einen Spitznamen verpasst. Manche wollen mich Anna nennen, aber ich bin absolut keine Anna. Ich bin auch keine Ann oder Ally oder Lia. Aber als Thom mich A nennt, klingt das voll süß.

„Wie in den alten Zeiten", sage ich und lächele. „Zwei Kugeln Rocky Road?"

„Genau, Babe."

„Babe" gefällt mir sogar noch besser.

Hör auf, so dämlich zu grinsen, sage ich mir, aber meine innere Stimme der Vernunft verhallt ungehört.

„Wo ist Audrey?", fragt er.

„Sie hat für heute abgesagt, und es konnte niemand anders einspringen. Aber bis jetzt läuft es ganz gut. Obwohl heute echt viel los ist."

„Wie kommt es, dass ich dich hier vorher nie gesehen habe?"

„Ich arbeite diesen Sommer zum ersten Mal hier."

„Okay. Wie bist du auf den Laden gekommen?"

Darauf kann ich natürlich nicht die Wahrheit sagen. Die liegt irgendwo zwischen Verzweiflungstat und Stalking. Ich zucke die Achseln. „Ich brauchte einen Job, und ich dachte mir, dass es hier ganz entspannt zugeht."

„Ich finde, das war eine sehr gute Entscheidung."

Ich merke, wie ich rot werde. Zum Glück trage ich eine ordentliche Schicht Make-up, auch wenn das vielleicht schon ziemlich verlaufen ist.

Der Portionierer gleitet mühelos – allzu mühelos – in den Bottich mit Rocky Road, und in dem Moment sagt jemand hinter Thom: „Hey, warum ist es hier drin so heiß?"

Thom runzelt die Stirn. „Hier drin ist es echt heiß."

Da erst fällt mir auf, dass das Summen der Klimaanlage am Fenster verstummt ist. Und während alle im Café angestrengt zu lauschen scheinen, höre ich nur Stille.

„Hm", sage ich. „Könnte sein, dass die Klimaanlage ausgefallen ist." Ich schaue auf die Bottiche mit pastellfarbener Eiscreme hinter dem Glas, und einige davon werden schon ein bisschen ... matschig. „O Scheiße, Scheiße, Scheiße."

Eine Frau mit einem Kind im Schlepptau sieht mich giftig an, aber darum kann ich mich jetzt nicht kümmern. Ich schaue auf den Thermostat an der Eisvitrine. Er steht auf minus dreizehn, was normal ist. Ich atme erleichtert auf. Wenigstens wird nicht alles innerhalb von Minuten zerlaufen. Dann gehe ich zum Fenster, wo die einzige Klimaanlage dieses Ein-Zimmer-Backstein-Bungalows hängt. Wie befürchtet, kommt keine Luft heraus. Ich drücke den Schalter, aber nichts. Und für heute sind über dreißig Grad angesagt. Kein Wunder, dass es hier drin heiß wie die Hölle ist.

„Und?", ruft Thom.

„Sie ist kaputt. Sagt keinen Mucks."

Er kommt herüber und sieht nach. „Hm, der Stecker ist drin. Da fällt mir auch nichts ein. Das Ding scheint hinüber zu sein. Sieht ziemlich alt aus."

Wieder fluche ich. „Entschuldige."

„Entschuldige dich lieber bei der Mutter da drüben, die aussieht, als ob sie dir wegen deiner Wortwahl die Bullen auf den Hals hetzen will." Ich folge seinem Blick. Er hat recht. Sie ist so außer sich, als hätte ich ihrem dreijährigen Sprössling heimlich

Horrorfilme auf dem Handy gezeigt. Ich ignoriere sie. Bestimmt wird sie dem Sprinkle Shoppe als Kundin fehlen. Aber. Ich habe jetzt Wichtigeres zu tun.

Da lässt unser Chef mich einmal eine Schicht allein übernehmen, und schon vermassele ich es. Ich überlege, was ich tun könnte, aber mir fällt nichts anderes ein, als ihn anzurufen und meine Sünden zu beichten.

Also mache ich das.

Er hebt beim ersten Klingeln ab, als hätte er nur darauf gewartet, dass ich anrufe. Ich stelle das Telefon auf Lautsprecher, nicht damit Thom meine Demütigung mitanhören kann, sondern weil ich gleichzeitig verzweifelt versuche, die Kunden aus dem Café zu scheuchen. „Meine Güte, Annalie. Du hattest genau diese eine Aufgabe."

„Bitte kündigen Sie mir nicht!", sage ich. „Ich hab das Ding ja nicht kaputt gemacht. Ich hab gar nichts angefasst."

„Wir werden sehen, wie groß der Schaden ist. Ich rufe jetzt den Techniker an, damit er die Klimaanlage repariert." Es knistert in der Leitung, als er hörbar ausatmet, als hätte er schon damit gerechnet, dass etwas schiefgeht, nur weil ich allein Dienst hatte.

Wie unangenehm. Und dass Thom dabei ist, macht es noch schlimmer. Bestimmt denkt er, ich stelle mich total blöd an.

„Hey." Thoms Augen blitzen auf vor Wut, als er sich über mein Telefon beugt. „Seien Sie nicht so fies. Annalie konnte ja nicht wissen, dass die Klimaanlage ausfällt. Vielleicht sollten Sie Ihre Geräte mal besser instand halten."

Unwillkürlich muss ich ein bisschen lächeln. Jetzt fliege ich garantiert raus, aber ... wenn Thom sich meinetwegen so aufregt, hat es sich echt gelohnt. Er sieht stocksauer aus.

„Wer spricht da?", kommt es vom anderen Ende der Leitung.

„Ein geschätzter Kunde", sagt Thom mit fester Stimme.

„Vor mir aus. Jetzt reg dich wieder ab. Stell die Bottiche in den Eisschrank, mach alles sauber und versuch beim Abschließen nicht noch irgendeinen Mist zu bauen. Ich werde dir nicht kündigen, Annalie."

„Danke", sage ich schwach.

„Du brauchst dich nicht zu bedanken. Ich habe im Moment einfach nicht genug Personal, um auf dich zu verzichten." Er legt auf.

„Da hab ich noch mal Glück gehabt." Ich grinse Thom verlegen an. „Danke, dass du mich verteidigt hast."

„Stets zu Diensten", sagt Thom, und ich schmelze schon wieder dahin. „Dann lass uns jetzt mal aufräumen."

Wir gehen hinter den Tresen und verschließen alle offenen Behälter. Ich hebe sie aus der Vertiefung. Sie sind schwerer, als ich dachte. Thom öffnet die Eisschränke hinten im Laden, die zum Glück noch laufen und mir eiskalte Wolken ins Gesicht blasen, während wir abwechselnd die zahllosen Behälter mit Eis einräumen.

Als wir das geschafft haben, sind wir nur noch zu zweit im Laden. Mein Herz schlägt schneller, und das nicht nur, weil ich zwanzig Eisbottiche in den Eisschrank geräumt habe.

„Tja, sieht ganz so aus, als hättest du den Nachmittag frei." Er ist lässig, ich nicht. Fragt er mich jetzt, ob ich Zeit habe? Er lächelt von den Augen bis zu den Zehenspitzen. Der Junge hat echt den Bogen raus.

„Ja, scheint so", sage ich langsam, ich möchte nicht zu erwartungsvoll wirken. Ich will cool und entspannt sein. Stattdessen komme ich mir auf einmal sozial inkompetent vor. Wohin mit meinen Händen?

„Hast du Lust, ein bisschen im Park abzuhängen? Es ist so schön draußen."

Ob ich Lust habe? Ja! Ja! Ja!

„Ja, gute Idee", sage ich so unbekümmert wie möglich. Gemeinsam verlassen wir den Sprinkle Shoppe und ich gehe so leicht dahin, ich könnte ebenso gut fliegen.

Ich könnte mir kaum einen schöneren Nachmittag vorstellen. Thom und ich setzen uns auf eine Parkbank mit Blick auf Baseball spielende Kinder. Sein Bein ist zehn Zentimeter von meinem entfernt. Obwohl er schon seine Runde gelaufen ist, riecht er gut, wahnsinnig gut. Nicht nach ekliger Jungsumkleide, eher nach Moschus-Man-Supermodel. Ich hülle mich in seinen Duft ein wie in eine Decke. Ich möchte ihn ganz einatmen.

Ich versuche mich nicht in Träumereien zu verlieren.

Aus der Nähe betrachtet sind seine Haare dunkelblond und an den Spitzen leicht gewellt. Ein bisschen wie ein Mopp – ein sehr schöner Mopp –, mit einem goldenen Schimmer im Sonnenlicht. Lachfältchen umrahmen seinen Mund. Er hat solche Wimpern, die Mädchen neidisch machen und Jungs nerven, weil sich Staub und Regentropfen darin verfangen. Seine Augen sind von einem schillernden Haselnussbraun, die Farbe von Frühlingspfützen. Sein Nasenrücken ist leicht gerötet von der Sonne. Wir sitzen hier erst wenige Momente, aber ich kenne sein Gesicht schon in allen Einzelheiten.

„Na, endlich ist es mir mal gelungen, dich aus dem Eiscafé rauszulocken. Ich hatte schon überlegt, wie ich das am besten anstelle."

„Dann muss ich mich wohl bei der Klimaanlage dafür bedanken, dass sie im richtigen Moment den Geist aufgegeben hat", necke ich ihn. Und er lächelt, unfassbar.

„Und dass Audrey nicht da war."

„Stimmt. Ich kann es kaum erwarten, sie wiederzusehen und von ihr zusammengestaucht zu werden."

„Ist sie fies zu dir?"

Die Frage überrascht mich. „Ach, eigentlich nicht. Ich meine, die Freundlichste ist sie nicht gerade." Obwohl ich Audrey nicht mag und sie wirklich sehr schroff zu mir ist, fühlt es sich komisch an, darüber zu sprechen. Ganz kurz frage ich mich, ob Thom bloß mehr über sie herausfinden will. Vielleicht hat er nur deshalb vorgeschlagen, in den Park zu gehen.

„So ist sie zu allen. Nimm es nicht persönlich. Und ich glaube, mir nimmt sie es übel, dass ich sie nicht so beachte, wie sie es gern hätte. Aber lass uns nicht über sie reden. Ich will lieber etwas über dich erfahren."

Zum tausendsten Mal werde ich rot und überlege, was ich über mich sagen könnte. „Da gibt es nicht viel zu erfahren."

Er beugt sich vor. „Ich glaub, da gibt es jede Menge. Schließlich ist es Jahre her, seit wir einander so nah waren wie damals in der Mensaschlange."

„Dass du das noch weißt."

„Hey, dich vergisst man nicht so leicht. Aber du bist mir seitdem immer aus dem Weg gegangen."

Ich ihm aus dem Weg gegangen? „Das stimmt überhaupt nicht."

„Ich hab mich echt gefreut, als ich dich letzte Woche im Sprinkle Shoppe gesehen habe. Ich brauchte nur noch einen Vorwand, um ein Gespräch mit dir anzufangen."

Ich bin baff. „Gelingt dir das immer so leicht?"

Darüber muss er lachen, und das ist das herrlichste Geräusch der Welt. „Schön, dass du das so siehst."

„Es ist schwer ohne Justin Frick zwischen uns, ich weiß."

„Ja, stimmt. Wir müssen uns einfach daran gewöhnen. Aber ich glaube, wir schaffen das. Und was hast du diesen Sommer so vor?"

„Nicht so viel", gebe ich zu. „Erst mal diesen Job. Und dann muss ich überlegen, was ich nach der Schule machen will, denn in ein paar Monaten muss man sich ja schon fürs College bewerben. Und du?"

„Dito, was das College betrifft."

„Weißt du schon, wo du hinwillst?" Kurz flammt die Vorstellung auf, mit ihm auf dasselbe College zu gehen. Wie wir am ersten Tag Händchen halten und uns der beängstigenden Erwachsenenwelt gemeinsam stellen. Vielleicht sind wir auf dem College ein Paar. Vielleicht macht er mir im Abschlussjahr einen Heiratsantrag, und dann sind wir eins von diesen Pärchen, die sich seit der Highschool kennen und die alle so süß finden.

„Wahrscheinlich dahin, wo ich ein gutes Fußball-Stipendium kriege. Mein Vater war auf der Duke University, deshalb fände er es cool, wenn ich da auch lande."

„Möchtest du denn dahin?"

„Ich glaub, das wär nicht übel." Er zuckt die Achseln, als hätte er noch nicht groß darüber nachgedacht. „Ich war schon ein paarmal mit meinem Vater da, zu Sportveranstaltungen und so."

Ganz offensichtlich weiß Thom schon seit Ewigkeiten, wo er hinwill. Ich bin ein bisschen neidisch. Bei Margaret war es genauso. Sie wusste wahrscheinlich schon mit sieben, dass sie nach New

York wollte, entweder auf die Columbia oder die NYU. „Ich ziehe nach New York und komme nie wieder zurück in dieses Kaff", hat sie unserer Mutter schon auf der Highschool verkündet. Man muss ihr zugutehalten, dass sie es durchzieht. Sie kommt nicht mal in den Sommerferien nach Hause.

Ich dagegen … ich dachte immer, es wäre super, etwas Neues kennenzulernen. Und doch. Irgendwie fällt es mir schwer, mich von dieser Stadt zu verabschieden. Margaret konnte ihre Schönheit vielleicht nicht sehen, ich aber wohl. Ich liebe die Sonnenuntergänge an lauen Sommerabenden, die goldenen Maisfelder im Spätsommer, so endlos, dass sie bis zum Horizont reichen. Und die knackig kalten Winternächte, die weiche, tiefe Stille, die eine Kleinstadt nach einem heftigen Schneefall zudeckt. Es würde mir fehlen, jede Ecke zu kennen. Auch darin liegt ein Zauber.

„Was glaubst du, wo du hinwillst?", fragt Thom.

„Ich weiß nicht." Einen Moment lang werde ich von Zukunftsangst überwältigt, aber da tätschelt Thom meine Hand. Mein Herz flattert und ich bin wieder in der Gegenwart.

„Das findest du schon heraus", sagt er zuversichtlich. Wenn er mir so nah ist, kann ich die Sommersprossen auf seiner gebräunten Haut sehen. Ich wäre ihm gern noch näher.

Mein Handy klingelt. Es ist Mama. Ärger flammt in mir auf. Warum muss sie mich jetzt anrufen? Am liebsten würde ich es ignorieren, aber ich hab diesen Tick, dass ich immer ans Telefon gehen muss, weil ich denke, es ist etwas Schlimmes passiert.

Natürlich will sie meistens nur wissen, was sie kochen soll, oder etwas ähnlich Banales.

„Entschuldige, es ist meine Mutter", sage ich zu Thom und nehme den Anruf an. „Hallo?"

„Jingling", sagt sie. Sie spricht mit leiser, brüchiger Stimme. Sofort bin ich alarmiert.

„Mama, was ist los?", sage ich hastig. „Ich kann dich nicht verstehen."

„Kannst du nach Hause kommen?", fragt sie leise auf Chinesisch. Wenn meine Mutter die Fassung verliert, dann normalerweise vor Wut. Nur ein einziges Mal habe ich sie weinen hören, und zwar als Margaret nach New York gezogen ist. Nicht mal als unser Vater gegangen ist, hat sie geweint. Ihre bebende Stimme am anderen Ende macht mir Angst.

„Was ist los?", frage ich wieder, lauter jetzt.

„Böse Menschen waren bei uns am Haus."

Panik erfüllt mich. „Ruf die Polizei. Ich komme sofort."

„Polizei nützt nichts. Sie sind schon wieder weg, Jingling. Komm jetzt nach Hause." Sie legt auf.

In meinen Ohren dröhnt es. Ich weiß nicht, was passiert ist, aber es muss etwas Schlimmes sein.

Ich wende mich zu Thom. „Ich muss sofort zu meiner Mutter."

Er sieht besorgt aus, und wir tauschen Telefonnummern für den Fall, dass ich Hilfe brauche. Ich bin so gestresst, ich kann mich nicht mal darüber freuen, dass Thom jetzt meine Nummer hat. „Kannst du mich anrufen und mir Bescheid sagen, ob alles okay ist?", sagt er, als ich zu meinem Auto gehe.

„Ja, klar", sage ich automatisch, ohne dabei wirklich an ihn zu denken. Mit einem Schlag ist der Tag ein anderer.

Wie in Trance fahre ich nach Hause. Es ist ein Wunder, dass ich keine rote Ampel überfahre und keinen Unfall baue. Aber ich kenne die Straßen hier ja auch in- und auswendig, wahrscheinlich könnte ich die Strecke mit geschlossenen Augen fahren.

Meine Gedanken rasen. Ist jemand eingebrochen? Ist Mama verletzt? Wurde etwas gestohlen? Auch wenn unsere Familie nicht reich ist, hat Mama gern ein paar wertvolle Sachen im Haus. Ich weiß, dass sie im Schlafzimmer einen Tresor mit Goldschmuck versteckt hat. Vierundzwanzig Karat Gold. Echtes Gold, hat sie immer gesagt, alles Familienerbstücke von ihrer Mutter in China. Einmal hat sie den Schmuck herausgeholt und meiner Schwester und mir gezeigt. Sie sagte, sie bewahrt ihn für unsere Heirat auf. Es ist ihr zu unsicher, ihn in einem Bankschließfach aufzubewahren. Sie will ihn da haben, wo sie ihn sehen kann. Ich will mir gar nicht vorstellen, wie ihr zumute ist, wenn der Schmuck gestohlen wurde.

Wir finden ihn schon wieder, sage ich mir. Wir geben eine Anzeige bei der Polizei auf und dann schnappen sie die Diebe. Es ist eine kleine Stadt, und die Leute reden. Die Sonne ist noch nicht mal untergegangen. Sie müssen am helllichten Tag gekommen sein. Bestimmt hat jemand was gesehen.

In Zeitlupe biege ich in unsere Straße ein. Das Haus kommt in Sicht. Es ist ein kleiner Bungalow mit Veranda, wir wohnen schon dort, seit ich ein Baby war. Ich kenne jeden Winkel.

Ich weiß, an welchen Stellen am Geländer der Veranda die weiße Farbe abgesplittert ist und das Holz durchkommt.

Ich weiß, wo bei der Vinylverkleidung ein Stück abgefallen ist, das wir nie ersetzt haben.

Ich weiß, dass das Regenrohr seitlich am Haus ein bisschen schief ist.

Wenn irgendwas anders wäre als sonst, würde ich es auf einen

Blick erkennen. Aber ich brauche gar nicht genau hinzuschauen, um zu sehen, was passiert ist.

Unser Haus ist nach Westen ausgerichtet, wovon Mama erst nicht begeistert war, aber mein Vater hat sie überredet. Jetzt fällt mir dieses Detail wieder ein, denn ich glaube, Westen ist wirklich nicht so günstig, genau wie Mama dachte: die Abendsonne knallt wie ein Scheinwerfer auf die Fassade und gibt alles preis.

Unser weißes Garagentor ist mit hässlicher knallroter Farbe besprayt. Erst sieht es nur aus wie irgendein Graffiti-Gekritzel, dann entziffere ich, was da steht.

SCHLITZAUGEN

Im ersten Moment kapiere ich es gar nicht, als wäre es ein Wort in einer Fremdsprache oder als hätte ich es noch nie gesehen. Ich lese es immer wieder. Ich denke, das muss ein Fehler sein. Oder vielleicht meinen sie jemand anderen.

Dann denke ich, wie dumm von mir, ich hatte bis zu diesem Augenblick ganz vergessen, dass ich chinesisch bin.

Meine Kehle brennt. Mit tauben Fingern fahre ich in die Einfahrt, versuche die Garage mit meinem Wagen zu verdecken. Bei einem Einbruch wüsste ich, was zu tun ist. Aber jetzt sitze ich da wie versteinert. Ich starre auf das Wort, als hätte ich mich verlesen oder als könnte, wenn ich es nur oft genug lese, eine andere Bedeutung auftauchen.

Das Wort hallt in meinem Kopf wider und übertönt alle anderen Gedanken. Ich kann es nicht interpretieren. Ich kann es mir im Gefängnis meines Schädels nur immer und immer wieder anhören.

Ich müsste jetzt die Polizei anrufen, aber ich weiß gar nicht, ob ich etwas herausbringe. Ich muss ins Haus, zu Mama. Aber ich kann nicht aussteigen.

Also tue ich das Einzige, was zwischen Verwirrung und Schmerz aufblitzt. Mit zitternden Händen rufe ich meine Schwester an. Und als sie abhebt, fange ich an zu weinen.

2
MARGARET

Ich schaue zu, wie die Schatten langsam über die Stuckdecke wandern und ins Morgengrau übergehen. Mein Körper macht nicht mit, also döse ich noch eine Stunde oder so bis mein Wecker anfängt zu piepsen. Ich muss etwas Schönes von früher geträumt haben, denn im ersten Moment denke ich, ich bin zu Hause und wache in Rajiv Agarwals Zimmer im Souterrain auf. Bis mir einfällt, dass ich in meinem Bett im Wohnheim bin, über tausend Kilometer weit weg in New York.

Die Erinnerung macht mich traurig und droht mir den ersten Arbeitstag zu verderben. Ich schüttele sie ab, gehe durch mein Drei-mal-drei-Meter-Schuhkarton-Zimmer und schalte den Wecker aus. Halb sieben. Noch zwei Stunden, bis ich da sein muss.

Im Gegensatz zu meiner Schwester Annalie liebe ich den Morgen. Ich mag es, wenn es still und einsam ist. So kann ich mit meinen Gedanken allein sein, bevor der Tag alles überlagert. Morgens steht mir alles offen. Abends kommen Verzweiflung und Traurigkeit.

In New York ist es morgens besonders schön, denn hier gehen die Leute später zur Arbeit als im Mittleren Westen. Halb sieben ist praktisch mitten in der Nacht. Ich mag den Trubel der Stadt, aber die Stille am Morgen ist angenehm und man kann richtig durchatmen.

Ich ziehe die Jalousien hoch und lasse das schwache Licht herein. Mein Fenster geht auf einen Lüftungsschacht hinaus, es gibt also keine großartige Aussicht, aber das bisschen Licht hält Poppy, meinen Philodendron, am Leben. Mama hat ihn mir zum Auszug geschenkt, der Name war Annalies Idee. Erst fand ich es sinnlos, einer Pflanze einen Namen zu geben (und wieso einen Mädchennamen?), aber jetzt kann ich gar nicht mehr anders an sie denken. Poppy sieht ein bisschen trübsinnig aus, deshalb kippe ich den Rest aus meiner Wasserflasche in ihren Topf.

Ich nehme meine Sachen und gehe durch den stillen Flur ins Bad. Noch ein Vorteil des frühen Aufstehens: Ich habe das Bad für mich allein. Fast könnte man vergessen, dass es ein Gemeinschaftsbad ist, und ich kann so tun, als ob ich in einer riesigen Villa mit vielen Duschen wohne.

Den Sommer über zu einem günstigeren Mietpreis im Wohnheim zu bleiben, ist sicher nicht ideal. Bestimmt wohnen viele der anderen Praktikanten in schicken Apartments downtown. Vielleicht geben sie da sogar Partys. Aber für mich wäre das Quatsch. Das Praktikum wird super bezahlt. Ich bekomme mehr Geld, als ich je im Leben verdient habe. Aber die Mieten in New York sind horrend, und ich muss meinen Lohn für die Studiengebühr im nächsten Jahr sparen. Auch wenn ich gerade mehr verdiene, als ich es mir je hätte vorstellen können, fühle ich mich in der Stadt der Träume arm.

Mama mit ihrem Job als Näherin kann mich überhaupt nicht unterstützen. Ginge es nach ihr, hätte ich mir ein billigeres College nicht so weit weg von zu Hause und mit größeren Chancen auf ein Stipendium ausgesucht. Wenn wir auf das Thema zu sprechen kommen, wird ihr Mund zu einem schmalen Strich und ihre Augen glitzern. Ich weiß, dass sie ein schlechtes Gewissen hat, weil sie mir kein Geld fürs College geben kann. Sie wollte es immer auf die chinesische Art machen. Man arbeitet so hart wie möglich, damit man die Kinder auf ein Elite-College schicken kann.

Leider hat mein Vater, der das mit ermöglichen sollte, sich aus dem Staub gemacht, als ich fünf war und Annalie drei. Ich weiß noch, dass er viel geredet und gern gesungen hat. Er hob mich oft hoch und rannte mit mir um den Garten. Als ich klein war, kam es mir vor, als wäre ich meterhoch über dem Boden, schwerelos und frei.

Er hatte kupferfarbene Haare und helle Augen. Ich weiß nicht, warum er gegangen ist. Nur dass er es getan hat und dass Mama nicht mal versucht hat, ihn zu finden. Sie hat uns nie erzählt, warum.

Ich weiß, dass meine Mutter gern für meine Ausbildung bezahlen würde, aber sie kann es nicht, und so sagt sie immer, Jinghua, du solltest auf ein College gehen, das näher bei uns ist. Jinghua, deine Schwester vermisst dich. Wenn sie das sagt, drückt mich das Gewicht ihrer Erwartungen nieder. Doch ich kann nicht zurück nach Hause. Nicht nachdem ich endlich der Trostlosigkeit einer Kleinstadt im Mittleren Westen entflohen bin.

Nicht, dass ich meine Heimat schrecklich fände. Aber es war so, als würde ich dort langsam ersticken. Die Leute dort schienen zufrieden, wenn alles so blieb, wie es war – bloß nicht die Grenzen austesten, einfach nur heiraten und Kinder kriegen, eine Generation nach der anderen. Kein Interesse daran, etwas Neues auszuprobieren, neue Ideen aufzusaugen. Ich war gefangen in einer kleinen Welt mit kleinen Hoffnungen.

Als ich nach New York kam, war das, als hätte sich ein Tor zu einem neuen Universum geöffnet. Ebenso gut hätte ich auf dem Mars gelandet sein können. Auf einmal konnte ich überall hingehen, jedes erdenkliche Essen bekommen und zu jeder erdenklichen Uhrzeit Menschen sehen. Menschen, die ganz unterschiedlich aussahen, Menschen, die so aussahen wie ich. Wenn ich um drei Uhr nachts zum Times Square ging, konnte ich mich mit geschlossenen Augen mitten auf den Platz stellen, in Kunstlicht baden und in Geräuschen ertrinken. Annalie und ich sind zwar beide katholisch getauft, aber ich habe mit Religion nicht viel am Hut. Doch in einer Menschenmenge zu sein und darüber nachzudenken, wie all die Menschen miteinander verbunden sind, hat für mich etwas geradezu Spirituelles.

Ich bleibe ein bisschen länger in der Dusche, bis meine Müdigkeit sich im Wasserdunst aufgelöst hat. Heute Morgen fühlt sich das heiße Wasser ganz besonders gut an. In mein Handtuch gewickelt, tapse ich gähnend zurück in mein Zimmer.

Gestern Abend habe ich den schöneren Anzug von den beiden, die ich besitze, gebügelt und eine hellgraue Bluse zurechtgelegt. Die Sachen kratzen, als ich sie anziehe, aber ich hoffe, dass man nur am ersten Tag einen Anzug tragen muss. Ich beschließe, dass ein bisschen Lippenstift nicht schaden kann. Ich nehme einen himbeerfarbenen, nicht so auffällig. Ich will ja nicht so aussehen, als wäre ich zum Flirten da. Ich drehe mir Locken in die Haarenden und begutachte mich ein letztes Mal im Spiegel. Ich sehe startklar fürs Praktikum aus. Sehr ernsthaft. Mama sagt immer, ich soll mehr lächeln, aber ich will nicht, dass man meine Zähne sieht.

Meine Eltern haben ihre Gene nicht gleichmäßig an uns verteilt. Meine Schwester hatte als Kind ziemlich helle Haare, die schließlich zu einem weichen Teebraun wurden, blasse Haut, runde Wangen und beneidenswert große Augen mit doppelter Lidfalte. Sie hat weiche Gesichtszüge und ein breites Lächeln und könnte nie für eine reine Chinesin gehalten werden wie ich regelmäßig.

Ich habe dunkle Haare, schmale Augen ohne sichtbares Lid, die sich nicht dezent schminken lassen wollen, und ostasiatische Züge. Meine Haut ist sandfarben. Ich bin dünner und kantiger als meine Schwester. Ich habe überhaupt nicht viel von meinem Vater, jedenfalls soweit ich das auf den Fotos erkennen kann. Meine Nase ist einen Tick breiter als die meiner Mutter. Ich habe einen spitzen Haaransatz, den ich gelegentlich und erfolglos mit einem Pony zu kaschieren versuche.

Meine Schwester gilt als hübsch. Ich gelte als exotisch.

Auch wenn Mama offiziell keine Lieblingstochter hat, denke ich immer, dass sie Annalie lieber hat. Annalie, die zugewandter ist und freundlicher, in deren Nähe man sich wohlfühlt. Nicht so streitlustig wie ich. Mama und sie hatten selten Streit, und wenn doch, hat Annalie meist nachgegeben. Immer wenn ich nach Hause fahre, frage ich mich, ob mein Vater, wenn er dageblieben wäre, wohl mich lieber gehabt hätte.

Eine sinnlose Frage, denn ich werde nie eine Antwort darauf bekommen.

Ich bin nicht nach New York gekommen, um Rajiv zu entfliehen. Selbst als wir zusammen waren, fühlte ich mich zu Hause von Einsamkeit umgeben. Anders als Annalie war ich nicht beliebt. Ich hatte keinen Freundeskreis, der mich auffing und vergessen ließ, was passiert war. Ich verbrachte viel Zeit in meinem Zimmer und in der Bibliothek.

Als ich mich fürs College bewarb, hatte ich deshalb nur Großstädte im Kopf, so dicht besiedelt wie möglich. New York. Los

Angeles. San Francisco. Hauptsache, weit weg von der eintönigen, verschlafenen Ruhe zu Hause. Ich kam nach New York in der Hoffnung, die ohrenbetäubende Stille um mich herum zu übertönen.

Und das ist auch weitgehend gelungen. Hier kann man sich fast nicht allein fühlen.

Allerdings habe ich festgestellt, dass einsam nicht dasselbe ist wie allein. Der Einsamkeit kann man nicht ganz so leicht entfliehen.

Wenn ich abends wieder in mein Wohnheimzimmer komme, droht mich dieselbe Stille wie früher zu überwältigen. Ich schalte den Fernseher ein und lasse irgendeine belanglose Sendung im Hintergrund laufen, um die Leere zu füllen.

Ich checke mein Instagram. Keine Nachrichten. Als ich den Feed runterscrolle, tauchen einige Leute aus der Highschool auf, die Fotos von ihren neuen besten Freunden posten, die sie in Griechenland gefunden haben, oder mit einem roten Plastikbecher in der Hand lässig dastehen. Rajivs Profil sehe ich mir nicht an. Ich habe es nicht übers Herz gebracht, ihm zu entfolgen, aber ich habe ihn stumm geschaltet. Jetzt müsste ich schon gezielt auf seine Seite gehen, um zu sehen, was er macht.

Lass es, sage ich mir. Lass es. Ich habe seit einem Jahr nicht mehr reingeschaut. Aber heute bin ich schwach. Ich denke an das glückliche Gefühl beim Aufwachen heute Morgen, bevor mich die kalte Realität wieder einholte.

Ich gebe seinen Namen ein.

Da ist ein Foto mit seinen Eltern, die ihn stolz zum College begleiten. Eins mit einer Gruppe von Freunden, die in der Mensa abhängen.

Es wunderte mich nicht, dass er schnell neue Freunde gefunden hat. Fotos über Fotos. Er hat immer schon mehr gepostet als ich. Aber das Foto, das mir ins Auge sticht, ist erst ein paar Wochen alt. Sein Arm um ein hübsches Mädchen mit langen dunklen Haaren, grünen Augen und Grübchen. Seine weißen Zähne blitzen in seinem lächelnden Gesicht, und er sieht entspannt aus. Es ist, als würde mir jemand ein rostiges Messer in den Bauch stoßen. Wie weit müsste ich zurückscrollen, um ein Foto von uns beiden zu finden? Oder vielleicht würde ich gar keins finden. Vielleicht hat er alles gelöscht.

Ich bin selber schuld. Ich habe kein Recht, mich darüber aufzuregen.

Ich bleibe eine Weile auf dem Bett sitzen und versuche mich zu beruhigen. Dann sage ich mir: Scheiß drauf. Ich ziehe mir etwas anderes an, ein eng anliegendes weißes T-Shirt, verwaschene, zerrissene Jeans und glänzende neongelbe Ballerinas, und stürze mich in die Stadt.

Das Gebäude, in dem ich arbeite, ist ganz aus Glas, elegant ragt es in den Himmel. Die Empfangshalle ist aus weißem Marmor. Ich melde mich an.

Es gibt zehn Aufzüge, und auf einer kleinen Tastatur gibt man die entsprechende Nummer ein, worauf sich ein Aufzug öffnet und man direkt zur gewünschten Etage befördert wird. Als ich zum Vorstellungsgespräch eingeladen war, stand ich ziemlich lange vor den Aufzügen und habe nach dem richtigen Knopf gesucht. Ein Mann von der Security musste kommen und mir helfen. Ich kam mir total dämlich vor, aber er lachte nur und sagte, alle hätten dieses Problem. Ich hasse es, wenn ich dastehe wie ein Landei. Ich lächelte gezwungen, aber es war mir extrem peinlich. Jetzt tippe ich einfach die 44 ein. Der Aufzug ganz links öffnet sich und ich gehe hinein.

Als ich in meinem Stockwerk angekommen bin, öffnet sich die Tür mit einem leisen Pling. Ich gehe nach rechts, wo hinter einer Glastür der Empfangsraum des Büros liegt.

Der Empfangsraum hat ein Panoramafenster. An einem klaren Morgen wie heute hat man einen Blick über die ganze Stadt, die Hochhäuser ragen wie Nägel in Abstufungen von Grau und Schwarz aus dem Boden. Das erinnert mich erneut daran, wie weit ich es gebracht habe. Die Margaret von vor zwei Jahren hätte sich so etwas Grandioses nicht mal im Traum vorstellen können.

Ich gehe geradewegs in mein Büro und bin dankbar dafür, dass ich als Praktikantin eins für mich allein habe, denn ich habe einen schlimmen Kater vom Vorabend. Ich bin zu lange weggeblieben, um meinem leeren Zimmer zu entgehen.

Ich gehe in die Büroküche und fülle meine große Wasserflasche auf, dann schließe ich mich bei heruntergelassenen Jalousien in meinem Büro ein. Ich arbeite bis zur Mittagspause durch und esse an meinem Platz. Ich erstelle auf der Grundlage verschiedener Marketing-Konzepte eine Analyse für eine Kofferfirma, wie sie neue Kunden gewinnen kann. Ich schwänze eine Videokonferenz, weil ich heute bestimmt nicht höflich bleiben könnte, wenn jemand laut redet.

Am Nachmittag bekomme ich Kopfschmerzen vom Bildschirmlicht und lege eine Pause ein.

Ich hole einen Notizblock heraus und schreibe Ideen für die Umweltrecht-AG auf.

Während der Vorlesungszeit quillt mein Kalender über vor Aktivitäten in den vielen Organisationen, in denen ich mich engagiere. Die übrige Zeit geht für das Studium drauf. Ich muss gestehen, dass das für mein Sozialleben nicht gerade förderlich ist. Aber so habe ich das Gefühl, etwas bewirken zu können, und das ist mir wichtig. Da lässt sich ein einsamer Abend hier und da schon verkraften.

Mein Handy klingelt. Ich bekomme jeden Tag unzählige Spam-Anrufe und will den Anruf schon wegdrücken. Da sehe ich, dass es meine Schwester ist.

Meine Schwester ruft mich nie an. Das letzte Mal haben wir vor einem halben Jahr oder so miteinander telefoniert. Ich weiß instinktiv, dass etwas passiert ist.

Sechseinhalb Stunden später fahre ich mit einem Mietwagen aus Chicago Richtung Süden nach Hause.

Es ist ein bisschen erschütternd, wie schnell man über tausend Kilometer zurücklegen kann und ganz woanders ist. Heute Nachmittag in New York schien mein Zuhause unheimlich weit weg, aber der Flug ging schneller, als es dauern würde, *Titanic* in voller Länge zu schauen.

Ich war seit Weihnachten nicht mehr zu Hause, und das scheint eine Ewigkeit her zu sein. Jetzt ist es schon spät und ich kann draußen nicht viel erkennen. Aber da gibt es sowieso nicht viel zu sehen. Auch ohne hinzuschauen, weiß ich, dass das Land platt wie ein Pfannkuchen und mit einer zartgrünen Decke aus Mais- oder Sojabohnen-Keimlingen bedeckt ist. Im Näherkommen sehe ich die roten Lichter des riesigen Windparks, die auf gespenstische Weise alle zur gleichen Zeit aufleuchten. Wenn sie nicht leuchten, ist da nichts als Dunkelheit.

Als ich in unsere Straße einbiege, weiß ich nicht, was mich erwartet. Annalie hat mir erzählt, was passiert ist, aber sie war am Telefon ziemlich hysterisch, sodass ich keine Einzelheiten aus ihr herauskriegen konnte. Ich weiß nicht, ob die rassistische Beleidigung schon wieder beseitigt wurde.

Annalies Wagen steht noch vor der Garage, sodass von der Straße aus praktisch nichts zu erkennen ist. Ich parke am Straßenrand und schalte den Motor aus. Das Haus ist still, doch durch das Wohnzimmerfenster dringt ein schwacher Lichtschein, der verrät, dass jemand zu Hause ist.

Bis jetzt habe ich rein mechanisch organisiert, wie ich nach Hause komme und worum ich mich in New York noch kümmern muss. Zu mehr blieb keine Zeit.

Aber jetzt bin ich hier. Und ich fühle mich nicht gewappnet.

Ich steige aus und gehe in die Einfahrt. Mein Herz pocht so laut in meiner Brust, ich könnte schwören, dass die Nachbarn es hören. Ich spähe um Annalies Wagen herum.

Da steht es, in knallroter Schrift. Alles in Großbuchstaben. Unübersehbar. Meine Schwester hat es mir zwar schon erzählt, aber es mit eigenen Augen zu sehen, ist noch mal etwas anderes.

Am ersten Buchstaben ist ein kleiner Farbklecks. Ich kann nicht wegschauen.

Erst konnte ich nur meinen Herzschlag hören, jetzt höre ich nur Stille. Meilenweit nur Stille. Jemand hat mir eine Bowlingkugel in den Magen gerammt. Ich empfinde einen so tiefen Schmerz, dass ich nicht weiß, wo er anfängt und wo er aufhört.

Dann explodiert eine weiß glühende supernovamäßige Wut und verschlingt die Welt.

3
ANNALIE

Mama und ich sitzen schweigend im Wohnzimmer, als meine Schwester nach Hause kommt und einen Hurrikan mit sich bringt.

Als ich vor ein paar Stunden weinend reinkam, hatte meine Mutter nicht viel zu sagen. Sie schüttelte nur die ganze Zeit den Kopf und sagte auf Chinesisch „Gemein, gemein, gemein". Sie hatte nicht die Polizei gerufen. Aber noch merkwürdiger war, dass sie nichts zum Abendessen gekocht hatte. Mama war eine hundertprozentig zuverlässige Köchin, und sonst stand immer das Abendessen auf dem Tisch, wenn ich nach Hause kam.

In diesem Moment hatte ich nur zwei Wünsche: meine Schwester hier zu haben, die alles regelt, und eine Schale heiße Nudelsuppe mit Rind. Wir mussten essen, aber etwas zu bestellen, kam nicht infrage, denn dann hätte der Lieferant unsere Garage gesehen.

Ich schaute im Kühlschrank und in der Speisekammer nach und fand einen Rest Reis, Tiefkühlerbsen, Eier und chinesische süße Wurst. Viel konnte ich damit nicht anfangen, aber ich rührte die Eier schaumig und gab die anderen Zutaten dazu für gebratenen Reis mit Ei. Wir aßen schnell, fast ohne etwas zu schmecken. Ich ließ die schmutzigen Teller und Töpfe in der Spüle stehen, und Mama verlangte nicht mal, dass ich sie abwusch. Schließlich schalteten wir den Fernseher ein und schauten Wiederholungen von alten Sitcoms.

So sitzen wir da, als Margaret kommt, in Decken gehüllt auf dem Sofa, obwohl es Sommer ist und nicht mal kalt.

Ich hatte ganz vergessen, dass Margaret immer noch einen Hausschlüssel hat. Sie zieht einen gigantischen Koffer hinter sich her, als wollte sie wieder zu Hause einziehen. Es ist unwirklich, sie nach so vielen Monaten wiederzusehen. Sie bleibt im Schatten der Tür stehen, und ich starre sie nur an.

„Was macht ihr da?" Mit lauter Stimme zerreißt sie die Stille, in die Mama und ich uns geflüchtet haben. Ihre Stimme ist dunkler, als ich sie in Erinnerung hatte. Wenn ich geglaubt hatte, sie würde nach Hause kommen und uns trösten, hatte ich mich getäuscht. Margaret ist immer noch Margaret.

Mama steht als Erste auf. „Du bist gekommen", sagt sie und nimmt sie in die Arme.

Margarets ganzer Körper ist gespannt wie eine Feder. „Was habt ihr bis jetzt unternommen? Was kann ich tun?", fragt sie, noch ehe Mama sie wieder loslässt.

Eine Pause tritt ein.

„Wir haben auf dich gewartet", sagt Mama.

Margaret reißt die Augen auf, dann speit sie Feuer. „Ihr habt noch nicht die Polizei gerufen?"

„Wozu die Eile?", sage ich schließlich. „Die Übeltäter sind ja schon weg."

Leise murmelt sie: „Okay, dann rufen wir sie jetzt sofort an. Wir geben eine Anzeige auf. Wir machen Fotos. Wir werden herauskriegen, wer das getan hat. Und dann sorgen wir dafür, dass die Staatsanwaltschaft Anklage erhebt."

Von ihrem wirbelnden Aktionismus wird mir ganz schwindelig. Ich habe nicht mal daran gedacht, dass man herausfinden könnte, wer das getan hat. Ich habe eher überlegt, wen wir anrufen müssen, um die Farbe von der Garage entfernen zu lassen, oder dass wir eine Überwachungskamera anbringen sollten. Es war ja kein Einbruch, also dachte ich – ich weiß nicht, was ich dachte, doch es gab nichts, was man zurückbekommen müsste, wozu also die Polizei rufen? „Wer das getan hat?", höre ich mich sagen. „Wahrscheinlich ein paar rassistische Idioten. Die sind doch längst über alle Berge. Vielleicht haben die uns nur zufällig ausgesucht."

„Gebrauch mal deinen Kopf, Annalie", blafft sie mich an. „Die wissen, dass wir chinesisch sind. Sie müssen also von hier sein, sie kennen uns. Was ist, wenn sie wiederkommen und uns überfallen? Ich fasse es nicht, dass ihr hier nur rumgesessen habt, anstatt sofort die Polizei zu rufen."

„Margaret!", rufe ich. „Es ist fast Mitternacht. Können wir uns erst mal sammeln und nicht gleich voreilige Schlüsse ziehen?"

Ohne mich zu beachten, tippt sie schon etwas in ihr Handy. Das Licht des Displays scheint auf ihr Gesicht. Ihre Stirnfalte vertieft sich. Sie ist nicht weiter gelangt als bis in den Flur, ihr Koffer lehnt noch an der Haustür. Aber keine dreißig Sekunden später hat sie die reguläre Nummer der Polizei herausgefunden und hat jemanden am Telefon. „Ja, ich heiße Margaret Flanagan." Kurz und präzise erklärt sie, was passiert ist. Ganz nüchtern. Sie zaudert kein bisschen. „Wir möchten sofort Anzeige erstatten. Bitte schicken Sie jemanden her", sagt sie entschlossen, dann legt sie auf.

Sie ist mindestens fünf Stunden hierhergefahren. Und wie ich sie kenne, hat sie wahrscheinlich nicht mal angehalten, um etwas zu essen, und ihre Blase zum Durchhalten gezwungen. Ich bin schon ein bisschen beeindruckt, wie scharfsichtig und zupackend sie ist, obwohl sie erschöpft sein muss. Ich bin müde, dabei habe ich mich seit sechs Folgen *How I Met Your Mother* nicht vom Sofa bewegt. Genau aus diesem Grund wird Margaret später bestimmt einmal eine fantastische Anwältin. Aber in diesem Moment kommt sie mir vor wie die Anwältin der Gegenseite, die Mama und mich ins Kreuzverhör nimmt. So habe ich mir das nicht vorgestellt, als ich sie anrief.

Sie löchert Mama bereits mit Fragen nach der Versicherung und danach, wie man eine Schadensersatzklage einreichen kann. „Notfalls können wir eine Crowdfunding-Kampagne starten." Sie wendet sich zu mir. „Glaubst du, irgendwer von den Nachbarn hat was gesehen? Gab es Zeugen?"

Ich zucke die Achseln. „Ich weiß nicht. Es ist niemand rübergekommen."

„Habt ihr am Tatort etwas angerührt?"

„Meine Güte, hab ich mich so angehört, als wär ich in der Verfassung gewesen, mich dort umzusehen?", sage ich gereizt.

Sie seufzt. Sie ist eindeutig enttäuscht von mir. „Kannst du deinen Wagen wegfahren und das Verandalicht einschalten?"

„Jetzt gleich?"

„Ja, jetzt gleich. Die Polizei kommt. Sie müssen den Tatort untersuchen. Dein Wagen steht im Weg."

Ehrlich gesagt würde ich am liebsten nie wieder rausgehen. Die Vorstellung, das Graffiti zu enthüllen und anzustrahlen, sodass alle Nachbarn es sehen können, ist peinlich und beschämend. Ich habe den Wagen absichtlich davor geparkt. Aber Margaret hat recht. Ich hole meine Schlüssel und gehe hinaus in die Einfahrt. Die ganze Zeit, während ich meinen Wagen rausfahre und hinter Margarets am Straßenrand parke, versuche ich nicht zur Garage zu schauen.

Ich schließe gerade meinen Wagen ab, als ein Polizeiauto vor unserem Haus hält. Margaret kommt zur Tür heraus.

Ein einziger Polizist steigt aus dem Auto. „Hallo, bin ich hier richtig bei Flanagan?"

Margaret fegt an mir vorbei, als wäre ich gar nicht da, obwohl sie nicht mehr hier wohnt und erst seit zehn Minuten wieder da ist. „Ja. Ich bin Margaret Flanagan. Ich habe angerufen."

Der Polizist sieht mich mit zusammengekniffenen Augen an. „Und du?"

„Ich bin ihre Schwester." Er guckt immer noch. „Annalie."

„Aha." Er notiert unsere Namen. Sein Blick wandert zwischen uns hin und her. „Ihr seht euch überhaupt nicht ähnlich."

Margaret verdreht die Augen. Ich würde mich nie trauen, bei einem Polizisten die Augen zu verdrehen – hallo, der ist bewaffnet –, aber innerlich stöhne auch ich. Das ist immer das Erste, was alle sagen. Margaret sieht aus wie Mamas Tochter und ich sehe aus wie – Fragezeichen? Ohne unseren Vater bin ich das Überbleibsel in der Familie.

Der Polizist schlendert zur Garage. „Das ist also der Schaden, hm?"

„Ja", sagt Margaret gepresst.

„Können Sie mir sagen, wann Sie es entdeckt haben?"

Margaret zeigt auf mich.

Ich komme mir vor, als würde ich im Unterricht drangenommen, ohne mich gemeldet zu haben. „Meine Mutter hat mich angerufen, das war um …" Ich schaue auf mein Handy. „Kurz nach vier. Sie war außer sich. Ich bin sofort nach Hause gefahren und habe es auf dem Garagentor gesehen." Ich kann das Wort nicht aussprechen.

„Wo ist deine Mutter?"

„Drinnen", sage ich.

„Kann sie rauskommen und eine Aussage machen?"

„Sie … sie ist wirklich außer sich", wiederhole ich. Ich will nicht, dass Mama noch mehr durchmachen muss.

„Das verstehe ich", sagt er geduldig. Sein Namensschild leuchtet im Schein der Straßenlaterne. Officer Kramer. „Aber wenn sie eine Zeugin ist, hätten wir gern ihre Aussage."

„Ich glaube nicht …", setze ich an.

„Ich hole sie", fällt Margaret mir ins Wort.

„Margaret!", zische ich, aber sie ist schon auf dem Weg ins Haus. Officer Kramer redet nicht mit mir. Er macht sich Notizen. Ich stehe unbeholfen ein Stück entfernt und versuche, bloß nicht zur Garage zu schauen.

Kurz darauf kommt Margaret mit Mama am Arm zur Haustür heraus.

Mamas Schultern sind gebeugt. Sie ist in sich zusammengesunken. Officer Kramer stellt sich vor, und sie nickt schwach. Er fragt nach ihrem Namen.

„Xuefeng Wang", sagt sie.

„Schüe-fong Wang?", wiederholt er, wobei er die Silben übertrieben aufbläst.

Bei der Aussprache zucke ich zusammen. Er will sich nicht über uns lustig machen, aber ich fand es immer schon unangenehm, wenn Amerikaner chinesische Wörter aussprechen. Die Sprache klingt dann so grob und dümmlich. Mama nennt sich immer Jenny, aber sie hat ihren Geburtsnamen nie ändern lassen.

Er stellt ihr verschiedene Fragen – was sie gemacht hat, was sie gesehen hat, wann es passiert ist und so weiter. Sie antwortet stockend. Sie sei zu Hause gewesen, bei der Arbeit. Dann sei sie rausgegangen, um die Post zu holen. Sie habe nichts gehört. Ein paar Mal schaut sie zu Margaret und sagt etwas auf Chinesisch, und Margaret übersetzt. Normalerweise ist Mamas Englisch ganz in Ordnung, doch in dieser Situation ist sie überfordert und sucht nach Worten. Sie ist völlig am Boden.

Ich finde es entsetzlich, dass Margaret diese Befragung zulässt. Ich gehe zu Mama und lege ihr einen Arm um die Schultern. „Es reicht jetzt", sage ich.

„Annalie", sagt Margaret scharf. „Halt dich da raus."

„Ich schaffe", sagt Mama sanft zu mir. „Wirklich."

Ich schaue zwischen ihr und Margaret hin und her. Mama nickt mir zu. „Na schön", sage ich. „Aber dann übersetze ich."

Margaret beißt die Zähne zusammen, als ob sie mir nicht vertraut – wahrscheinlich tut sie das auch nicht –, doch sie geht einen Schritt zurück.

Es kommt mir vor wie Stunden, bis Officer Kramer endlich fertig ist. Er dankt uns höflich für die Mithilfe und drückt sein Mitgefühl für die Lage aus. Mama kehrt ins Haus zurück. Am liebsten würde ich mitgehen.

„Wie geht es jetzt weiter?", fragt Margaret.

„Wir nehmen die Informationen auf und werten sie aus. Möglicherweise kommen wir noch mal vorbei und stellen weitere Fragen. Wenn wir irgendwelche Hinweise haben, werden wir ihnen nachgehen. Und dann sehen wir weiter."

„Aber Sie finden doch heraus, wer das gemacht hat, oder?"

„Wir werden es versuchen. Es gab in der Stadt in letzter Zeit einige Fälle von Sachbeschädigung durch Graffitis. Allerdings hauptsächlich in der Innenstadt. In einem Wohngebiet habe ich so was bisher noch nicht gesehen." Es klingt entschuldigend, als wollte er es uns schonend beibringen. „Ohne Überwachungskamera könnte es schwierig werden, etwas herauszufinden. Im Nachhinein lässt sich der Täter bei so was nur schwer ermitteln."

„Sachbeschädigung?", fragt Margaret ungläubig.

„Ja."

„Officer", sagt sie langsam. „Das ist ein Hassverbrechen. Sie müssen herausfinden, wer das war."

Officer Kramer tritt unbehaglich von einem Fuß auf den anderen. „Nun ja. Die Frage nach dem Vorsatz wird der Staatsanwalt stellen, wenn wir den Schuldigen haben. Ich kann nichts darüber sagen, wie vor Gericht über den Fall entschieden würde."

Sie schnaubt verächtlich. Lacht ihn allen Ernstes aus. Sie kennt wirklich keine Angst. „Vorsatz? Sehen Sie, was ich sehe? Haben Sie das mal gelesen?" Sie legt eine Pause ein und zeigt mit dem Finger auf das Garagentor. „Da steht SCHLITZAUGEN." Ich zucke zusammen, als sie es ausspricht. „Sehen Sie uns?", fragt sie unerbittlich weiter. „Was glauben Sie, was das bedeutet? Was genau ist am Vorsatz des Täters noch strittig? Was ist, wenn derjenige wiederkommt und unser Haus noch mal überfällt? Oder uns?" Sie ist aufgebracht, ihre Augen funkeln.

„Ma'am, ich verstehe Ihre Sorge. Aber es ist höchst unwahrscheinlich, dass der Täter nach über acht Stunden noch mal zurückkommt. Solche Vorfälle wiederholen sich in der Regel nicht. Aber wenn Sie das Gefühl haben, dass Gefahr droht, oder wenn jemand zurückkommt, rufen Sie uns bitte an. Ansonsten melden wir uns bei Ihnen." Er wendet sich zum Gehen. „Es ist schon spät. Ich würde Ihnen raten, sich schlafen zu legen und morgen früh jemanden anzurufen, der die Farbe entfernt."

Margaret macht den Mund auf, als wollte sie noch etwas entgegnen, doch dann klappt sie ihn wieder zu. Ich sehe ihr förmlich an, wie sie entscheidet, dass es die Sache nicht wert ist. Sie schaut zu, wie Officer Kramer in seinen Wagen steigt und den Motor startet. Ich gehe zu ihr. Seite an Seite stehen wir da und sehen dem Polizeiauto nach, bis es in unserem Viertel wieder still ist. Nur das Zirpen der Grillen füllt das Schweigen zwischen uns.

„Lass uns schlafen gehen", sage ich schließlich. „Wir machen es, wie er gesagt hat, und suchen morgen jemanden, der das wegmacht."

„Wegmacht?"

„Ja."

„Wieso sollten wir das wegmachen? Was ist, wenn die Polizei noch weitere Untersuchungen anstellen will? Wir sollten den Tatort nicht verändern."

Ich bin fassungslos. Anscheinend hat sie völlig den Verstand verloren. „Sie haben die Anzeige doch schon aufgenommen. Sie haben uns befragt. Mehr gibt es hier nicht zu tun."

„Wir sollten es stehen lassen", beharrt sie. „Die Leute sollten sich dafür schämen, dass sie so etwas in unserem Viertel zugelassen haben. Was ist das nur für eine rassistische Stadt?" Sie schüttelt den Kopf. Sie tut so, als hätten unsere Nachbarn zu dem Verbrechen aufgerufen. „Die Leute müssen sehen, was passiert ist."

Panik steigt in mir auf. Das kann doch nicht ihr Ernst sein. „Ich will nicht, dass es da stehen bleibt." Es ist hässlich und beleidigend. Sie müsste es doch auch so schnell wie möglich loswerden wollen. Sie sagt, sie will es stehen lassen, damit die Stadt sich schämt, aber für mich fühlt es sich so an, als müssten wir uns schämen. „Wenn du unser Zuhause mit so einer üblen rassistischen Beleidigung präsentierst, bestrafst du doch nur uns! So eine Scheiße mach ich nicht mit, Margaret. Von mir aus mach ein paar Fotos und dann wars das. Ich will das nie wieder sehen müssen."

„Lass uns morgen früh darüber sprechen."

Ich kenne meine Schwester. Mit dieser Masche gewinnt sie am Ende jeden Streit. Sie lenkt ab, um später, wenn man milder gestimmt ist, den Sieg an sich zu reißen. Aber diesmal gebe ich nicht nach. Ich werde nicht stolz einen scharlachroten Buchstaben tragen, den jemand anders mir verpasst hat. „Wir lassen das nicht stehen, okay?"

Sie starrt auf das Garagentor.

„Okay?"

Sie seufzt und gibt nach. Zum ersten Mal an diesem Abend sieht sie müde aus. „Wir suchen jemanden, der es wegmacht." Ich merke sehr wohl, dass das keine richtige Antwort ist, denn das Wann übergeht sie einfach. Noch so ein typischer Margaret-Trick. Trotzdem verbuche ich es als Sieg.

Danach haben wir einander nichts mehr zu sagen. Der Tag und Officer Kramer haben unsere Worte aufgezehrt. Zurück bleibt nur eine offene Wunde, die bei jeder Berührung schmerzt.

Schweigend gehen wir ins Haus. Schließen die Türen zweimal ab. Mama ist schon in ihrem Schlafzimmer, doch ich sehe Licht durch den Türspalt.

Margaret schleppt ihren riesigen Koffer nach oben in ihr altes Zimmer, das seit ihrem Auszug unberührt geblieben ist. Es kommt mir so vor, als wäre sie nie weg gewesen. Ich weiß nicht, wie lange sie bleiben will.

Als ich ins Bett krabbele und erschöpft unter der Decke liege, fällt mir auf, dass ich nicht mal richtig Hallo zu ihr gesagt habe.

Ich hab sie nicht gefragt, wie es ihr geht, und auch nicht gesagt, dass sie uns gefehlt hat.

Wir haben kaum miteinander geredet.

Als ich am nächsten Morgen aufwache, immer noch vom Schlaf benebelt, kommen mir zwei Gedanken:

Erstens, Thom hat mir seine Nummer gegeben.

Zwei Sekunden lang freue ich mich wahnsinnig, doch das Gefühl verfliegt sofort wieder.

Zweitens, jemand hat unsere Garage mit einer rassistischen Beleidigung verunstaltet.

Was für eine Achterbahn der Gefühle noch vor dem ersten Kaffee.

Ich höre unten jemanden poltern, und da fällt es mir ein. Ach ja. Meine Schwester ist zu Hause.

Mir graut davor, mit ihr zu sprechen, aber ich will unbedingt die Chance nutzen, sie vom Schlimmsten abzuhalten, bevor sie anfängt ihre To-do-Liste abzuarbeiten (die sie hundertprozentig schon aufgestellt hat). Schließlich habe ich mich ihretwegen in der neunten und zehnten Klasse durchgehend geschämt, weil sie in der Schule jede vermeintliche Ungerechtigkeit anprangern musste.

Als sie ihren Abschluss hatte, war ich erleichtert, denn zum ersten Mal musste ich mich nicht zu allem äußern, was sie machte. Ich konnte einfach ich selbst sein.

Garantiert ist diese Geschichte nur ein weiterer Beweis für ihr persönliches Narrativ, dass unsere Stadt durch und durch rassistisch ist.

Im Schlafanzug husche ich in die Küche, wo sie schon fertig angezogen ist, auf dem Weg nach draußen.

„Wo willst du hin?", frage ich.

„Wow, nicht mal guten Morgen?" Sie hängt sich ihre Handtasche über die Schulter. „Das ist ja eine nette Begrüßung. Du hast mich schließlich gebeten, nach Hause zu kommen und mich um alles zu kümmern."

Typisch Margaret, meine Schwäche auszunutzen. „Ja, ich hab dich angerufen, weil ich völlig fertig war", sage ich fassungslos. „Willst du mir das zum Vorwurf machen?"

Sie seufzt. „Lass uns nicht streiten. Ich habe eine Reinigungsfirma gefunden, die in einer Stunde kommt. Hier ist die Nummer, falls du noch mal anrufen musst." Sie reicht mir einen Zettel. „Du hast doch eine Kreditkarte, oder? Oder kannst du die von Mama nehmen?"

Wir schauen beide zu ihrem Schlafzimmer. Die Tür ist immer noch zu.

„Ja", sage ich. Ich stecke den Zettel ein, überrascht, aber immer noch misstrauisch. „Warum bleibst du denn nicht, bis sie kommen?"

„Ich gehe zur Polizei", sagt sie unschuldig. „Mal hören, ob es schon was Neues gibt."

„Zur Polizei", wiederhole ich. „Sonst nichts?"

„Meine Güte, Annalie. Willst du mir eine Fußfessel anlegen? Die Trackingfunktion vom iPhone einschalten?"

„Würde ich tun, wenn ich könnte", murmele ich. „Können wir nicht erst mal überlegen, was wir als Nächstes machen wollen, bevor du dich in deinen Masterplan stürzt?"

„Wieso? Ich hab gesagt, wir lassen es entfernen. Das wolltest du doch."

Ich traue ihr nicht. Ich traue ihr einfach nicht über den Weg. „Okay. Und dann fliegst du zurück nach New York?"

„Ich hab noch keinen Rückflug gebucht." Sie schaut auf ihr Handy. „Ich muss los."

Sie geht zur Tür.

Ich folge ihr wie ein ängstlicher Schatten. „Tu nichts, was ich nicht auch tun würde! Weißt du noch, wie du einen Riesenaufstand gemacht hast, als ein paar Mädchen im Qipao zum Abschlussball gekommen sind? Du hast dich beim Direktor über kulturelle Aneignung beschwert und total rumgepoltert. Das wird mir heute noch unter die Nase gerieben. Bitte tu das nicht."

„Mich beim Direktor beschweren?", sagt sie trocken und sieht mich über die Schulter an.

„Nein, einen Aufstand machen! Keiner will das, außer dir! Ich will nicht bereuen müssen, dass ich dich angerufen habe!", rufe ich ihr nach.

Die Tür knallt zu und mir ist ganz schlecht vor Angst.

Ich verabrede mich mit Violet in unserem Lieblingscafé, der Bakersfield Bakery.

Zugegeben, der Name ist albern, aber der Inhaber, ein ungefähr achtzigjähriger Mann, heißt tatsächlich mit Nachnamen Bakersfield. Seit ihrer Eröffnung vor bald sechzig Jahren ist die Bäckerei ein fester Bestandteil der Innenstadt. Sie sieht aus wie eine französische Boulangerie. Die Front ist ganz aus Glas, und bei Sonnenschein ist der ganze Laden erleuchtet. Wenn es nicht zu voll ist, kann man sich auch hinsetzen und eins der hübschen Törtchen oder ein Mandelcroissant essen. Und das Wichtigste: Die süßen Backwaren sind einfach himmlisch. Und heute brauche ich wirklich etwas Süßes.

Die Fahrt dorthin ist freundlich und heiter. Die Frühsommersonne wirkt auf die Landschaft wie ein Instagram-Filter. Die Bäume entlang der Straßen sind noch grüner als sonst, die Häuser noch malerischer. Die Innenstadt sieht aus wie ein Postkarten-Idyll. Jetzt, weiter weg von zu Hause, fühle ich mich behaglich, wie unter einer friedlichen Decke.

In dieser Stadt kann nichts Schlimmes passieren.

Violet ist noch nicht da, eine Viertelstunde Verspätung ist bei ihr Standard. Ich bin zu hibbelig, um draußen zu warten, deshalb gehe ich schon mal rein.

Normalerweise arbeitet nur Bakersfield in der Bäckerei, und alle müssen sich gedulden, bis sie an der Reihe sind, egal, wie voll es ist. Manchmal geht die Schlange bis nach draußen. Trotzdem stehen die Leute brav an, denn es lohnt sich wirklich. Es lohnt sich, obwohl Bakersfield das leibhaftige Klischee eines durch und durch griesgrämigen alten Mannes ist. Zu Violet und mir ist er ein kleines bisschen freundlicher, weil wir immer herkommen und ihm schätzungsweise zehn Prozent seines Jahresumsatzes bescheren, so viel, wie wir dort futtern.

Heute jedoch steht zum allerersten Mal jemand Neues hinter dem Tresen. Neugierig spähe ich um die Leute in der Schlange vor mir herum. Bakersfield verzieht sich nach hinten, und der Typ am Tresen blafft: „Ja, ich weiß! Ich habs im Griff, okay?" Als ich an der Reihe bin, wendet er sich zu mir.

Er ist sehr groß und breitschultrig, hat kurze, ordentliche braune Haare und eine eckige schwarze Brille. Er dürfte etwas älter sein als ich. Und dem Akzent nach zu urteilen, eindeutig britisch. Er sieht ein bisschen so aus wie ein Buchhalter, wenn dieser Buchhalter die Statur eines Rugbyspielers hätte. Ich weiß nicht recht, was ein Brite in der Bäckerei einer Kleinstadt des Mittleren Westens zu suchen hat, aber sein Blick ist so streng, als hätte er mich gerade mit der Hand in der Keksdose erwischt.

Ich starre ihn eine Weile an.

„Ja? Kann ich dir helfen?", sagt er ungeduldig. Anscheinend hat Bakersfield sein Personal nach seinen bevorzugten Charaktereigenschaften ausgewählt, das heißt so unfreundlich zu den Kunden wie möglich.

„Entschuldigung, ich überlege noch."

„Okay, na ja. Ich will nicht unhöflich sein, aber andere wollen auch noch drankommen, weißt du." Er zeigt hinter mich. „So groß ist die Auswahl nun auch wieder nicht."

Ich weiß nicht, wer ihm in seine Cornflakes gespuckt hat, aber mein Tag ist schon ohne das hier schlimm genug. „Komisch, die Unhöflichkeit kommt irgendwie trotzdem durch."

Er funkelt mich an.

„Ich nehme ein Zitronentörtchen." Ich beäuge sein T-Shirt, auf dem kein Namensschild zu sehen ist. „Wie heißt du?"

„Daniel", sagt er kurz angebunden. „Willst du dich beim Inhaber über mich beschweren? Viel Glück." Er bongt meine Bestellung ein und stößt mir meinen Teller geradezu entgegen. Ich höre Bakersfield etwas aus der Backstube rufen. Daniel grummelt vor sich hin und verschwindet hinter der Tür.

Verärgert nehme ich meinen Teller und setze mich vorn an einen Tisch.

Violet taucht einige Minuten später auf. Sie trägt sehr knappe Hotpants, ein Off-Shoulder-Rüschenoberteil und eine rote Sonnenbrille mit herzförmigen Gläsern. Sie ist die Einzige, die ich kenne, die eine herzförmige Sonnenbrille tragen kann, ohne auszusehen wie zwölf.

„Was gibt es so Dringendes?", fragt sie, nachdem sie sich bei Bakersfield ein Schokoladencroissant geholt hat.

„Bah", sage ich. „Bakersfield hat irgend so einen Typ eingestellt."

„Was für einen Typ? Seit wann stellt Bakersfield überhaupt Leute ein?"

„Jetzt ist er hinten. Er ist britisch."

„Oooh. Schade, dass ich ihn nicht gesehen hab. Ist er süß?"

„Nee. Er ist ein Arsch. Und zwar nicht auf die Art liebenswerter alter Griesgram."

„Ach so, na ja. Ganz schön viele Männer in deinem Leben." Sie beißt in ihr Croissant. „Wieso wolltest du mich so dringend treffen? Ist es wegen Thom? Ich hab seit gestern Morgen nichts mehr von dir gehört. Seit du mir vor der Arbeit Fotos von deinen fünf Outfit-Optionen geschickt hast."

Das scheint ein ganzes Leben her zu sein. „Nein. Damit hat es ehrlich gesagt nichts zu tun."

„Nein?"

Violet und ich sind schon seit der ersten Klasse Freundinnen. Wir reden jeden Tag miteinander. Ich weiß, dass ich ihr alles erzählen kann, aber das hier kommt mir so brutal vor, dass ich Angst habe, es laut auszusprechen. Wenn ich es ihr erzähle, dann ist es wirklich passiert.

„Irgendwelche Vandalen waren gestern bei uns zu Hause", sage ich leise.

Violet stößt einen Schreckenslaut aus. „Was? Ist dir was passiert? Was haben sie gemacht?"

Ich winke ab. „Mir geht es gut, den anderen auch. Margaret ist aus New York zurückgekommen, und sie kümmert sich um alles. So richtig margaretmäßig, du weißt ja, wie sie ist, aber das ist schon okay. Wir hatten eine Reinigungsfirma da, und es ist alles wieder weg." Ich bringe das Wort nicht über die Lippen, deshalb hole ich mein Handy heraus und zeige ihr ein Foto von gestern Abend. Trotz der schlechten Belichtung kann man sehen, was da steht.

Violet schlägt eine Hand vor den Mund. „O mein Gott", sagt sie. „Das ist ja entsetzlich." Sie sieht mich an. „Das tut mir so leid."

Es ist Violets Reaktion, die mich fertigmacht. Bis dahin ging es mir gut. Ich hatte wirklich kein Problem. Doch ihr Entsetzen erinnert mich an meine eigene Verzweiflung, als ich es sah. Ich merke, wie die Tränen wieder aufsteigen. „Schon okay", sage ich mit verschwommenem Blick.

„Es ist nicht okay, Annalie." Sie klingt todernst.

„Ich will es nicht mehr sehen und auch nicht mehr darüber reden. Aber ich musste es jemandem erzählen." Ich wische mir mit dem Ärmel über die Augen. „O Mann, hast du mal ein Taschentuch für mich?"

Sie kramt in ihrer Handtasche und reicht mir ein Päckchen. Dankbar tupfe ich mir das Gesicht ab. „Wisst ihr, wer das gemacht hat?", fragt sie, nachdem ich mich einigermaßen gefangen habe.

„Keine Ahnung. Aber Margaret hat schon Anzeige bei der Polizei erstattet. Wahrscheinlich ist sie jetzt gerade da."

„Es ist so abscheulich." Violet schüttelt den Kopf. „Unfassbar, dass jemand so was tun kann. Meinst du, die Polizei kriegt raus, wer das war?"

Ich zucke die Schultern. „Ich glaub, das wird schwierig, weil es keine Zeugen gibt. Der Polizist, der da war, wirkte nicht so optimistisch."

„Warum sollte euch jemand so was antun? Ihr wohnt doch schon ewig da."

„Ich weiß. Deshalb denke ich auch, dass es irgendwelche x-beliebigen Leute waren. Wir sind ja nicht gerade erst eingezogen. Margaret sieht das anders, aber du kennst sie ja. Sie spinnt."

Violet sieht mich mit großen Augen an. Natürlich kennt sie Margaret. „Ich weiß nicht. Vielleicht hat sie recht. Die Stadt ist ja nicht gerade fortschrittlich. Ein Typ in meinem Geschichtskurs denkt immer noch, dass es beim amerikanischen Bürgerkrieg um die Rechte der Bundesstaaten ging. In Illinois, der Heimat von Lincoln."

„Margaret hat nicht recht. Kaum ist sie hier aufgetaucht, denkt sie, sie kann alles an sich reißen." Wütend stoße ich mit der Gabel in mein Törtchen. „Aber es gibt hier nicht viel für sie zu tun. Wahrscheinlich bucht sie für das Wochenende ihren Rückflug und ist wieder weg. Ich hatte vergessen, wie anstrengend es ist, wenn sie da ist. Es hat schon was, ein Einzelkind zu sein."

„Wem sagst du das", antwortet sie. „Ich muss diese Woche schon wieder auf Rose aufpassen. Aber sei nicht so streng mit deiner Schwester. Da ist schon was dran. Das ist keine gewöhnliche Mikroaggression. Jemand hat ‚Schlitzaugen' auf euer Haus gesprayt. Das ist ein Hassverbrechen."

Ich stütze den Kopf in die Hände und stöhne. „Können wir bitte nicht mehr darüber reden? Ich will einfach nicht mehr darüber reden."

Violet sieht mich mitfühlend an. „Klar. Entschuldige."

4
MARGARET

Ich gehe hinaus, genervt von Annalies Gejammer.

Immer muss es um sie und ihre Gefühle gehen. Man könnte ja meinen, wenn überhaupt irgendwas sie dazu bringen könnte, ihre Scheuklappen abzusetzen und sich mal mit etwas anderem zu beschäftigen als mit ihrer Beliebtheit in der Schule, wäre es diese Geschichte, aber sie scheint das Ganze schon wieder hinter sich gelassen zu haben. Wenn es nach ihr ginge, würde sie den Deckel draufklappen, ohne auch nur zur Polizei zu gehen.

Bei Tageslicht sieht die rote Schrift noch schlimmer aus. Wie eine klaffende Wunde. Eigentlich müsste es den Nachbarn mittlerweile aufgefallen sein, aber bis jetzt ist alles ruhig. Wir wohnen in einer kleinen Sackgasse, da kommt niemand zufällig vorbei. Der Verkehrslärm hier ist gleich null. Trotzdem, hätte es nicht irgendjemand sehen und nach uns schauen müssen?

Die Wut, die gestern Abend in meinem Innern explodiert ist, schmort nur noch vor sich hin, doch wenn ich auf das Wort schaue, lodert sie wieder auf. Ich hole mein Handy heraus und fotografiere es aus allen Blickwinkeln, aus der Nähe und von Weitem. Bei jedem Klicken werde ich zorniger, als würde jedes Foto von dem Graffiti als Schandmal auf meine Haut tätowiert.

Als ich fertig bin, schnaufe ich wie nach einem Marathon. Ich bin keine Heulsuse. Seit der Trennung von Rajiv habe ich nicht mehr geweint.

Aber wenn ich jetzt die Fotos auf meinem Handy und die Garage anschaue, möchte ich weinen.

In diesem Zustand kann ich mit niemandem sprechen. Um mich zu beruhigen, schließe ich die Augen und atme durch. Die Luft hier ist frisch und klar, sie riecht nach Pflanzen statt nach Urin und Müll. Ich höre Vögel, die keine Tauben sind. Das ist etwas, was ich in New York vermisse.

Allmählich werde ich ruhiger. Als ich die Augen wieder aufmache, geht es mir schon viel besser.

Aber Annalie hat recht, die Schmiererei muss weg. Gestern dachte ich noch, wir sollten sie stehen lassen, um ein Zeichen zu setzen, aber das packe ich nicht. Ich kann mir das nicht jeden Tag angucken. Mein Innerstes würde versengen. Ich würde zu Asche zerfallen.

Es gibt so viel Hässliches auf der Welt. Das weiß ich. Ich muss mir damit nicht auch noch die Garageneinfahrt verzieren.

Um halb zehn bin ich schon auf dem Weg zur Zeitungsredaktion.

Die *Gazette* hat ihr Büro in einem braunen Backsteinbau in der Stadt. Gegenüber gibt es einen kleinen Parkplatz, zwei Drittel der Plätze sind für Angestellte reserviert. Der Parkplatz ist fast leer. Allmählich merkt man, wie brüllend heiß es heute wird.

Ich gehe ins Gebäude. Am Empfangsschalter sitzt ein gelangweilt aussehender Security-Mann. Er beäugt mich träge und ruft oben an, um sich zu vergewissern, dass ich erwartet werde. Dann schickt er mich zum Aufzug.

Ich fahre hoch in den zweiten Stock und gehe in die Redaktion der *Gazette*. Hier drin ist es stickig, entweder gibt es keine Klimaanlage oder sie ist ausgefallen. Die Fenster sind offen, davor stehen Ventilatoren, damit Luft hereinkommt. Ich weiß nicht, ob das bei den Temperaturen so sinnvoll ist.

Die Redaktion liegt in einem Großraumbüro, die Schreibtische stehen einander in ungleichmäßigen Reihen gegenüber. Auf jedem Schreibtisch gibt es einen Bildschirm und ein Kabelwirrwarr. Davon abgesehen ist die Hälfte der Schreibtische leer. Schlechte Zeiten für den Printjournalismus. Auf den anderen Schreibtischen liegen Blätter und Fotos herum. Es riecht leicht muffig.

Nur drei Leute sind da. Eine Frau, die in dem einzigen separaten Büro sitzt. Durch die Glaswände sieht man, dass sie telefoniert. Dann ein Typ, der mit dem Rücken zu mir sitzt. Er hat einen Man Bun, und auf seinem Bildschirm sind viele Fotos zu sehen. Schließlich ein Mann mit kurzen Haaren, der anscheinend der Jüngste ist. Er kommt sofort zu mir herüber. „Hallo, Ms Flanagan?", fragt er und reicht mir die Hand.

Ich schüttele sie. „Sie können mich Margaret nennen", sage ich.

„Super. Ich bin Joel."

„Dann habe ich mit Ihnen telefoniert."

„Genau. Kommen Sie doch hier herüber, dann können wir uns unterhalten." Er deutet auf eine Ecke am Fenster. „Tut mir leid, ich würde Ihnen gern einen besseren Raum anbieten, aber etwas anderes steht mir gerade nicht zur Verfügung. Nicht sehr glamourös."

„Dafür bin ich auch nicht hergekommen." Ich gehe zu der Ecke hinüber und setze mich.

„Einen Moment." Er nimmt seinen Laptop auf den Schoß und schaut mich an. „Okay, erzählen Sie mir, was passiert ist", sagt er.

Und ich erzähle es ihm. Von Anfang bis Ende.

Die ganze Zeit tippt er auf seinem Laptop. Seine Miene ist empathisch, mehr kann ich nicht herauslesen.

„Ich habe Fotos gemacht", sage ich. „Die kann ich Ihnen schicken. Und wir haben schon Anzeige bei der Polizei erstattet, da können Sie auch nachfragen."

„Danke." Er ist fertig mit Tippen. „Das ist sehr gut. Ich hoffe, wir können Ihnen helfen. Das ist eine schreckliche Tat."

Bei seinem sanften Ton kommen mir schon wieder die Tränen und ich blinzele schnell. Nicht weinen, sage ich mir.

„Das wird aber nicht einfach. Sicher ist Ihnen das klar."

„Ja. Deshalb bin ich zu Ihnen gekommen."

„Wir werden weiter recherchieren und bringen es dann irgendwann in den nächsten Tagen."

„Das ist super", sage ich.

„Was auch passiert", sagt er mit fester Stimme. „Immerhin bringt es Aufmerksamkeit. So etwas ist in unserer Stadt absolut inakzeptabel."

Inakzeptabel.

Ich finde es komisch, dass er „so etwas" sagt anstatt „Vorurteile" oder „Rassismus". Als wäre es unglaublich, dass es Vorurteile oder Rassismus bei uns geben könnte, in der Stadt mit dem Werbeslogan *Wohin Menschen kommen, um zu bleiben*.

Ich verlasse die Redaktion in dem Bewusstsein, dass es jetzt kein Zurück mehr gibt. Die Zeitung wird die Geschichte bringen, und unsere Familie wird damit in Verbindung gebracht werden. Aber manchmal ist etwas zu wichtig, um sich wegzuducken.

Ich denke daran, wie die Jungs an der Bushaltestelle ihre Augenwinkel lang gezogen und einen rassistischen Singsang angestimmt haben, bis ich lernte, dass sie nur umso gemeiner werden, wenn man weint. An die alten Damen im Lebensmittelladen, die ich angelächelt habe, während sie mir leise Beleidigungen entgegenschleuderten, die mein Lächeln erstarren ließen. An die Leute, die betont langsam mit meiner Mutter sprachen, als wäre sie zu blöd, sie zu verstehen, nur weil sie einen Akzent hat.

Ich denke an all die anderen asiatischen Familien, die den Mund halten, die Mütter, die uns sagen, wir müssten uns nur anpassen und hart arbeiten, um in diesem Land Erfolg zu haben, und daran, wie bitter diese Lüge ist. Ich denke an unsere Community. Immer sagen sie uns, wir seien die Guten, diejenigen, die sich nicht beklagen, die Vorzeige-Minderheit. Wir lächeln sogar noch, während sie über uns hinwegtrampeln.

Schlagartig wird mir klar, dass ich in diesem Sommer nicht nach New York zurückkehren kann. Ich muss diese Geschichte zu Ende bringen.

Ganz gleich, wie meine Familie darüber denkt, diesmal lasse ich nicht zu, dass wir den Mund halten.

Ich muss ungefähr viereinhalb Stunden lang alle Kanzleien in der Stadt abtelefonieren, bis ich ein neues Ferienpraktikum habe. Alle bewundern mich dafür, wie schnell und mühelos ich alles hinkriege, aber sie unterschätzen einfach, wie viel man mit Selbstbewusstsein und Hartnäckigkeit erreichen kann. Wenn man nicht fragt, wird man nie erfahren, ob man nicht vielleicht doch eine Zusage bekommen hätte.

Mein Lebenslauf ist ziemlich beeindruckend, das hat natürlich geholfen. Am Ende hatte ich drei Angebote, zwei sind unbezahlt, bei einem bekomme ich zehn Dollar fünfzig die Stunde. Ich nehme Letzteres.

Es ist zwar nicht annähernd so gut bezahlt wie das Praktikum in New York, aber dafür spare ich mir die horrende Miete. Das Gute an einem Wohnheimzimmer ist, dass man problemlos aus dem Mietvertrag rauskommt, denn in New York werden im Sommer immer Unterkünfte gesucht, und sie können es einfach zum selben Preis weitervermieten. Ich organisiere jemanden, der mir gegen Bezahlung meine Sachen nachschickt.

Die Schwerpunkte der Kanzlei sind Familienrecht, Immobilienrecht und allgemeines Zivilrecht. Einer der Partner hat mir am Telefon etwa fünf Minuten lang Fragen gestellt, dann hat er mir die Stelle angeboten und gesagt, ich könne am nächsten Tag anfangen. Ich werde natürlich hauptsächlich Ablage machen und Verträge und Schriftsätze Korrektur lesen, aber für zehn Dollar fünfzig die Stunde hatte ich schon schlechtere Jobs.

Die Kanzlei liegt neben dem alten Gerichtsgebäude, wo Abraham Lincoln tätig war. Unsere Stadt ist von Lincoln ebenso besessen wie der ganze Staat Illinois, was bedeutet, dass jeder Gegenstand, den Lincoln je berührt hat, und jeder Fleck, den er je betreten hat, geehrt und mit einer Gedenktafel versehen wird. Die Kanzlei liegt mitten in dem alten Lincoln-Bezirk, gegenüber einer der vielen Lincoln-Statuen, die überall in der Stadt verteilt sind.

Am ersten Tag tauche ich im schönsten Amal-Clooney-Style auf. Gebügelte schwarze Hose, weiße Bluse, dazu zartrosa Pumps. Ich habe meine beste schwarze Ledertasche ausgesucht. Ich will professionell, aber auch modern rüberkommen.

Das Gebäude hier kann nicht mit der Consultingfirma in New York mithalten. Ein zweigeschossiger feuerroter Backsteinbau, dicht an den Gehweg gebaut, mit einem Schrägdach aus braunen Dachziegeln, mit weißen Türen und weißen Fensterrahmen. Links von der Eingangstür hängt ein kleines Holzschild mit der Aufschrift „FISHER, JOHNSON & PARTNER" in weißen Druckbuchstaben.

Ich öffne die Tür und gehe hinein. Sie haben die Originalausstattung des Gebäudes erhalten. Holzböden in warmem Kastanienbraun. Die Wände sind blau wie ein Rotkehlchenei und oben mit einer fein ziselierten weißen Stuckleiste umrandet. Die Türen sind weiß, passend zum Äußeren des Gebäudes. In der Eingangshalle gibt es einen einzigen dunkelbraunen Tisch, an dem die Empfangsdame sitzt und tippt, und eine Sitzecke mit edlen dunkelblauen Sofas. Vom Eingang aus sehe ich ansonsten nur den Flur und eine Holztreppe, die in den ersten Stock führt.

Die Empfangsdame sieht mich an, eine dünne Frau mittleren Alters, deren Kopf in einer Wolke aus braunen Locken unterzugehen droht. „Guten Tag, kann ich Ihnen helfen?"

„Ich bin Margaret Flanagan. Ich bin die neue Praktikantin."

„Ah ja", sagt sie. „Wir erwarten Sie schon. Tut mir leid, wir müssen mit dem langweiligen Kram anfangen." Sie reicht mir einen Stapel Formulare. „Können Sie das bitte ausfüllen?"

Eine halbe Stunde später gebe ich die Formulare zurück. „Danke sehr. Warten Sie, ich hole Mr Fisher. Er wird Sie herumführen und Ihnen Ihren Arbeitsplatz zeigen."

Jack Fisher, mit dem ich telefoniert habe, ist ein großer, fülliger Mann mit grauen Haaren und grauen Augen. Irgendwie sieht er genauso aus, wie ich mir den Leiter einer Anwaltskanzlei vorstelle, so jemand, der alles überdeutlich ausspricht und auch richtig laut redet. Viel lauter als nötig angesichts der Nähe der anderen. Er trägt ein dunkelgrünes Poloshirt zu einer Khakihose. „Freut mich, Sie persönlich kennenzulernen, Margaret. Meg? Maggie?", sagt er dröhnend.

„Einfach nur Margaret", sage ich.

„Super. Sie können mich Jack nennen." Er streckt mir seine Pranke hin, und ich schüttele sie. Neben ihm komme ich mir klein wie ein Kind vor. „Es war gut, dass Sie angerufen haben, wir haben diesen Sommer nämlich extrem viel zu tun. Wie Sie sehen, ist das hier nicht riesig, aber einige Leute sind wir schon. Ich führe Sie herum, bevor ich Sie zu Ihrem Platz bringe."

Er betrachtet mich von oben bis unten. „Bei uns geht es übrigens eher zwanglos zu, vor allem im Sommer. Legere Kleidung ist völlig in Ordnung." Er spricht vorsichtig, als müsste er sich sehr beherrschen, meine Kleidung nicht zu kommentieren, um nicht unangemessen oder gar sexistisch zu wirken. „Im Anzug erscheine ich nur bei Gericht." Er zwinkert mir jovial zu, wie alte weiße Männer es gern tun.

Fisher, Johnson & Partner hat sechs Partner, zwei weitere Anwälte, außerdem eine Rechtsanwaltsgehilfin und die Empfangsdame. Alle haben ein eigenes Büro. Die Büros der Partner sind oben. Unten sind die der anderen Anwälte und der Rechtsanwaltsgehilfin, außerdem die Küche und die Eingangshalle.

Er stellt mich den anderen Anwälten vor. Die meisten sehen ziemlich nett, aber austauschbar aus. Die Partner sind fünf Männer, alle weiß, und eine Frau, eine Latina. Johnson von Fisher, Johnson & Partner ist heute nicht im Haus. „Er ist bei einer Verhandlung", sagt Fisher. „Einem Sorgerechtsstreit. Traurige Geschichte."

Die Partnerin, eine gewisse Jessica D. Morales, sieht sehr beeindruckend aus. Sie trägt eine rechteckige Brille und hat schulterlange dunkelbraune Haare mit einer grauen Strähne an der Schläfe, was offenbar Absicht ist. Auf ihrem Schreibtisch türmen sich die Papiere. Sie sagt, dass sie schon zehn Aufgaben für mich hat und dass meine Schuhe ihr gefallen, und ich beschließe sofort, dass sie mein neues Vorbild ist.

Als wir die Treppe runtergehen, sagt Fisher: „Unsere Rechtsanwaltsgehilfin ist im Mutterschutz, Sie haben also das Glück, dass es jede Menge Arbeit gibt, wichtigere Aufgaben, als Praktikanten sie normalerweise bekommen."

Wir gehen um die Ecke in den hinteren Teil des Gebäudes. „Ich habe eine gute Nachricht und eine schlechte. Die gute Nachricht ist, dass Sie ein Büro mit Schreibtisch bekommen. Ich will mich ja nicht loben, aber der Raum ist ziemlich schön – ich habe ihn selbst eingerichtet." Er lächelt mich an. „Die schlechte Nachricht ist, dass Sie die zweite Praktikantin sind und sich das Büro teilen müssen."

Ehe ich darauf reagieren kann, sind wir schon da.

Es gibt zwei Schreibtische. Und an einem davon sitzt Rajiv.

„Rajiv, das ist ..."

„Hi Margaret", sagt er. Er trägt ein kariertes Hemd, das bis zu den Ellbogen hochgekrempelt ist, und eine dunkle Jeans. Seine Haare sehen anders aus, als ich sie in Erinnerung hatte. An den Seiten kurz und mit längerem Deckhaar. Es ist auftoupiert mit einer kleinen Welle darin.

Er trägt einen Diamantstecker in jedem Ohr. Er sieht echt cool aus. Und bis auf ein leichtes Zucken seiner Brauen wirkt er ungerührt.

Ich dagegen schwitze plötzlich aus allen Poren.

„Ähm, hi?", sage ich gekünstelt.

„Ach, Sie beide kennen sich?", fragt Fisher. Er schaut von mir zu Rajiv, und ich frage mich, ob er die Spannung zwischen uns spürt, denn ich habe das Gefühl, dass ich gleich entweder in Flammen aufgehe oder schreiend aus dem Büro renne.

„Hmm", sage ich.

„Wir waren zusammen auf der Highschool. Alte Freunde", sagt Rajiv, womit er die Wahrheit geschickt umgeht.

Fisher klatscht in die Hände und sieht so aus, als wollte er gehen. „Wunderbar. Dann ist es ja überhaupt kein Problem für Sie, ein Büro miteinander zu teilen. Ich lasse Sie mal allein." Er wendet sich zu mir. „Das ist Ihr Schreibtisch. Sie können sich einloggen und Ihr Postfach aktivieren, die Partner kontaktieren Sie dann. Es freut mich, Sie mit an Bord zu haben, Margaret."

Damit eilt er hinaus.

Und lässt Rajiv und mich allein zurück.

Ich stehe immer noch völlig geschockt in der Tür und er starrt mich an. Ich kann ihm nicht in die Augen sehen.

Wann ich ihn das letzte Mal gesehen habe? Vor genau einem Jahr und drei Wochen, als wir unsere Abschlusszeugnisse bekommen haben.

Ich müsste über ihn hinweg sein. Ich dürfte kein Problem damit haben, ganz normal mit ihm zu reden wie mit jemandem, der mir nichts bedeutet. Aber ich kann es nicht. Ihm so nah zu sein, wirft mich völlig aus der Bahn. Es fühlt sich an, als hätte er meinen Brustkorb aufgeknackt und meine Eingeweide lägen völlig frei.

Ich dachte, ich würde mein Leben weiterleben, ohne ihn je wieder sehen zu müssen, aber da ist er, die nächsten zwei Monate mit mir in einem Raum gefangen.

Was für eine Katastrophe.

„Nimmst du den anderen Schreibtisch?", fragt er kühl, nachdem ich eine Weile wie angewurzelt dagestanden habe.

Seine Stimme reißt mich aus meiner Versteinerung. „Ja." Schnurstracks gehe ich mit gesenktem Kopf zu meinem Platz. Ganz kurz überlege ich, ob es vielleicht noch nicht zu spät ist, das Praktikum wieder abzusagen und eines der unbezahlten anzunehmen, oder ob ich es schaffen kann, diesen Job durchzustehen, ohne irgendwas mit Rajiv zu tun zu haben.

Unsere Tische stehen nebeneinander mit dem Blick zur Tür. Meiner steht näher am Fenster. Wenn ich niemals nach links gucke, ist es fast so, als wäre Rajiv nicht da. Ich tue so, als ob ich etwas in den Computer tippe, damit es so aussieht, als ob ich an etwas arbeite, wobei mir absolut bewusst ist, dass das die armseligste Vorstellung aller Zeiten ist. Über der Tür hängt eine Uhr, und ich schwöre, dass die Zeiger nur halb so schnell vorwärtsrücken wie sonst.

Nach endlosem Schweigen sagt er schließlich wieder etwas. „Das ist wirklich eine Überraschung."

Ich murmele etwas Zustimmendes, nicht mal richtige Worte.

„Wie hat es dich zu Fisher & Johnson verschlagen? Ich dachte, du wolltest den ganzen Sommer in New York bleiben."

Ich bin überrascht. Woher wusste er, was ich vorhatte? Da wird mir klar, dass er, nur weil ich ihn auf Instagram stumm geschaltet habe, nicht unbedingt dasselbe mit mir gemacht haben muss. Anscheinend hat er weiter verfolgt, was ich so mache. Mit Absicht? Oder nur so nebenbei, weil sich der Algorithmus von Instagram gemerkt hat, dass wir einst unersetzlich füreinander waren? Meine Spekulationen gehen in alle möglichen Richtungen, ich kann nichts dagegen tun.

„Ich musste umdisponieren", bringe ich schließlich heraus. Wäre die Sache mit dem Garagentor vor gut einem Jahr passiert, wäre Rajiv der Erste gewesen, den ich angerufen hätte. Er hätte mich in die Arme genommen, und ich hätte mich so geborgen gefühlt wie an keinem anderen Ort auf der Welt. Stattdessen sitzen wir jetzt stocksteif an verschiedenen Schreibtischen und ich erzähle ihm kein Wort davon. Wie seltsam sind doch die Nachwehen, wenn man einmal jemandes Ein und Alles war. Ich balle die Hände zu Fäusten, erschrocken darüber, dass ich zum zweiten Mal in zwei Tagen den Tränen nahe bin.

Seine Miene – wenn ich hinzuspähen wage – ist ungerührt. Das ist nicht der Rajiv, den ich kannte, dem man immer alle Regungen vom Gesicht ablesen konnte.

Er fragt nicht weiter nach. Er fragt nicht nach meiner Mutter, und ich frage nicht nach seinen Eltern. Ich frage nicht nach seinem Studium oder was er diesen Sommer vorhat. Ich frage nicht, ob er jemand Neues kennengelernt oder ob er mir verziehen hat. Ich bitte ihn nicht um Verzeihung. Ich weiß nicht, ob ich mir selbst verziehen habe.

Ich frage nicht, ob ihm dieses Wiedersehen erneut das Herz bricht, so wie mir.

Ich will die Antworten auf all diese Fragen gar nicht wissen.

5
ANNALIE

Am Nachmittag schreibt Thom mir: Hi A, hoffentlich ist alles okay. Du warst gestern so schnell weg. Unsere Mannschaft hat heute ein Freundschaftsspiel gegen das Team vom anderen Ende der Stadt. Es wär toll, wenn du auch kommst. Und zwar nicht nur, weil ich versuche, die Ränge mit Fans zu füllen. 😉

Ein Zeichen der Normalität von Thom. Ich hatte fast vergessen, dass wir uns erst gestern getroffen haben. Es freut mich, dass er an mich denkt.
 Ich: Ich komme!

Die Sache mit dem Garagentor erwähne ich nicht. Was soll ich auch sagen? Es fühlt sich eklig an, und mir wird immer noch elend, wenn ich daran denke. Aber ich versuche, nicht mehr daran zu denken, jetzt, wo die Garage wieder sauber ist. Und ich versuche auch nicht daran zu denken, was Margaret gerade unternimmt. In ein paar Tagen ist sie wieder weg und alles ist wieder wie immer.

Unser Fußballplatz hat ziemlich alte Tribünen. Solche aus Holz, die so sehr knarren, dass man, wenn es zu voll ist, Angst hat, sie könnten unter einem zusammenbrechen, was ein echt trauriger Tod wäre.
 Zum Glück ist unsere Mannschaft bis auf Thom nicht beson-

ders gut und zieht nicht viel Publikum an. Heute ist die Tribüne nur zu etwa einem Drittel besetzt, was bei einem Freundschaftsspiel nicht so verwunderlich ist. Hätte Thom mich nicht eingeladen, wäre ich auch nicht aufgetaucht.

Neben mir steht Violet mit ihrem Freund Abaeze. Die meisten Jungs hätten nicht die geringste Lust, sich von ihrer Freundin mitschleppen zu lassen, um deren beste Freundin moralisch zu unterstützen. Aber Abaeze war immer schon der entspannteste Typ, der mir je begegnet ist. Und das muss er auch sein, denn nur jemand, der sehr gechillt ist, kann mit Violet klarkommen, die eher das Naturell eines Kolibris hat.

Ich mag Abaeze. Er ist ein großartiger Künstler und hat das Stipendium für seine Malerei schon so gut wie sicher, und zu Violet ist er wirklich super. Ich kann mir die beiden gar nicht ohneeinander vorstellen. Aber nächste Woche fliegt er den Sommer über nach Nigeria zu seinen Verwandten. Violet hängt dann mit ihren drei Geschwistern und mir hier fest. Falls ihr das zu schaffen macht, zeigt sie es jedenfalls nicht.

Ich bin mir sehr bewusst, dass wir drei uns auf den Zuschauerrängen von der überwiegend weißen Menge abheben, Thom kann uns also nicht übersehen. Margaret hätte bestimmt mal wieder irgendeine soziologische Theorie dafür parat, warum wir uns gefunden haben, die Pfefferkörner im Salzmeer, aber für mich sind die beiden einfach die coolsten Leute, die ich kenne, ganz ohne wilde Theorien.

Thom ist Stürmer und vermutlich der Einzige, der dafür sorgt, dass die Mannschaft nicht jedes Jahr Tabellenletzter wird. Zu den Spielen kommen regelmäßig Scouts, nur um ihn zu sehen.

Sein Vater, der am College Fußball gespielt hat, ist Versicherungsagent und eine ältere Ausgabe seines Sohns. Seine grau melierten Haare sind aber immer noch dicht. Wie üblich sitzt er auf der Tribüne und schaut konzentriert aufs Feld. Kurz blitzt ein Bild von Thom in dreißig Jahren vor meinem inneren Auge auf.

Da kommt er auf den Platz, strahlend wie ein Superstar. Ich beschirme meine Augen mit der Hand, um ihn besser sehen zu können. Er ist schlank und trainiert. Seine Haare glänzen in der Sonne. Er läuft los und schaut zur Tribüne. Als er mich entdeckt, strahlt er noch mehr, und ich schwöre, dass mein Herz einen Schlag aussetzt.

„Ich weiß nicht, warum du uns unbedingt dabeihaben wolltest." Violet holt ihr Handy heraus, um Nachrichten zu schreiben. „Sind wir dir nach dem Spiel nicht bloß im Weg?"

„Wovon redest du? Wieso nach dem Spiel?"

„Na, es ist doch offensichtlich, dass er nach dem Spiel zu dir kommen will."

„Oder auch nicht." Ich will mir nicht zu viele Hoffnungen machen. „Vielleicht wollte er einfach nur, dass mehr Zuschauer kommen."

„Hey, wir sind doch nicht von gestern. Das war grad eindeutig ein Zwinkersmiley. Er kommt nachher zu dir. Er hat nach dir Ausschau gehalten."

Mir wird von Kopf bis Fuß warm vor Freude, und einen Moment lang vergesse ich alles andere. „Wir werden sehen. Und na klar musstet ihr mitkommen. Nie im Leben wär ich allein hier aufgetaucht. Das wär ja so was von offensichtlich."

„Du brauchst dir nicht so große Mühe zu geben. Er ist längst in dich verliebt. Das merkt man."

Ich gehe nicht darauf ein. Abaeze lächelt mich an und zuckt die Schultern.

„Wie hältst du das aus?", frage ich ihn entnervt.

„Ich höre auf sie", sagt er. „Meistens hat sie recht."

„Gute Antwort", sagt Violet, ohne von ihrem Handy aufzublicken.

„Deshalb seid ihr auch schon so lange zusammen", sage ich. Anstelle einer Antwort schnaubt Violet nur.

Thom schießt zwei Tore, als Einziger aus seiner Mannschaft. Aber es reicht nicht. Die Verteidigung ist miserabel, und die anderen schießen drei Tore, das letzte in der neunundachtzigsten Minute.

Die Mannschaften gehen in einer Reihe aneinander vorbei und schütteln sich die Hände. Ich lasse Thom nicht aus den Augen, um zu sehen, wohin er jetzt geht. Er geht zu seinem Vater, der ihn sofort in ein lebhaftes Gespräch verwickelt. Sein Vater gestikuliert wild, während Thom nickt, nickt, nickt. Er schaut nicht zu mir her. Ich versuche, nicht enttäuscht zu sein, ohne Erfolg.

„Siehst du?", sage ich zu Violet. „Er ist kein bisschen interessiert. Wahrscheinlich hat er nicht mal gemerkt, dass ich hier bin."

„Hm, hm. Glaub ich nicht. Mal abwarten."

„Komm." Ich ziehe sie am Ärmel. „Lass uns einfach gehen. Ich will hier nicht warten wie ein verlassenes Hündchen."

„Wie du meinst."

Wir gehen zusammen zum Parkplatz. Ich bin gereizt, weil es mir peinlich ist, dass ich mir überhaupt Hoffnungen gemacht habe. Es war eine blöde Idee herzukommen. Wollte er sehen, ob ich anbeiße? Oder nur freundlich sein? Habe ich seine Nachricht überinterpretiert? Wie dämlich von mir zu denken, jemand wie

Thom könnte sich für mich interessieren. Er spielt einfach in einer anderen Liga.

Als ich mich von Violet und Abaeze verabschiede, hab ich mich selbst schon so fertiggemacht, dass ich mich fühle wie ein riesiger geschundener Boxsack.

Aber in dem Moment, als ich meinen Wagen starte, kommt eine Nachricht von Thom.

> Warum bist du gegangen? Ich wollte zu dir kommen, aber mein Vater hat mich aufgehalten. Tut mir leid, dass das Spiel eine Enttäuschung war. Schön, dass du gekommen bist. Wie wärs, wenn ich dich irgendwann auf ein Eis einlade?

Hüpfende Punkte, die mir anzeigen, dass er tippt. Mit angehaltenem Atem schaue ich darauf.

> Nicht auf ein Eis, haha. Das wär ja Eulen nach Athen tragen. Ich überleg mir was.

Hüpfende Punkte.

> Was sagst du?

Pause.

Er schickt mir drei Smileys hintereinander. Das kann man nicht missverstehen.

Gerade als ich denke, dass es genug Überraschungen für einen Sommer sind, kommt schon die nächste. Margaret hat ihr Praktikum in New York aufgegeben und sich hier bei uns ein neues gesucht. Sie bleibt den ganzen Sommer.

Sie verkündet es beim Abendessen. Nach unserer Meinung fragt sie nicht. Mama runzelt leicht die Stirn. „Ist das gute Idee?", fragt sie. „Für deine Zukunft?"

„Ich hab ihnen erklärt, was passiert ist", sagt Margaret. „Sie haben gesagt, dass ich das Praktikum nächsten Sommer nachholen kann." Mama nickt nur.

Margaret sieht mich an, als wartete sie darauf, dass ich widerspreche. Was ich natürlich nicht tue. Wann hätte ich ihr je widersprochen?

Ich würde gern sagen, dass ich mich freue, sie hier zu haben und mehr Zeit als Familie verbringen zu können. Aber in Wahrheit weiß ich gar nicht, ob das stimmt. Ich weiß nur, dass es unseren Sommer irgendwie ... komplizierter machen wird. Mit Margaret war es nie einfach.

Zum Beispiel müssen wir uns jetzt miteinander unterhalten. Seit sie weggezogen ist, sind wir aus der Übung gekommen.

In ihrem letzten Schuljahr konnte Margaret es kaum erwarten, alles hier hinter sich zu lassen. Sie war extrem streitlustig, und ich war bemüht, ihr nicht in die Quere zu kommen. Ständig hatte sie Krach mit Mama, von den Collegebewerbungen bis hin zu der Frage, welche Marke Orangensaft wir im Kühlschrank haben sollten. Als Margaret endlich nach New York zog, war ich erleichtert.

Jetzt, wo sie wieder da ist, ist sie genauso gereizt und unnahbar wie immer, und ich frage mich zum hundertsten Mal, warum es nach dem Vorfall mein erster Impuls war, sie anzurufen.

Am Morgen kommt sie in getupfter Schößchenbluse und todschickem marineblauen Bleistiftrock herunter, worin sie aussieht, als wollte sie ihr Eröffnungsplädoyer vor dem Internationalen Gerichtshof halten. Ich sitze in meinen lockeren Boxershorts und einem bedruckten T-Shirt an der Küchentheke, ein Knie an die Brust gezogen. „So sitzt eine Dame nicht", würde Mama sagen, wenn sie mich sähe, was glücklicherweise nicht der Fall ist. Sie hat uns Frühstück auf den Tisch gestellt und ist früh aus dem Haus gegangen.

Ich löffele mein Lieblingsfrühstück, pikante gedämpfte Eier, gewürzt mit Sojasoße und einem köstlichen Spritzer Sesamöl. „Für dich gibt es auch eine Portion", sage ich mit halb vollem Mund und zeige auf die Schale, die Mama neben den Herd gestellt hat.

„Müsstest du nicht längst auf der Arbeit sein? Es ist halb zehn."

Sie grunzt, was die Frage nicht beantwortet, und geht unbeirrt zur Kaffeemaschine.

Wir ertragen das unangenehme Schweigen, unterbrochen nur vom Rascheln, als sie den gemahlenen Kaffee aus der Packung nimmt, vom Knistern des Filters und vom angestrengten Prüddeln der Kaffeemaschine.

„Und", sage ich, als sie sich einen starken schwarzen Kaffee einschenkt, ohne Milch und Zucker (was für mich wie Teer schmeckt), „wie waren deine ersten beiden Tage in der Kanzlei?"

„Gut."

„Hast du was Interessantes zu tun?"

„Geht so."

Ich komme mir vor, als ob ich mit einer Wand rede. Einer undurchdringlichen Wand. Ich hatte schon immer das Gefühl, dass Margaret mich nervig findet, auch wenn sie es nie offen ausgesprochen hat. Ein Bild von mir selbst als zwitschernder gelber Kanarienvogel, der den Kopf eines schlafenden Bären umkreist, blitzt vor mir auf.

Das trifft es vermutlich ganz gut.

Neuer Versuch. „Hast du nette Kollegen?" Jetzt sieht sie mich tatsächlich an, ein Fortschritt.

„Ja, die meisten sind in Ordnung." Dann verzieht sie den Mund. „Sie haben noch einen zweiten Praktikanten. Rajiv."

Ach du Scheiße.

Rajiv und Margaret waren fast die ganze Highschool über zusammen. Bei uns zu Hause war es ein Geheimnis, denn wir kannten Mamas unausgesprochene Ansichten. Erstens, dass es in der Schulzeit nur unnötige Ablenkung und Zeitverschwendung wäre, einen Freund zu haben. Und zweitens, dass sie es niemals akzeptieren würde, wenn der Freund einer ihrer Töchter eine braune Hautfarbe hätte, egal wie hell oder dunkel. Bei meinen Freunden ist das für sie kein Problem. Sie mag Abaeze und Violet. Aber für ihre eigenen Kinder gelten andere Regeln. Es brachte mich in Verlegenheit und trieb Margaret zur Weißglut. Ich rechnete fest damit, dass Margaret Mama trotz allem eines Tages von ihrem Freund erzählen würde – sonst hatte sie auch nie ein Problem damit, Mamas Zorn zu erregen –, aber aus irgendeinem Grund tat sie es nicht.

Ich konnte Rajiv immer gut leiden. Er war freundlich zu mir. Freundlicher als Margaret die meiste Zeit zu mir war. Und aufmerksam. Als ich einen Rat wegen meiner Wahlfächer brauchte, bin ich zu ihm gegangen, nicht zu Margaret.

Margaret hat mich nie gebeten, für sie zu lügen, aber mir war klar, dass ich den Mund halten sollte. Bis ich mich eines Tages beim Abendessen verplapperte. Ich wusste sofort, dass es ein Fehler war, aber da konnte ich es nicht mehr zurücknehmen. Kurz darauf haben Margaret und Rajiv sich getrennt. Was passiert ist, weiß ich nicht. Wir haben nie wieder darüber gesprochen, und ich habe das Gefühl, dass sie es mir immer noch übel nimmt.

„Das ist, hm, Pech", sage ich.

Sie schnaubt. „Ja, Pech könnte man es auch nennen. Man könnte auch sagen, dass das Universum mir einen kosmischen Streich spielt."

„Was willst du jetzt machen?"

„Tja, ich hab immerhin schon zwei Tage überstanden, ohne groß mit ihm zu reden. Wenn wir so weitermachen, halte ich vielleicht den ganzen Sommer durch", sagt sie trocken.

„Mist. Vielleicht wärs besser, wenn ihr normal miteinander reden könntet?" Ich winde mich innerlich, weil es so dämlich klingt, aber sie scheint es nicht zu merken.

„Ich glaube nicht, dass er mit mir reden möchte, Annalie."

Ich würde sie gern fragen, was damals passiert ist, aber sie sieht schon so am Boden zerstört aus, dass ich Angst habe, sie könnte vollends zerbrechen.

Margaret stellt ihre Tasse in die Spüle. „Okay, ich bin dann mal weg." Ihr Frühstück hat sie nicht angerührt. Sie schultert ihre Tasche. Im Flur hält sie inne und dreht sich noch mal um. „Hey, Annalie?"

„Ja?"

Sie sieht so aus, als könnte sie sich nicht entscheiden, ob sie etwas sagen soll oder nicht. Kurz darauf ist ihr Gesichtsausdruck wieder neutral. „Nichts. Tschüs."

Seit dem Tag, als ich wegen der ausgefallenen Klimaanlage das Eiscafé schließen musste, hat Audrey noch weniger Geduld mit mir. Bei allem, was ich mache, guckt sie mir über die Schulter und weist mich auf jede Kleinigkeit hin, die nicht nach Plan läuft. Du hast nicht genug Eis in den Portionierer gefüllt. Zwei Kugeln kosten immer noch drei dreißig, nicht drei fünfzig. Das Waffelhörnchen ist teurer als ein normales Hörnchen. Wir verkaufen keine halben Kugeln, Annalie.

Normalerweise würde ich ihr sagen, sie kann mich mal, aber ich bin mir ziemlich sicher, dass unser Chef sie auf mich angesetzt hat, auch wenn sie die Anweisung sehr viel genüsslicher befolgt als nötig.

Nachdem sie mich eine halbe Stunde bei allem haargenau beaufsichtigt hat, mache ich schließlich den Mund auf. „Findest du das nicht ein bisschen übertrieben?"

„Das ist nicht auf meinem Mist gewachsen", schnaubt sie. „Ich will nur sichergehen, dass du nicht den Laden abfackelst."

„Gut, dass ich nicht mit Feuer arbeite", sage ich staubtrocken.

„Ich bin für alles verantwortlich, was du hier heute machst, ich sorge also nur dafür, dass ich keine Schwierigkeiten kriege, falls du Mist baust."

Ich seufze. „Na gut, wenn du meinst, dass das nötig ist."

„Meine ich", sagt sie knapp. „Und übrigens, versuch dich nicht ablenken zu lassen, wenn Thom in den Laden kommt."

„Wovon redest du?"

„Ach, tu doch nicht so. Ich sehe doch, was für einen Tunnelblick du kriegst, sobald er auftaucht. Außerdem kann ich eins und eins zusammenzählen. Ich kann mir ausrechnen, um wie viel Uhr alles schiefgegangen ist, und dass das genau in die Zeit fällt, zu der Thom immer kommt. Guck mich nicht so an. Für so blöd kannst nicht mal du mich halten."

Mein Gesicht steht in Flammen. Ich frage mich, ob es wohl auffällt. Antwort: vermutlich auf den ersten Blick. „Red keinen Quatsch", sage ich, aber es klingt alles andere als überzeugend. Das wärs dann wohl mit meiner Schauspielkarriere. „Ich hab keine Ahnung, wovon du redest."

„Na klar. Ich glaub dir aufs Wort."

Sie verdreht die Augen und schaut auf ihr Handy, endlich hat sie keine Lust mehr, mich mit Argusaugen zu beobachten.

Sie lässt mich eine Weile in Ruhe, und ich bediene eine dreiköpfige Familie, alle extrem unschlüssig, welche Eissorten sie nehmen wollen. Ich habe gerade abkassiert, als Audrey scharf die Luft einzieht. „O mein Gott", sagt sie.

Ich rechne damit, dass sie mich anmotzen will, weil ich die uralte Kasse malträtiert habe, indem ich zu stark auf die Tasten gehauen habe. „Was ist?", fauche ich.

Auf einmal ist sie wie ausgewechselt. „Ich hab gerade das von deiner Familie erfahren. Das hast du ja überhaupt nicht erwähnt. Es tut mir leid. Was für eine miese Sache." Es ist das erste Mal, dass sie nicht in total genervtem Ton mit mir redet.

Ich starre sie an. „Wovon redest du?"

Sie zieht die Brauen zusammen. „Von eurem Haus. Es steht auf der ersten Seite der Tageszeitung."

Es fühlt sich an, als wäre der Raum von einem Moment auf den anderen ein paar Meter nach unten gesackt.

„Wovon redest du?", frage ich wieder.

„Alle posten den Artikel. Hast du ihn echt noch nicht gesehen?"

Mein Herz hämmert. Wie kann das in der Zeitung stehen? Ich bin mir zu neunundneunzig Prozent sicher, dass die Nachbarn nichts mitbekommen haben. Wir haben Anzeige erstattet. Aber wir haben seitdem nichts mehr gehört, und bestimmt hätte die Zeitung nichts veröffentlicht, ohne uns um eine Stellungnahme zu bitten.

Da dämmert es mir. Natürlich. Margaret.

Deshalb also ist sie am Morgen danach so herumgeschlichen.

Ich hole mein Handy heraus, auf das ich seit heute Morgen nicht mehr geschaut habe. Und natürlich, ich habe Nachrichten von Violet und Thom und anderen aus der Schule. Violet schreibt: Uhhh, weißt du schon, dass du heute in der Zeitung stehst?

Thoms Nachricht lese ich gar nicht erst. Alle schicken Links zu der Story auf Twitter und Facebook.

Rassistische Schmiererei: Garage einer Familie unserer Stadt verunstaltet. Unter der Überschrift ist ein Foto von unserer Garage mit dem Wort darauf.

Unbekannte haben am Montag die Garage einer ortsansässigen chinesischen Familie mit einer rassistischen Beleidigung beschmiert. Das bestätigte jetzt die Polizei. Die Tat wurde vorerst als Sachbeschädigung eingestuft, doch die Ermittlungen dauern noch an. Die Bewohnerinnen des Hauses, Xuefeng Wang und ihre Töchter Margaret und Annalie Flanagan, sind von dem Vorfall schockiert. „Da sieht man, dass Rassismus in unserer Gemeinschaft höchst lebendig ist", sagte Margaret gegenüber der Gazette.

Während ich lese, wird mir immer heißer, bis ich nicht mehr weiterlesen kann. Margaret hat sich an die Zeitung gewendet. Sie hat mir nichts davon gesagt, und ich würde jede Wette eingehen, dass sie auch Mama nichts gesagt hat.

Audrey starrt mich mit großen Augen an.

Genau das wollte ich vermeiden. Dass alle mich mit einer Mischung aus Mitleid und Sensationslust angucken, die vielen mitfühlenden Nachrichten, die ich jetzt garantiert bekomme. Und das nicht wegen der Schmiererei an sich, sondern weil Margaret beschlossen hat, uns zu Opfern zu machen. Margaret hat beschlossen, uns herauszustellen, und noch nie habe ich mich als so anders empfunden. Es ist furchtbar.

Audreys Gesichtsausdruck widert mich an. Mir dreht sich der Magen um. „Ich muss los", sage ich.

Sie flattert überrascht mit den Händen. „Jetzt gleich?"

Ein Kunde vor dem Tresen räuspert sich. „Entschuldigung, kann ich etwas bestellen?"

„Am besten kümmerst du dich darum." Ich nehme die Schürze ab und hänge sie an die Tür.

„Gehst du in die Pause? Wann kommst du wieder?", ruft sie mir nach. Aber da bin ich schon durch die Tür.

6
MARGARET

Als ich nach Hause komme, wartet Annalie am Esstisch, stocksauer. Mama steht mit dem Rücken zu mir am Herd, sodass ich ihr Gesicht nicht sehen kann.

Innerhalb weniger Sekunden entlädt sich alles. Annalie knallt mir eine Ausgabe der *Gazette* hin. „Guck dir das an."

Unsere Geschichte steht auf der ersten Seite. Sie haben sie endlich gebracht. Die Überschrift springt mir in Großbuchstaben entgegen.

„Willst du mir vielleicht mal erklären, wie deine Zitate in der Zeitung gelandet sind?"

„Ich hab mit ihnen gesprochen", sage ich ruhig.

So wütend habe ich Annalie lange nicht gesehen. Ihre Nasenflügel beben. „Ah ja. Hinter unserem Rücken. Und nicht mal danach hast du es uns erzählt. Ich musste es von Audrey Pacer im Sprinkle Shoppe erfahren. Ausgerechnet von der blöden Kuh! Ach ja, und aus den sozialen Medien. Da hab ich's auch eher erfahren als von meiner eigenen Schwester."

Vorsichtig stelle ich meine Tasche auf dem Boden ab und lehne sie an die Küchenwand. Ich habe Annalie und Mama nichts davon erzählt, weil ich befürchtete, sie könnten vor dem Erscheinen bei der Zeitung anrufen und darauf bestehen, dass der Artikel zurückgezogen wird. „Es tut mir leid, dass ich euch nichts davon gesagt habe."

„Unsere Namen werden übrigens auch genannt. Danke, dass du sie weitergegeben hast, ohne uns Bescheid zu sagen. Mein Gott, ich fass es nicht."

Vielleicht liegt es daran, dass ich heute fünf Schriftsätze hintereinander gelesen und Hunderte Fußnoten nach den Stilvorgaben für juristische Texte in das richtige Format gebracht habe, oder daran, dass ich mich drei Tage lang mit meinem Exfreund angeschwiegen habe, der mich hasst und bis zum Ende des Sommers in einem Raum mit mir festsitzt. Oder daran, dass ich das Foto von unserer Garage mit der schamlosen roten Schrift darauf anschaue, das jetzt in der *Gazette* abgedruckt ist, wo alle es sehen können. Die altbekannte Wut breitet sich in meiner Brust aus.

„Was schreist du mich so an? Rassisten beschmieren unsere Garage, und du regst dich auf, dass ich darüber spreche? Wie krank ist das denn?", brülle ich.

Mama schaut zwischen Annalie und mir hin und her. Sie kommt herüber und nimmt die Zeitung vom Esstisch. „Was ist das?", fragt sie. Ich ertrage es nicht, sie anzusehen, aber das muss ich auch nicht, weil Annalie dazwischenfährt.

„Du kannst nicht einfach hier auftauchen, nachdem du ein Jahr lang weg warst, und dich plötzlich als Familienoberhaupt aufspielen. Als könntest du für uns alle entscheiden", schreit Annalie. „Du wohnst nicht mal hier. Und am Ende des Sommers bist du wieder weg, während wir weiter hier leben müssen. Wir müssen dann damit umgehen, dass du uns vor der ganzen Stadt bloßgestellt hast."

Ich lache verächtlich. „Du hast mich doch angerufen, damit ich komme und mich um alles kümmere, weil du wusstest, dass du das nicht kannst. Dann tu jetzt auch nicht so, als hätte ich total meine Grenzen überschritten. Du wolltest es doch so haben."

„Wollte ich nicht. Das hier ist unser Leben! Du willst doch nur deinen blödsinnigen Kampf für soziale Gerechtigkeit weiterkämpfen."

Ihre Worte sind wie Dolche, und ich bin sprachlos.

„Das ist doch deine Masche", zetert sie weiter. „Und jetzt bist du zurückgekommen, weil du die Chance witterst, wieder im Rampenlicht zu stehen."

„So ein Quatsch! Findest du es etwa cool, rassistisch beschimpft zu werden? Stehst du auf der Seite der Rassisten?"

„Ein paar Leute haben ein Scheiß-Schimpfwort auf unser Garagentor gesprayt. Na und?"

„Siehst du das echt so?", frage ich bebend. „Ist das für dich nur eine Kleinigkeit?"

„Natürlich nicht!", ruft sie. „Aber du siehst nur dich. Was ist mit uns? Hast du dich mal gefragt, was wir unternehmen wollen? Weißt du, was ich will? Hör auf damit, uns in den Mittelpunkt dieser Geschichte zu stellen. Ich kann gegen Rassismus sein, ohne dass ich gleich das Gesicht deiner Bewegung sein will. Aber du lässt mich überhaupt nicht mitreden." Sie schluckt. „Hast du überhaupt eine Ahnung, wie es für mich war, auf dieselbe Schule zu gehen wie du und ständig mitzukriegen, wie sich alle darüber lustig machen, dass du auf jede Lappalie anspringst?"

Obwohl ich jetzt schon seit einem Jahr auf dem College bin, erstarre ich bei dieser Bemerkung. Nicht, dass ich das nicht gewusst hätte, aber es tut immer noch weh und das ärgert mich. „Tut mir leid, dass es so hart für dich war. Du hattest echt eine schwere Zeit", spotte ich.

Mama lässt die Zeitung fallen, flatternd landet sie auf dem Tisch. „Mädchen, hört auf zu schreien." Sie stellt sich zwischen Annalie und mich, als wollte sie uns voreinander beschützen. „Und ihr sollt keine schlimmen Wörter benutzen." Sie sieht mich an, die Enttäuschung steht ihr ins Gesicht geschrieben. „Du hast nicht gesagt, dass du ein Interview gibst. Das hättest du uns sagen müssen. Du solltest uns mitentscheiden lassen."

Ihre Missbilligung tut weh. Hat immer schon wehgetan.

„Ihr nehmt die Sache beide nicht ernst", sage ich.

Jetzt stehen die beiden zusammen auf der anderen Seite des Tisches und starren mich an, als hätte ich ihnen etwas Unverzeihliches angetan, dabei liegt das Foto mit der Beleidigung doch zwischen uns auf dem Tisch. Wir sind in das alte Muster zurückgefallen, Mama und Annalie gegen mich, und ich kann nicht gewinnen.

Ich schüttele den Kopf. „Ich verstehe euch nicht. Es ist, als wolltet ihr, dass man auf euch herumtrampelt."

„Versuch uns zu verstehen, Jinghua", sagt Mama mit fester Stimme. „Nicht alles im Leben ist Kampf."

„Manchmal muss man kämpfen", beharre ich.

„Schrei mich nicht an. Nie hörst du zu." Es klingt harsch und endgültig.

„Mama!" Ich bin so wütend, dass ich nicht leiser sprechen kann. „Unser Haus wurde verunstaltet, weil wir chinesisch sind! Willst du nichts dagegen unternehmen?"

Kopfschüttelnd gießt sie Wasser in den siedenden Topf nach. „Schlechte Menschen gibt es immer", sagt sie. „Das musst du akzeptieren. Die ganze Zeit erleben Chinesen in diesem Land schlimme Sachen. Was nützt es, sich zu beschweren?"

Ihre passive Haltung macht mich rasend. Wie kann sie so etwas sagen? Wie kann sie sich nur alles gefallen lassen? Meine Mutter hat sich noch nie beschwert, wenn sie schlecht behandelt wurde, kein einziges Mal. Auch nicht, als ich in die erste Klasse ging und ein Junge mich direkt vor ihr fragte, ob sie „Ching Chong" heißt. Sieht sie nicht, dass sie mit ihrer Art jedes Stereotyp von der sittsamen, schüchternen Chinesin bedient? Warum will sie als Mutter zweier Töchter so sein? Ich weigere mich, den Mund zu halten.

„Ich werde das nicht hinnehmen", sage ich entschieden. „Auch gegen euren Willen."

Ich weiß, dass es kindisch ist, aber ich verziehe mich nach oben, um das letzte Wort zu haben, auch wenn mir dadurch das Abendessen entgeht.

Niemand hält mich auf.

Das ganze Wochenende schlafe ich schlecht. Am Montag tauche ich im Büro auf, und bestimmt sind die Ringe unter meinen Augen inzwischen zu meinem Markenzeichen geworden. Wie meistens ist Rajiv schon da. Er kommt gern früh und bereitet sich vor.

Normalerweise grüßen wir uns nicht. Ich setze mich an meinen Schreibtisch und mache mich auf den vierten Schweigetag gefasst.

Die ganze Zeit habe ich hin und her überlegt, ob ich mich in der Sache mit dem Artikel anders hätte verhalten sollen. Einerseits habe ich meine Familie verletzt. Es hat sie völlig überrumpelt. Schon bevor ich zur *Gazette* gegangen bin, war mir klar, dass es so kommen würde. Allerdings hatte ich nicht mit so einem Wutausbruch gerechnet.

Andererseits glaube ich immer noch, dass sie mich davon abgehalten oder den Artikel verhindert hätten, wenn ich vorher etwas gesagt hätte. Wäre das so schlimm gewesen? Meine Gedanken drehten sich im Kreis.

Annalie müsste wissen, warum ich es getan habe. Sie weiß, was es heißt, Schlitzauge genannt zu werden. Oder, sagt eine kleine gemeine Stimme in meinem Kopf, vielleicht weiß sie es auch nicht, weil sie nicht chinesisch aussieht.

Ich stecke mir Kopfhörer in die Ohren, fahre den Rechner hoch und füge mich in einen trostlosen Morgen. In dem Moment, als ich die Musik lauter stelle, tippt mir jemand auf die Schulter.

„Hi", sagt Rajiv. Er hält mir eine Tasse heißen Kaffee hin. Mit beiden Händen. Wie ein Friedensangebot.

Ich starre ihn nur an.

Er stellt die Tasse auf meinen Tisch. „Hier, für dich. Schwarz, ohne Zucker. So trinkst du ihn doch, wenn ich mich richtig erinnere."

„Danke", sage ich, verwundert, seine Stimme zu hören, aber auch darüber, dass er noch weiß, wie ich meinen Kaffee trinke.

Er reibt sich den Nacken und verzieht den Mund, als müsste er angestrengt nach Worten suchen. „Ich hab gelesen, was mit eurem Haus passiert ist."

„In der Zeitung?"

„Jemand hat es mir geschrieben. Der Online-Artikel macht die Runde."

„Klar."

Aufgeladenes Schweigen.

„Hey, das muss echt mies gewesen sein. Es tut mir leid für euch. Ich hoffe, du kommst klar." Er zeigt auf den Kaffee. „Ich dachte mir, das ist das Mindeste, was ich tun kann."

„Danke", sage ich wieder. Ich weiß nicht, ob ich mich schon von dem Schock erholt habe, dass er mit mir redet.

„Bist du deshalb hergekommen?"

„Ja."

„Ach so. Dann hat das nichts mit mir zu tun", sagt er leise, fast zu sich selbst. Anscheinend verrät mich mein Gesichtsausdruck, denn er lacht kurz und hart. „Okay, das war ein bisschen egozentrisch von mir. Natürlich war es nicht wegen mir."

Ich erzähle ihm nicht, dass ich ihn auf Instagram blockiert habe. „Nein, ich bin nicht extra zurückgekommen, um dich zu quälen. Ich bin keine Stalkerin", sage ich und ernte ein kleines Lächeln von ihm. „Falls du es noch nicht bemerkt hast, ich fand es auch ziemlich scheiße, dass das Schicksal mich ausgerechnet in das Büro schickt, wo der Mensch sitzt, der mich am allerwenigsten von allen wiedersehen will."

„Ich will dich nicht am allerwenigsten von allen wiedersehen", sagt er langsam. Ich kann seine Miene nicht deuten.

Ich widerstehe dem Impuls zu sagen „Hätte ich glatt meinen können". Wahrscheinlich würde es bitter rauskommen.

„Ah, entschuldige", sagt er, als ich nicht antworte. „Das macht es nicht besser, oder? Und ich bin schuld. Können wir noch mal von vorn anfangen? Ich muss sagen, nach drei Tagen eisigem Schweigen bin ich nicht sicher, ob wir das den ganzen Sommer durchhalten. Lass uns einfach damit aufhören." Er reicht mir die Hand.

„Was soll ich jetzt damit machen?"

„Einschlagen?" Er seufzt. „Du bist noch genauso, wie ich dich in Erinnerung habe."

„Darauf sag ich nichts." Ich nehme seine Hand. Seine warmen

Finger schicken Funken durch meine Adern und bringen mein Herz auf Touren. Ich wusste nicht mal, dass ich noch so empfinden kann. Ich dachte, alle Nervenenden meiner Haut wären abgestorben. Verboten, ermahne ich mich streng. Das hier ist nur ein ganz normales, freundliches Händeschütteln. Mein Körper ist immer noch nicht in der Ära angekommen, in der Rajivs Berührungen rein platonisch sind.

Aber ich merke, dass ich auch gar nicht weiß, wie es sein soll, mit ihm rein platonisch umzugehen. Früher einmal waren wir Freunde, aber das ist sehr lange her. Und ich weiß auch nicht, ob wir eine Freundschaft anstreben. Gute Kollegen? Klingt tragisch.

„Das Interview mit der Zeitung hast du allein geführt, oder?"

Ich nicke.

„Ich wusste es. Es gibt nur Zitate von dir, obwohl deine Mutter und deine Schwester auch in dem Artikel erwähnt werden." Er lehnt sich an seinen Tisch. „Das war mutig."

Ich schaue ihm in die Augen. „Findest du?"

„Ja. Das muss euch alle total mitgenommen haben."

„Meine Mutter und meine Schwester würden dir übrigens nicht zustimmen." Ich trinke einen Schluck von dem Kaffee. Er ist stark und kochend heiß. Belebend.

„Wieso nicht?"

„Ich hab ihnen nichts davon gesagt, dass ich ein Interview gebe."

„Ah." Er grinst. „Ein echter Margaret-Move."

„Stellst du dich auf ihre Seite?"

Er hebt die Hände. „Hey, ich stelle mich auf niemandes Seite. Ich sage nur, dass ich nichts Geringeres von dir erwartet hätte."

„Ich wollte nicht, dass die Polizei es als läppische Sachbeschädigung abtut. Ich dachte mir, über die Medien kann ich am ehesten erreichen, dass sie der Sache mehr Aufmerksamkeit schenken. Meinst du, ich hab das Richtige getan?", frage ich drängend. Ich weiß nicht, warum ich das frage. Er kann mir schließlich keine Absolution erteilen. Aber Rajiv ist ehrlich, er würde nie etwas sagen, nur weil ich es hören will.

Er reibt sich das Kinn und überlegt eine Weile. „Margaret", sagt er dann langsam. „Wenn du meine Meinung hören willst, ja, ich glaube, du hast das Richtige getan."

Ich seufze. „Wenn du bloß meine Familie davon überzeugen könntest."

„Na ja, du kannst nicht erwarten, dass alle immer alles genauso sehen wie du."

„Da hast du wohl recht", sage ich widerstrebend.

Er setzt sich wieder auf seinen Platz, sodass wir angemessen weit voneinander entfernt sind. „Dann bleibst du den Sommer über hier, um die Familie zusammenzuhalten und dich um alle zu kümmern?"

„Nein. Im Moment wäre es ihnen bestimmt lieber, wenn ich zurück nach New York gehen und sie in Ruhe lassen würde." Ich hole tief Luft. „Ich bin hier, um herauszufinden, wer das getan hat."

Er lacht und dreht sich zu seinem Computer um. „Es spricht die Rechtsanwältin. Du scheinst ja echt den richtigen Beruf gefunden zu haben."

Ich weiß nicht, ob das bedeutet, dass wir jetzt Freunde sind, oder ob er überhaupt mit mir befreundet sein möchte, aber dass er mir recht gibt, bedeutet mir unendlich viel. Nach all dieser Zeit überrascht es mich, wie viel.

7
ANNALIE

Mrs Maples, eine Witwe von gegenüber, bringt uns am Tag nach Erscheinen des Artikels eine riesige Parmigiana rüber und erklärt, dass sie zu uns hält. Das ist echt süß von ihr, aber mir ist es eher unangenehm, genau wie die Situation mit Audrey. Unser Kontakt zu den Nachbarn beschränkt sich darauf, dass man winkt, wenn man jemanden bei der Gartenarbeit sieht. Dass sie plötzlich bei uns vor der Tür steht, ist einfach unpassend.

„Du siehst ja noch nicht mal chinesisch aus", sagt sie, als sie mir die Parmigiana reicht. Das ist wie damals, als jemand im Lebensmittelladen zu Margaret gesagt hat, ihr Englisch sei „so gut". Oder als meine Lehrerin in der vierten Klasse am Elternsprechtag zu Mama gesagt hat, dass sie Glückskekse toll findet. Ich winde mich dann immer innerlich.

Ich bin nur froh, dass nicht Margaret Mrs Maples die Tür aufgemacht hat. Ich ärgere mich über die Bemerkung, aber ich beiße mir auf die Zunge und bedanke mich. Sie meint es ja gut. Soll ich eine alte Dame anschreien, weil sie versehentlich etwas Rassistisches gesagt hat? Sie hat ja keine rassistische Beleidigung an unser Garagentor gesprayt. Aber Margaret würde nicht so großzügig darüber hinweggehen. Sie würde Mrs Maples einen Vortrag über Mikroaggressionen halten. Und zu mir würde sie sagen, ich soll nicht so feige sein.

Ich gehe nicht mehr zum Sprinkle Shoppe zurück. Unser Chef ruft mich ein paar Mal an und spricht mir dann auf die Mailbox, dass ich gefeuert bin, was ich ziemlich lustig finde, denn es war doch wohl eindeutig, dass ich gekündigt habe.

Immer wieder sehe ich Audreys traurigen, mitfühlenden Blick vor mir. Ich konnte sie zwar nicht ausstehen, wenn sie mich genervt ansah, aber diese Mitleidsnummer ist noch tausendmal schlimmer. Ich ertrage das nicht. Selbst wenn man es mir als Schwäche auslegen wird, dass ich jetzt wegen meines angeblichen Traumas kündige.

Am meisten rege ich mich darüber auf, dass Margaret mich einfach nicht um Verzeihung bittet. Nicht nachdem ich explodiert bin und auch nicht später. Bei jedem Frühstück und Abendessen rechne ich mit einer Entschuldigung – wenn schon nicht für das Interview, dann wenigstens dafür, dass sie unsere Gefühle verletzt hat –, aber da kommt nichts. Ist wohl einfach zu viel verlangt. Wenn es eins gibt, was Margaret überhaupt nicht leiden kann, dann, einen Fehler einzugestehen.

„Warum lässt du sie damit durchkommen?", frage ich Mama eines Abends, als wir allein sind und zusammen Geschirr spülen. „Sie macht alles kaputt. Und entschuldigt sich nicht mal."

„Deine Schwester ... sie sieht das anders als wir", sagt sie mit gequälter Miene.

„Es nervt, dass sie hier ist", sage ich hart. „Von mir aus kann sie zurück nach New York gehen."

„Sag das nicht! Sie ist immer noch deine Schwester."

„Kommt mir nicht so vor, als ob wir miteinander verwandt sind."

Schweigend reicht Mama mir einen sauberen Teller. „Du warst immer schon ganz anders", sagt sie.

Sofort schrumpfe ich ein bisschen. Margaret und ich sind in vielerlei Hinsicht unterschiedlich. Wir haben ein ganzes Regal voller Preise, die Margaret im Lauf ihres Lebens eingeheimst hat. Ich hab nichts dergleichen vorzuweisen. Margaret ist zwar eine Nervensäge, aber Mama gibt auch die ganze Zeit mit ihr an. Vor Freunden ebenso wie vor Wildfremden. Ich kann mich nicht erinnern, dass sie je mit mir angegeben hätte. Obwohl sie sich mit mir besser versteht.

„Ist nichts Schlechtes", sagt sie. „Finde ich gut, dass ihr unterschiedlich seid. Langweilig, wenn Schwestern genau gleich sind."

„Aber wer ist deine Lieblingstochter?", necke ich sie.

„Hab keine Lieblingstochter", antwortet sie. „Ihr seid beide meine Lieblingstöchter." Doch sie lächelt und drückt mir die Schulter. „Das wird schon wieder. Margaret tut, was für sie wichtig ist. Wir werden es überleben."

„Warum kannst du ihr nicht sagen, dass sie das lassen soll?"

„Du glaubst, Margaret hört auf mich?", fragt sie verärgert. „Hört nie auf mich."

„Dann bin ich die Beste?"

Sie sieht mich von der Seite an. „Du hörst am besten auf mich."

„Okay, also doch Lieblingstochter. Ich sags Margaret nicht weiter."

Darüber muss sie lachen.

Viele aus der Schule schreiben mir wegen des Artikels und wie leid es ihnen tut. Irgendwie ist das natürlich nett von ihnen, aber nach einer Weile wird es unangenehm, immer wieder antworten zu müssen und etwas zu schreiben, was halbwegs tiefsinnig und nicht peinlich ist.

In Wahrheit weiß ich gar nicht, wie es mir mit der ganzen Geschichte geht, ob ich wütend oder traurig bin oder eine Mischung aus beidem. Am ehesten bin ich wohl verunsichert.

Aber ich weiß nicht, wie ich das Leuten vermitteln soll, die mir sonst immer nur beiläufig im Flur begegnen. So viele haben das Bedürfnis, mich anzusprechen und etwas Tröstliches zu äußern, aber was können sie schon sagen? Auf wie viele verschiedene Arten kann man sagen, dass es schrecklich ist? Was bringt es mir, von Leuten, die mir ja gar nichts getan haben, so oft die Worte „Es tut mir leid" zu hören?

Auch Thom schreibt mir. Ich weiß nicht, wie ich reagieren soll, und schließlich schreibe ich „Schon okay" zurück. Es ist überhaupt nicht okay, aber was soll ich zu einem Jungen sagen, den ich gerade erst näher kennenlerne? Ich bin nicht bereit, meine tiefsten, dunkelsten Gedanken mit ihm zu teilen. Ich will ihn nicht verschrecken.

Ich wüsste gern, was für Nachrichten Margaret bekommt, aber wir reden nicht miteinander. Es ist ungerecht, dass ich auf sie wütender bin als auf diejenigen, die unsere Garage beschmiert haben, aber es ist einfacher, meinen Zorn gegen sie zu richten. Sie ist greifbar. Sie ist hier. Und sie aalt sich richtig darin, dass die ganze Stadt über unsere Garage spricht.

Ich halte es in ihrer Nähe nicht aus, aber ich bin zu Hause gefangen.

Schließlich hat Violet eine Idee, wie ich hier rauskommen könnte.

„Margaret will eine Veranstaltung über das Zusammenleben verschiedener Ethnien organisieren", erzähle ich ihr eines Nachmittags bei unserer Dessert-Show. „Hier, in dieser Stadt. Wie viele Nichtweiße gibt es hier überhaupt? Ich muss raus aus diesem Haus."

„Warum suchst du dir keinen neuen Job?", fragt sie.

„Ist es dafür nicht ein bisschen spät? Die meisten Jobs sind schon seit Wochen vergeben."

„Bewirb dich doch bei Bakersfield. Da ist immer viel los und er hat nie Hilfe."

„Also, für diesen Sommer hat er eindeutig schon jemanden eingestellt."

„Dann stellt er also Aushilfen ein", beharrt sie. „Du kannst super backen. Deine Bananen-Sahne-Torte letzte Woche hat meiner Mutter die Tränen in die Augen getrieben."

Ihr Vorschlag haut mich um. Sie hat recht. Ich tüftele so viel an Rezepten herum, aber noch nie ist mir der Gedanke gekommen, mit dem Backen Geld zu verdienen. Ich mache es nur für meine Familie und für Freunde, weil es mir Spaß macht. Aber warum sollte ich keinen Job bei Bakersfield bekommen können? Manche der komplizierten Gebilde in der Auslage würde ich nicht hinkriegen, keine Frage. Aber ich zaubere eine Schoko-Buttercremetorte, die alle aus den Socken haut, und meine französische Apfeltarte ist erstklassig. Ich hab alle Grundlagen drauf, und ich kann ziemlich gut etwas improvisieren, was ich im Fernsehen gesehen habe.

Den Job im Eiscafé habe ich nur angenommen, um in Thoms Nähe zu sein. Die Vorstellung, einen Job zu haben, der mir richtig Spaß machen könnte, ist ziemlich aufregend.

„Ich hab den Eindruck, dass du rein zufällig von all deinen Vorschlägen profitierst", sage ich lächelnd.

„Na und, Hauptsache, der Vorschlag ist gut, oder?", entgegnet sie unschuldig. „Motiviert mich die Aussicht auf Gratis-Kuchen? Klar. Aber das ist nur ein ferner Nebengedanke."

„Ich komme bei dir immer an erster Stelle", sage ich trocken.

„Du sagst es."

Und so stehe ich in aller Herrgottsfrühe in der Bakersfield Bakery. Der Laden hat gerade erst geöffnet, und in meinem besten Ich-bin-kein-missratener-Teenager-Outfit frage ich den alten Mr Bakersfield, ob ich bei ihm anfangen kann.

Er sieht mich mit gerunzelten Brauen an. „Bitte, was?"

„Ich möchte mich bei Ihnen um einen Job bewerben", wiederhole ich.

„Hier ist nichts frei", sagt er nach einer ungläubigen Pause.

Violet würde sagen, ich muss selbstbewusster auftreten. Sie würde darauf bestehen, dass ich mich anpreise. Also widerstehe ich dem Bedürfnis, mich höflich dankend zu verkrümeln.

„Aber Sie stellen doch Aushilfen ein", sage ich.

„Ich weiß nicht, wovon du redest. Ich arbeite allein." Er sagt es fest und beharrlich, obwohl ich weiß, dass er lügt, denn ich habe den Neuen ja gesehen. Bakersfield funkelt mich an, und ich wage nicht zu widersprechen.

„Ich würde alles machen", sage ich schließlich. „Morgens früh reinkommen und alles vorbereiten. Den Boden wischen. Die Fenster putzen. Kundschaft bedienen. Ich kann auch beim Backen helfen. Ich kann alles Mögliche backen!"

„Beim Backen helfen?" Er mustert mich von oben bis unten. „Was weißt du denn vom Backen?"

„Ich kann das ganz gut."

„Wie war noch mal dein Name?"

Eine gute Entwicklung. „Annalie."

„Ach ja. Du kommst oft mit dem kleinen asiatischen Mädchen her."

„Sie heißt Violet."

Er zögert, dann schüttelt er den Kopf. „Tut mir leid. Ich brauch einfach keine Hilfe. Kannst du keinen anderen Job finden?"

„Ich möchte aber hier arbeiten." Ich erwähne lieber nicht, dass ich beim Sprinkle Shoppe gekündigt habe beziehungsweise gefeuert wurde. Das würde meine Chancen bestimmt nicht erhöhen.

„Sie brauchen mir auch gar nicht so viel zu zahlen." Tolles Verhandlungsgeschick, Annalie. Aber Not kennt kein Gebot.

Er seufzt. „Lässt du mich irgendwann in Ruhe?"

„Nein."

Er grummelt hörbar. Vor der Auslage stehen schon Kunden und überlegen, was sie zum Frühstück nehmen sollen. „Also gut. Okay", sagt er.

„Echt?" Ich kann mein Glück kaum fassen, bin völlig verdattert, dass ich ihn tatsächlich überredet habe.

„Acht Dollar die Stunde, keinen Cent mehr. Die erste Woche arbeitest du zur Probe. Wenn es nicht klappt oder sich für mich nicht lohnt, entlasse ich dich."

„Habs verstanden."

„Dann komm. Hinter der Doppeltür findest du eine zweite Schürze. Es ist eine von meinen, sie könnte also etwas groß sein, aber das wird schon gehen."

„Wie, jetzt gleich?"

„Hast du nicht gesagt, du willst einen Job?", blafft er.

„Will ich auch!"

„Dann ja, jetzt gleich."

Ich gehe mit ihm nach hinten. Gut, dass ich heute bequeme Schuhe angezogen habe. Ich hatte erst überlegt, hohe Absätze zu tragen, aber dann schien mir das für ein Vorstellungsgespräch bei einer Bäckerei nicht so passend.

„Hinter der Doppeltür ist die Küche. Gleich links ist das Büro, wo ich den ganzen Papierkram erledige. Da musst du überhaupt nicht rein, das ist nicht deine Aufgabe. Rechts ist die Toilette. Weißt du, wie man Blätterteig herstellt?"

Ich nicke, froh darüber, dass ich nicht bei null anfange.

„Du findest alle Zutaten in der Küche. Mehl, Zucker und Salz sind im Regal, Blockbutter ist im Kühlschrank. Ich möchte, dass du genug Blätterteig für zwanzig Bleche vorbereitest und in den Kühlschrank stellst, damit er für morgen früh bereit ist. Wir werden sehen, wie er dann im Ofen wird. Vermurks es nicht."

Damit wendet er sich seinen Kunden zu und überlässt mich meiner Aufgabe.

Zögernd gehe ich durch die Doppeltür. Sie öffnet sich zu einer geräumigen Silberwelt. Der Raum ist lang und schmal und geht weit nach hinten. In der Mitte gibt es Rücken an Rücken zwei Kochinseln, eine aus Stahl, eine aus Holz. Die Küche ist von einer Theke aus Stahl und gut bestückten Regalen umgeben. An einer Seite befinden sich ein großer Profikühlschrank und eine gigantische Spüle. Der Boden ist schwarz-weiß gefliest. Große Fenster gehen auf einen umzäunten Hinterhof hinaus und lassen viel Licht herein. Es riecht köstlich nach Butter und Zucker. Es ist die Küche meiner Träume.

Die Holztheke ist noch mit Mehl von heute Morgen bestäubt. Ich frage mich, um wie viel Uhr Bakersfield herkommen muss, um all das Gebäck für den Tag fertig zu machen, wenn die Bäckerei um acht Uhr aufmacht. Wahrscheinlich gegen vier Uhr morgens.

Nervös schaue ich mich nach den Zutaten für meinen Teig um. Ich weiß, wie es geht, aber ich habe noch nie für eine Art Aufnahmeprüfung gebacken. Es gibt eine eingebaute Speisekammer mit allen möglichen Extrakten: Minze, Mandel, Vanille. In der Ecke steht eine Kaffeemaschine mit Mühle, dazu verschiedene Sorten Kaffeebohnen. In einem Regal alle möglichen Sorten Mehl in riesigen Packungen. Auf der Stahlinsel steht eine sehr große, schöne Küchenmaschine.

Okay, sage ich mir. Vermurks es nicht. Das Adrenalin rauscht mir durch die Adern. Das ist jetzt meine Chance zu zeigen, was ich draufhab. Alles ist gut. Blätterteig kann ich im Schlaf, sage ich mir. Aber ich hab noch nie so viel auf einmal gemacht.

Ich bin bis zu den Ellbogen in Mehl und knete die erste Fuhre Teig, als jemand, und zwar nicht der alte Mr Bakersfield, aus dem Büro kommt. „Entschuldigung", sagt er aufgebracht. „Was machst du hier?"

Ich fahre herum. Es ist Daniel. Ich frage mich, ob er eine Halluzination ist, weil Bakersfield ihn nicht erwähnt hat und weil er anscheinend immer nur auftaucht, um mich anzumotzen.

„Hab ich dich nicht schon mal gesehen?", fragt er. Er kneift die Augen zusammen. „Ach ja. Das unfreundliche Mädchen von letzter Woche. Und jetzt bist du in die Küche eingebrochen."

„Wie bitte? Ich sollte dich ja wohl eher fragen, was du hier hinten machst."

„Ich bin der Enkel von Owen Bakersfield, das mache ich hier. Und jetzt zurück zu meiner Frage."

Sein Enkel! Das bringt mich völlig aus dem Konzept. „Du bist mit ihm verwandt?"

„Wenn man jemandes Enkel ist, ist man normalerweise mit ihm verwandt, ja. Und du?"

Ich weiß nicht, was ich von Bakersfields Privatleben erwartet habe, aber auf einen britischen Enkel hätte ich nicht gewettet. Irgendwie dachte ich, er ist ein Einzelgänger und hat keine Kinder.

Daniel guckt mich an, als wäre ich völlig bescheuert, und mir wird klar, dass er auf eine Antwort wartet. Ich schaue auf meine bemehlten Hände. „Ich, ähm, ich mache Blätterteig."

„Aha. So genau wollte ich es gar nicht wissen."

Ich werde rot. „Entschuldigung, ich bin gerade erst eingestellt worden. Vor einer halben Stunde oder so."

„Ich wusste gar nicht, dass er Aushilfen einstellt."

„Hat er bisher auch nicht. Ich hab ihn überredet."

Er zieht eine Augenbraue hoch. „Weil du professionelle Bäckerin bist?"

„Hmmmm, nicht direkt. Aber ich kann backen."

„Hm, hm", macht er und klingt auf aggressive Weise skeptisch. Er sieht mich von oben bis unten an, und jetzt wird mir der Mehlfleck an meinem Kinn bewusst und meine unordentlich hochgesteckten Haare. Ich bin verschwitzt, und soweit ich mein Spiegelbild in der Stahltheke erkennen kann, ist meine Wimperntusche verwischt. Ich habe das Gefühl, dass er mich taxiert und zu keinem guten Ergebnis kommt.

„Wie lange bleibst du bei deinem Opa?", frage ich.

„Den ganzen Sommer", sagt er und klingt gar nicht begeistert. „Ich helfe meinem Großvater mit der Buchführung. Er hat es mehr mit Kuchen als mit Zahlen."

„Ich hab dich noch nie hier gesehen."

„Das liegt daran, dass ich noch nie hier war. Komplizierte Familienverhältnisse. Ich komme aus London."

Ich nicke ernst. „Das ist mir schon aufgefallen."

Der Witz kommt nicht an. Seine Stirnfalten vertiefen sich. „Das konntest du gar nicht wissen. Nicht alle Briten kommen aus London."

Peinliches Schweigen. „Und im Herbst gehst du wieder zurück?"

„Ich fange an der Columbia an zu studieren. In New York." Er sagt Columbia mit seinem schönen britischen Akzent.

„Meine Schwester geht auf die New York University", sage ich.

„Hm", macht er gleichmütig, als ob ihn nichts weniger interessierte, als in New York einer Verwandten von mir über den Weg zu laufen.

Bakersfield steckt den Kopf zur Küche herein. „Ah, Daniel. Das ist Annika. Sie fängt hier an, vorausgesetzt, sie kann einigermaßen gut backen. Annika, Daniel."

„Annalie", sage ich. „Ich heiße Annalie."

„Ja. Hab ich das nicht gesagt?" Bakersfield wendet sich zu Daniel. „Lenk sie nicht von der Arbeit ab. Ich habe sie nicht eingestellt, damit sie dir Gesellschaft leistet." Ein kleines bisschen freut es mich, dass Daniel auch mal angemotzt wird.

„Natürlich nicht", sagt Daniel mürrisch und geht ohne ein weiteres Wort an seinem Opa vorbei.

„Jetzt wird weitergebacken", sagt Bakersfield. „Zeig mal, was du kannst."

„Okay."

Thom will sich schon die ganze Zeit mit mir verabreden, aber ich bin einfach nicht in der Stimmung dafür. Aber so langsam muss ich ihm mal antworten.

Ich finde es immer noch merkwürdig, dass Margaret sich so öffentlich darüber auslässt, was passiert ist. Ich weiß, dass andere Reporter sich gemeldet haben, um nachzuhaken, wie es weitergegangen ist, doch alles lief über sie. Es nervt mich, aber ich würde das niemals so hinkriegen wie sie, also bin ich in gewisser Hinsicht auch erleichtert.

Thoms Hartnäckigkeit ist aufregend und seltsam zugleich, denn im ganzen letzten Jahr, als ich für ein Lächeln von ihm gestorben wäre, hat er mich überhaupt nicht beachtet. Aber ich werde nicht zulassen, dass Margaret mir noch etwas verdirbt, nicht wenn es gerade so gut läuft.

Ich: Sorry, dass ich abgetaucht war.

Er: Kein Problem. Ich bin nur froh, dass du dich meldest. Hatte schon Angst, dass du nichts mehr von mir wissen willst. ☺

Ich: Nö, bis jetzt nicht.

Er: Haha, AUA. Klingt ja, als ob du mich an der kurzen Leine hältst. Jedenfalls fehlst du mir. Magst du immer noch mit mir ausgehen?

Ich: Das klingt ja echt oldschool. Meinst du ein Date?

Er: ... Kommt drauf an. Sagst du Ja oder Nein?

Ich: Schwer zu sagen, ohne zu wissen, was der Plan ist. Ich nehme mir das Recht heraus, Nein zu sagen, wenn es entweder sehr gefährlich oder sehr öde ist.

Er: Immer auf Nummer sicher, was?

Ich: Ich will nur wissen, worauf ich mich einlasse.

Er: Lol, okay, versteh ich. Also, ich hab mir gedacht, wir gehen

zum Coffee Club in der City. Wir können Kaffee trinken, und später würden wir ein paar aus meiner Mannschaft treffen, mit denen ich in einer Band spiele. Wir haben einen kleinen Auftritt.
Ich: Klingt nicht schlecht.
Er: Okay?
Ich: Definitiv. ☺
Er: Super. Bis dann.

Der Coffee Club liegt mitten in der Stadt, nur eine Straßenecke von der Bakersfield Bakery entfernt. Gegenüber ist ein runder Park mit mehreren Springbrunnen, die nachts beleuchtet sind. Mit den historischen Gebäuden drum herum ist es einer der schönsten Plätze der Stadt. Viele Jugendliche treffen sich dort zum Knutschen. Ich versuche meine Fantasie zu zügeln, als ich dort entlangkomme.

Ich trage ein kurzes schwarzes Kleid, dazu Römersandalen, damit ich nicht zu schick aussehe. Er soll ja nicht denken, ich hätte stundenlang vor dem Spiegel gestanden. Nervös presse ich die Lippen zusammen und überprüfe ein letztes Mal meinen Lippenstift in meinem Handy, dann gehe ich hinein.

Von außen sieht der Coffee Club ganz unscheinbar aus. Eine schmale Fassade mit langweiligem Schriftzug auf der Scheibe. Drinnen jedoch ist richtig viel Platz. Es geht weit nach hinten rein, ein bisschen wie die Bakersfield Bakery, wäre dort der vordere Bereich nicht durch eine Wand und eine Tür von der riesigen Küche abgetrennt.

Ich schaue mich um, und es kommt mir vor wie eine Ewigkeit. Ich hasse es, die Erste zu sein und allein dazustehen, bis der andere kommt. Ich bin immer furchtbar nervös, während ich warte. Es ist irrational, aber ich habe jedes Mal Angst, versetzt zu werden. Deshalb bin ich im Zweifel lieber zu spät als zu früh. Heute verspäte ich mich nur um fünf Minuten. Nicht so viel, dass es unhöflich wäre, aber doch genug, um schön unbekümmert rüberzukommen.

Erst sehe ich ihn nicht, dann taucht er grinsend aus dem hinteren Bereich auf.

Er sieht so gut aus, dass ich sofort rot werde.

„Hi", sagt er. Er trägt ein gestreiftes T-Shirt und eine rote Hose. Er hat eindeutig Parfüm aufgelegt. Bei jedem anderen Typ wäre der Duft zu schwer, aber zu ihm passt einfach alles.

„Hallo." Das kommt schüchtern raus. Ich bin schüchtern. Das ist mein erstes Date seit ... mein erstes Date, Punkt. Das würde ich aber niemals zugeben.

„Echt cool dich hier zu sehen." Er beugt sich so weit vor, dass sein Mund praktisch mein Ohr streift. „Du siehst übrigens toll aus." Ich spüre seinen Atem an den Schläfen. Ich werde fast ohnmächtig.

„Danke."

„Ich war hinten und hab schon mal die Anlage vorbereitet."

„Baut ihr schon auf?"

„Noch nicht", sagt er. „In einer halben Stunde. Wir haben genug Zeit für einen Kaffee. Du bist natürlich eingeladen." Wir stellen uns zusammen in die Schlange. „Was möchtest du?"

Ich bin heute besonders unschlüssig, aber schließlich nehme ich einen süßen Karamellkaffee mit einer doppelten Portion Schlagsahne. Thom nimmt einen verlängerten Espresso. Wir setzen uns auf zwei Sofas am Fenster.

„Ohne dich ist meine Nachmittagsrunde nicht mehr dasselbe", sagt er.

„Das tut mir leid", sage ich neckend.

„Weshalb hast du aufgehört?"

Ich zucke die Schultern. Ich will nicht darüber reden.

„Wegen Audrey?"

Irgendwie schon, aber auch wieder nicht. „Nein, es hatte nichts mit ihr zu tun."

„Hast du die Klimaanlage endgültig zerstört?"

Darüber muss ich lachen. Den Tag hatte ich total vergessen. Es ist erst eine Woche her, aber es kommt mir viel länger vor. „Ich hab jedenfalls gekündigt. Ich bin nicht gefeuert worden."

„Klar. Du hast gekündigt, bevor er dich feuern konnte." Es ist nur eine kleine Stichelei, denn er lächelt dabei.

„Lass dir von niemandem was anderes erzählen."

„Ich fand, du hast super Eiskugeln gemacht. Die besten von allen", sagt er. „Außerdem warst du das süßeste Mädchen da."

Wie aufs Stichwort verwandele ich mich wieder in eine Tomate. „Das sagst du bestimmt zu jedem Mädchen."

Er schüttelt den Kopf und lässt mich nicht aus den Augen. „Nur zu dir."

Wir quatschen über die Schule und über Fußball und darüber, dass er in einigen Wochen ins Fußballcamp fährt. Ich erfahre mehr über seine Band, die Accidental Audio heißt und immer mal wieder hier in der Gegend auftritt. Sie proben dreimal pro Woche bei Thom zu Hause im Musikraum. Die Band hat fünf Mitglieder, und alle spielen auch in der Fußballmannschaft. Thom spielt Bass, und er reißt einen schlechten „Slappin'-the-bass"-Joke aus dem Film „Trauzeuge gesucht" und trifft den Tonfall so genau, dass ich mir vor Lachen fast eine Rippe breche.

Es ist so toll, das alles zu erfahren. All diese Kleinigkeiten über sein Leben, von denen ich nichts wusste und die er mir jetzt einfach erzählt. Früher war er unerreichbar, und jetzt sitzt er mir gegenüber, als wäre er mein Leben lang da gewesen und als hätten wir gar nichts verpasst, seit Justin Frick in der Mensaschlange zwischen uns stand.

Nach vierzig Minuten – „Ich musste unbedingt noch zehn Minuten mit dir dranhängen", sagt er – geht er zu den anderen, um beim Aufbau zu helfen. Ich hänge am Rand der „Bühne" herum, die sie im hinteren Bereich freigeräumt haben, nippe am Rest meines kalten Kaffees und schaue zu, wie sie die Kabel einstöpseln und die Mikros testen. Die anderen kenne ich vom Sehen aus der Schule, aber wir haben uns noch nie unterhalten.

Einer von ihnen, Jeremy, war bei mir im Geometriekurs. Saß immer in der letzten Reihe und hat nur was gesagt, wenn er aufgerufen wurde. Ich glaube nicht, dass er mich schon mal angeguckt hat, aber jetzt kommt er mit den anderen zu mir, um mich zu begrüßen: Mike, Brayden und Cameron, der von den anderen nur mit seinem Nachnamen, Jones, angeredet wird. Alle sind trainiert und gut aussehend, mit Sommerbräune und strahlendem Lächeln. Alle sind weiß.

„Freut mich, Anna", sagt Mike, der Leadsänger.

Ich heiße nicht Anna, aber ich verbessere andere nicht gern. „Mich auch", sage ich. Die anderen wirken nett, aber distanziert. Thom hat gesagt, dass sie sich echt freuen, mich kennenzulernen, aber ich glaube, das hat er nur so gesagt. Es scheint eher eine Pflichtübung für sie zu sein. Ich versuche es nicht persönlich zu nehmen. Wahrscheinlich haben sie alle nur ihren Auftritt im Kopf.

Als sie sich einspielen, ist der Coffee Club etwa drei viertel voll, und immer mehr Gäste strömen herein. Viele kenne ich aus der

Schule. Ich winke Alexa zu, die früher bei mir um die Ecke gewohnt hat, aber in der Sechsten umgezogen ist. Wir sind nicht mehr befreundet, aber sie ist in der Schule immer freundlich zu mir. Dann noch mehr Leute aus der Fußballmannschaft. Cheerleader. Die gesamte Tanzgruppe ist gekommen. Und ich entdecke Audrey, die mich sieht, ehe ich das Gesicht abwenden kann. Zu meiner Erleichterung kommt sie nicht herüber, aber sie wirkt kurz überrascht, mich hier zu sehen.

Und da ist sie nicht die Einzige. Auch ein paar andere starren mich an, vielleicht weil das hier eigentlich nicht meine Szene ist. Ohne Thom wäre ich nie hergekommen, um mir Accidental Audio anzuschauen.

Nicht, dass ich keine Livemusik mag, aber solche Events sind eher was für die Beliebten aus der Schule, und da gehöre ich nicht so richtig dazu.

Hier mit Thom im Coffee Club – und vielleicht wäre es in der Schule auch so, falls wir so weit kommen – gehöre ich auf eine unauffällige Weise dazu, wie das mit Violet und Abaeze einfach nicht geht. Wenn ich mit Thom zusammen bin, sehe ich aus wie ein x-beliebiges weißes Mädchen. Aus irgendeinem Grund macht mir das ein schlechtes Gewissen.

Unter den Zuschauern gibt es niemanden, zu dem ich mich stellen könnte, doch ich versuche mich davon nicht einschüchtern zu lassen. Ich bin eingeladen. Ich stehe ein bisschen abseits, sodass ich einen guten Blick auf Thom und Mike habe, aber nicht direkt vor der Bühne. Das würde ich mich nicht trauen.

Das Gute an einem Konzert ist, dass eigentlich niemand auf mich achtet. Niemand wendet den Blick von der Bühne, schon gar nicht, als die Musik losgeht. Das Repertoire von Accidental Audio würde ich als Poprock beschreiben. Sie spielen echt laut für einen Auftritt in einem Café, und es ist nicht gerade von Vorteil, dass ich direkt neben einer riesigen Box stehe. Aber die Zuschauer fahren total auf die Musik ab und viele singen mit.

Ich stehe nur da und bewege mich leicht zur Musik, während ich ihnen zugucke. Mike hat eine echt gute Stimme. Für eine Schulband sind sie wirklich nicht übel. Thoms Finger fliegen nur so über die Saiten. Mike hält das Mikrofon mit beiden Händen, sein Mund ist nur wenige Zentimeter entfernt.

Thom übernimmt das Mikro und erzählt etwas über den nächsten Song. Alle lauschen gebannt und jubeln, als er den Titel nennt. Die Jungs auf der Bühne grinsen. Ihr Selbstvertrauen strahlt durch den Raum. Ihre ungeheure Präsenz trägt auf jeden Fall dazu bei, dass ihre Musik so stark wirkt. Sie fordern die Zuschauer auf zu klatschen, und hin und wieder richten sie die Mikrofone auf uns, damit wir bestimmte Zeilen mitsingen. Sie stehen über uns wie Götter.

Ich bin winzig im Publikum hier unten. Die Mädchen um mich herum kreischen, eine ruft „Ihr seid so heiß!". Inmitten dieser überschwänglichen Begeisterung fühle ich mich klein und unbedeutend. Ich bin verloren und fast unsichtbar vor der strahlenden Band.

Da entdeckt Thom mich in der Menge und grinst mich durch seine wirre Mähne an, und ich komme mir vor wie eine leuchtende Göttin.

Nach dem Auftritt sagt Thom, ich solle warten, während die Band abbaut. Ich frage, ob ich helfen kann, aber er lacht nur und sagt, ich soll mich entspannen. Wenn ich einfach nur dastehe, komme ich mir vor wie ein peinlicher Groupie. Also gehe ich nach vorn ins Café und helfe der Bedienung hier und da Abfälle einzusammeln.

Die Jungs packen alles in ihre Koffer und kommen von der Bühne, um noch ein bisschen zu quatschen. Mike trägt ein Fußballtrikot, auf dem vorne „Thom" steht. Hinten steht „The Frog" und die Nummer 69. Aber es ist kein Trikot von unserer Schule. Ich kenne weder die Farben noch die Mannschaft.

„Wieso trägst du Thoms Trikot?", frage ich.

Alle kichern.

„Das ist ein Insider", erklärt Thom. „Im letzten Sommer waren wir alle in einem Fußballcamp außerhalb von Illinois – in ein paar Wochen fahren wir wieder hin. Da hab ich dieses Trikot bekommen, und Mike, erwachsen, wie er ist, fand es unglaublich komisch, dass ich die Nummer 69 hatte."

„Das war kein Zufall", sagt Mike. „Wir konnten uns die Nummern aussuchen, und weil Thom an dem Tag früher gegangen ist, hab ich die Nummer für ihn ausgesucht. Ups! Ich dachte mir, das gefällt dir bestimmt!" Schadenfroh stößt er Tom mit dem Ellbogen an. Die Situation ist mir peinlich. Sollte das eine Anspielung sein oder war es nur ein dummer Scherz? Mag Thom das wirklich gern? Ich stelle es mir bildlich vor und werde noch verlegener. Plötzlich frage ich mich, mit wie vielen Mädchen Thom wohl schon geschlafen hat, und ob er davon ausgeht, dass ich auch schon Erfahrung habe.

„Ich glaube, das sollte eine Art Aufnahmeritual sein", sagt Thom. „Ich war das erste Mal dabei."

„Ich hab auch so eins bekommen", sagt Mike. „Als Andenken."

Thom seufzt genervt und flüstert mir verschwörerisch zu:

„Sehr erwachsen, wie gesagt. Na, egal, wie fandest du unseren Auftritt?"

„Super!", sage ich begeistert. „Ihr klingt echt toll. Ihr könntet in einer Castingshow im Fernsehen auftreten, bei *The X Factor* oder so."

Alle gucken mich gequält an, und mir wird klar, dass meine Bemerkung total cringe war. In einer Fernsehsendung zu singen ist absolut nicht cool, sondern peinlich. Jemand Cooles hätte so was nie gesagt.

Ein unangenehmes Schweigen folgt und dauert eine gefühlte Ewigkeit.

„Aber es freut mich, dass es dir gefallen hat", sagt Jones schließlich und erlöst mich.

„Wir sollten Thom mal seinem Date überlassen", sagt Mike, was freundlich gemeint sein könnte, aber so klingt, als wollte er mich loswerden. „Danke, dass du gekommen bist. War nett, dich kennenzulernen, Anna!" Schnell verziehen sie sich und lassen Thom und mich allein.

„Entschuldigung", sagt er, als sie weg sind.

„Wofür?"

„Meine Freunde sind manchmal ein bisschen bescheuert. Sie meinen es nicht so. Sie finden dich toll."

Das glaube ich nun wirklich nicht, aber es ist nett von ihm, das zu sagen, und nimmt dem Ganzen ein bisschen den Stachel. Ich versteh das schon. Ich bin nicht der Typ Mädchen, auf den Thom normalerweise steht. Ich bin schüchtern und habe nicht Unmengen von Freunden, ich bin nicht schlagfertig und mache nicht die passenden Witze zur rechten Zeit. Wenn ich jemanden beeindrucken will, geraten mir die Worte manchmal durcheinander. Ich will etwas sagen, denke aber die ganze Zeit darüber nach, ob es womöglich falsch herauskommt. Und dann sage ich entweder gar nichts oder die durcheinandergewürfelten falschen Sachen. Außerdem nehme ich meinen Körper und meine Hände dann überdeutlich wahr, und keine Haltung kommt mir lässig vor. Kurz gesagt, in der Gegenwart beliebter Leute werde ich total unbeholfen.

Wenn ich doch einfach dazu stehen könnte, so wie Margaret. Sie war nie beliebt, aber das war ihr egal. Ich dagegen lasse mich davon auffressen, bis ich überzeugt bin, dass alle genauso darauf achten wie ich, was logischerweise nicht sein kann.

„Komm." Thom legt mir einen Arm um die Schultern und führt mich aus dem Café, das sich geleert hat. Draußen ist es stockdunkel, der Himmel ist unglaublich klar. „Ich freue mich echt, dass du gekommen bist."

„Ich auch", sage ich.

„Jetzt sind sie alle weg. Du brauchst mir nichts vorzumachen und mir erzählen, wie toll wir waren. Wie fandest du es wirklich?"

„Ich fand euch wirklich super. Kaum zu glauben, dass ich euch vorher noch nie gehört habe."

Er freut sich sichtlich über das Lob. „Das wird sich jetzt hoffentlich ändern. Du solltest öfter zu unseren Gigs kommen."

„Mach ich auf jeden Fall", verspreche ich.

„Gut", sagt er. „Ich mag dich nämlich wirklich."

Als er lächelt, bilden sich Fältchen um seine Augen. Ich vergesse, dass der Tag nicht ganz rundlief, und koste einfach den Moment aus.

8
MARGARET

Es gibt zwei Themen, über die ich nie spreche.

Erstens über meinen Vater.

Wer er war oder wo er sein könnte. Nicht mal, wie er ausgesehen hat. In unserem Haus gibt es keine Fotos von ihm. Als Kind hat mir das nicht so viel ausgemacht, weil mir da noch nicht in den Sinn kam, dass das merkwürdig war. Erwachsen werden bedeutet unter anderem zu merken, dass nicht alles in der eigenen Familie normal oder in Ordnung ist.

Irgendwann dämmerte mir, wie seltsam es ist, dass Mama all seine Fotos weggetan hat. Aus meinen Erinnerungen habe ich eine vage Vorstellung, wie er ausgesehen hat, aber ich weiß nicht, ob die Erinnerungen verlässlich sind oder nur ein Trick, den mein Gehirn mir spielt, um eine unnatürliche Lücke zu schließen. Nicht, dass ich die Identität meines Vaters nicht kennen würde. Ich weiß, wer er ist und wie er heißt. Ich erinnere mich gerade genug an ihn, um zu wissen, was mir fehlt.

Zweitens darüber, warum Rajiv und ich uns getrennt haben.

Wenn sein Name in Gesprächen mit Mama fällt, tut es immer noch weh.

„Rajiv und ich arbeiten zusammen", erzähle ich ihr irgendwann nach der ersten Woche.

„Ah", sagt sie ausdruckslos. „In der Kanzlei?"

„Ja."

Sie tätschelt mir die Hand. „Es ist immer gut, den Kontakt zu den Schulfreunden zu halten."

Das ist wie ein Schlag ins Gesicht. Wir waren nicht nur Freunde. Ich nicke, ich schaffe es immer noch nicht, ihr zu widersprechen. Bei der Vorstellung, dass wir zusammen arbeiten, zuckt sie nicht mit der Wimper. Es bereitet ihr keine Sorgen. Das macht es für mich noch schlimmer.

Wenn ich morgens zur Arbeit komme und wir uns grüßen, achte ich auf seinen Blick. Ich warte darauf, dass er davon anfängt, wie übel ich ihm mitgespielt habe. Warum er nach dem Abend, an dem alles endete, nie angerufen oder mir zurückgeschrieben hat. Aber er sagt nichts. Und ich frage mich, ob er darüber hinweg ist oder ob er es einfach nicht erträgt, darüber zu sprechen, genau wie ich.

All das habe ich tief in mir vergraben. Auch wenn ich glaube, dass ich ganz anders bin als Mama, sind wir in mancher Hinsicht doch gleich. Meine Familie hütet ihre Geheimnisse. Wir haben alle etwas, worüber wir nicht sprechen.

Fisher & Johnson organisiert jeden Sommer eine Wohltätigkeitsveranstaltung, um der Stadt etwas zurückzugeben. Für die Praktikanten ist es außerdem eine Chance, die Anwälte besser kennenzulernen. Dieses Jahr helfen wir in einer Suppenküche der Stadt.

Am Morgen treffen wir uns alle in unserer besten Nicht-Arbeitskleidung und machen uns auf den Weg. Von der Kanzlei bis zu der Suppenküche läuft man nur eine Viertelstunde. Der Bürgersteig ist ziemlich schmal, deshalb gehen alle mit ihren engsten Kollegen, um zu quatschen.

Natürlich bleiben Rajiv und ich übrig. Wir schauen uns an.

„Sollen wir?", fragt er. Er trägt ein weißes T-Shirt mit kleinem V-Ausschnitt zur Jeans. Dummerweise entgeht mir nicht, dass sein Hintern in der Jeans einfach toll aussieht. Sofort verbiete ich es mir hinzugucken.

Wir laufen ganz am Ende der Reihe. In den letzten Tagen sind wir besser darin geworden, das Schweigen zu brechen, aber so richtig eingespielt sind wir noch nicht.

„Die Leute reden von nichts anderem als von dem Artikel über deine Familie", sagt er. „Jedenfalls die Leute, die uns kennen."

Ich weiß. Ich bin nicht viel in den sozialen Medien unterwegs, aber gelegentlich schaue ich rein. Ich habe auch persönliche Nachrichten bekommen, doch darauf antworte ich nicht. Ich habe den Leuten hier nicht mehr viel zu sagen. Die Nachrichten waren alle teilnahmsvoll, mit einer Ausnahme. „Hast du den Post von Sean Reynolds gesehen?"

Rajiv verzieht das Gesicht. „Ja. Aber der war immer schon ein Vollidiot. Einfach ignorieren."

Sean war in unserem Jahrgang und einer der Co-Vorsitzenden des Debattierclubs. Er hatte zu allem eine feste Meinung und konnte es nicht ertragen, wenn man ihm widersprach. Sein Großvater war früher der Bürgermeister unserer Stadt, und sein Vater war im Stadtrat. Wo er auch auftauchte, benahm er sich so, als würde ihm die ganze Stadt gehören. Nachdem er eine Klassensprecherwahl gegen mich verlor, sind wir oft aneinandergeraten. Er blieb weiterhin im Schülerrat, und wir waren nie einer Meinung.

Er hat den Zeitungsartikel geteilt und dazu lang und breit geschrieben, der Artikel rücke die Stadt in ein falsches Licht und stelle sie pauschal als rassistisch dar. *Es ist verständlich, dass Margaret empört ist, aber das rechtfertigt noch lange nicht, die Rassismuskarte zu ziehen, und mit ihren Kommentaren verprellt sie potenzielle Mitstreiter,* schrieb er. *Eine solche Reaktion auf einen einzelnen unglücklichen Vorfall trennt uns eher, als dass er uns zusammenbringt.*

Viele haben mich in Kommentaren auf seinen Post verteidigt, doch einige haben ihn auch gelikt und weitergeleitet. Ich versuche, nicht jedem Einzelnen Rache zu schwören.

„Wie kann er schreiben, *ich* würde die Rassismuskarte ziehen?" Ich schüttele den Kopf. „Anscheinend bin ich selbst dann im Unrecht, wenn jemand eine rassistische Beleidigung auf mein Haus schmiert. Meine Theorie ist ja, dass nur Leute, die anfällig für Rassismus sind, den Ausdruck ‚Rassismuskarte' benutzen. Sean musste den Vorfall natürlich mal wieder auf sich beziehen."

„Ärger dich nicht über ihn", sagt Rajiv. „Er hat sich offenbar nicht verändert."

„Das Ding ist, dass viele ihm zustimmen! Die finden die Tatsache, dass ich öffentlich über Rassismus spreche, schlimmer als ein rassistisches Verbrechen. Denen wäre es lieber, wenn ich die Klappe halte und mit einem traurigen Gesicht rumlaufe. Dann könnten sie den weißen Ritter in der Not spielen und mir ihr Mitgefühl aussprechen, ohne sich unbehaglich zu fühlen. Aber es ist nicht mein Job, für das Wohlbehagen der anderen zu sorgen."

„New York hat dich anscheinend nicht milder gestimmt."

Ich sehe ihn scharf an.

„Entspann dich", sagt er mit einem Lächeln. „War nur ein Scherz. Ich sehe es genau wie du. Man darf ihnen das nicht durchgehen lassen. Aber Sean kannst du sowieso nicht überzeugen. Der hetzt doch nur auf. Er wird nie lernen, etwas aus der Perspektive eines anderen zu sehen." Er zuckt die Achseln. „Warum Energie auf solche Typen verschwenden? Selbst wenn du beim Interview nur geweint hättest, hätte er gesagt, dass du überreagierst."

Ich grummele. „Seit wann bist du so scharfsichtig?"

„Das war ich immer schon. Du hast mir nur selten zugehört."

„Ha. Ha."

„Und, wie gefällt es dir so in New York?"

„Super." Das stimmt. „Genau so hab ich mir das Leben in einer Großstadt erträumt."

„Dann war das wohl eine gute Entscheidung", sagt er.

„Die beste. Du kannst es dir nicht vorstellen. Man kann so viel unternehmen. Und alles, worauf man Lust haben könnte, ist zum Greifen nah. Wenn ich zum Beispiel ein frisch belegtes Frühstücks-Sandwich haben möchte, brauche ich nur hundert Meter zu laufen. Ich kann um drei Uhr nachts Pizza bestellen. Ich bekomme rund um die Uhr das herrlichste Thai-Curry. Es sind nur fünf U-Bahn-Stationen bis zu den weltbesten Museen. Und die Stadt ist so divers. Keiner guckt dich schräg an, weil alle unterschiedlich aussehen und es an der nächsten Ecke immer jemanden gibt, der noch komischer aussieht als du." Es sprudelt nur so aus mir heraus, aber ich kann nicht anders. Wenn ich darüber rede, merke ich, wie sehr mir die Stadt fehlt.

Jetzt sind wir bei der Suppenküche angekommen. Rajiv und ich werden dafür eingeteilt, Spendenkisten auszuladen und in die Regale zu räumen, vermutlich weil wir jung sind und uns noch bücken können, ohne Rückenschmerzen zu bekommen. Verschiedene Dosen mit Gemüse und Suppen müssen in die entsprechenden Regale einsortiert werden.

Rajiv öffnet einen Karton voller Dosen. „Sollen wir es so machen, dass ich sie dir anreiche und du sie einräumst?"

„Okay."

Er nimmt eine Dose und reicht sie mir. „Tomatensuppe."

Ich nehme sie und gehe die Schilder in den Regalen durch, bis ich den richtigen Platz gefunden habe. Ich stelle mich auf die Zehenspitzen und schiebe die Dose ins Regal.

„Ich war noch nie in New York, weißt du", sagt er. „Ich hab einen Cousin in New Jersey, aber näher dran hab ich's noch nie geschafft."

„Dann fahr doch mal hin."

„Vielleicht. Aber ich hab niemanden, den ich da besuchen könnte."

Es folgt ein betretenes Schweigen. Man kann so leicht vergessen, dass wir einander nichts mehr bedeuten und es deshalb nicht angesagt ist, einander zu besuchen.

„Hühnersuppe mit Nudeln." Er reicht mir die nächste Dose. Unsere Finger streifen sich. Ich werde rot und wende mich ab. „Es sei denn, du hättest Lust, was mit mir zu machen."

„Oh." Habe ich richtig gehört?

„War nur ein Vorschlag", sagt er sanft. Er hat mein Zögern missverstanden.

„Mir war nicht klar, dass du das wollen würdest. Ich dachte, wir sind keine Freunde."

„Okay", sagt er. „Nicht als Freunde. Aber ich bräuchte eine Stadtführung. Ich kenne mich überhaupt nicht aus."

Unwillkürlich muss ich lächeln. Warum ist er so nett zu mir? Die Spannung zwischen uns legt sich. „Als Stadtführerin. Das kann ich machen. Zahlst du auch was? Meine Dienste sind nicht umsonst."

„Wenn der Preis stimmt."

„Ich überlegs mir."

„Meld dich einfach", sagt er und grinst.

„Mais in Sahnesoße. Fang!" Er wirft mir eine Dose zu und ich fange sie auf.

„Nicht werfen", beschwere ich mich. „Du weißt doch, wie schlecht meine Koordination ist. Wenn ich sie fallen lasse, kriegen wir Ärger."

„Machst du keinen College-Sport?"

„Ganz bestimmt nicht." Ich rümpfe die Nase. Ich war nie sportlich, und mein gescheiterter Versuch, Tennis zu spielen, hat mir den Rest gegeben. „Ich finde, es ist ziemlich schwierig, am College mit etwas Neuem anzufangen."

„Nicht unbedingt", sagt Rajiv. „Ich habs gemacht."

„Womit denn?"

„Breaking." Er lächelt verlegen.

Ich bin mir nicht sicher, ob ich richtig gehört habe. „Wie bitte?"

„Ich hab mit Breaking angefangen, du weißt schon, Breakdance."

„Wie bist du darauf gekommen?"

Er richtet sich auf und reicht mir eine Dose grüne Bohnen. „Na ja, an unserem College ist es so, dass die ganzen AGs, bevor es für die Erstsemester losgeht, auf dem Hauptplatz Stände aufbauen und Flyer verteilen und Werbung für sich machen. Die Leute am Breaking-Stand waren cool, und ich wollte gern was Neues ausprobieren."

„Wow. Ich bin beeindruckt."

„Wieso? Hast du gedacht, ich bin ein Nerd und mache so was nicht?", scherzt er.

Bestimmt nicht. Rajiv hat in der Schule zwar nie zu den angesagtesten Leuten gehört, aber mit seiner lockeren Art war er immer beliebt, auch bei denen, die nicht unbedingt mit ihm befreundet waren. Er wirkte nie unsicher oder unbeholfen. Man merkte, dass er sich wohl in seiner Haut fühlte. Niemand hätte ihn als Nerd bezeichnet.

Jetzt erst recht nicht. Er wirkt so entspannt in seinen lässigen Klamotten. Die Jeans sitzt perfekt auf seinen Hüften. Das Licht lässt seine Ohrstecker glitzern. Seine Haare fallen lang und locker, so wunderschön – zu schade, dass er sie nicht schon damals so getragen hat, als ich noch mit den Händen hindurchfahren konnte. In seiner Nähe werde ich ruhiger, weniger nervös.

„Du warst nie ein Nerd", sage ich trocken und lache über den Ausdruck. „Es klingt so, als ob es am College richtig gut für dich läuft." Rajiv hat sich entschieden, in der Gegend zu bleiben, er studiert Geschichte an der University of Illinois mit dem Ziel, anschließend Jura draufzusetzen, genau wie ich. Vielleicht hätten wir uns sowieso getrennt, um an unterschiedlichen Colleges zu studieren.

„Für mich passt das genau", sagt er. „Es ist gerade weit genug weg, dass ich eine Ausrede habe, nicht nach Hause zu kommen, wenn meine Mutter es will, aber doch so nah, dass ich kommen kann, wenn ich möchte."

„Es wäre schon schön, zu Thanksgiving nach Hause kommen zu können", gebe ich zu. Der Flug von New York ist immer absurd teuer, und das ist es einfach nicht wert, weil drei Wochen danach schon die Weihnachtsferien losgehen. Thanksgiving war einsamer, als ich dachte, zumal die meisten anderen in der Woche nach Hause gefahren sind.

„Es ist bestimmt hart für deine Mutter, dass du so weit weg

bist." Das klingt richtig mitfühlend, was mich wundert, denn er weiß, was Mama von ihm hält.

„Sie und Annalie scheinen ganz gut ohne mich zurechtzukommen. Aber lass uns lieber nicht über unsere Eltern reden", sage ich leichthin. Das weckt nur schmerzliche Erinnerungen. „Zeigst du mir mal, was du beim Tanzen draufhast?"

Er lacht. „Du hältst doch gar nichts von Breakdance."

„Ich bin nicht unbedingt ein Fan, aber natürlich würde es mich interessieren, dir zuzuschauen."

„Du willst dich nur über mich lustig machen."

„Nein! Es ist nur einfach so untypisch für dich."

„Tja", sagt er und lächelt langsam. „In einem Jahr kann eine Menge passieren."

Es ist eine Erinnerung daran, dass uns so viel gemeinsame Zeit entgangen ist. Trotzdem stimmt mich die Art, wie er es sagt, eher hoffnungsvoll als traurig.

Wir packen ungefähr fünfundzwanzig Kartons mit Dosen aus. Schließlich teilen die Leute von der Suppenküche Rajiv und mich zum Servieren des Mittagessens ein.

Während der Arbeit quatschen Jessica und ich darüber, dass sie die einzige weibliche Partnerin in der Firma ist und wie sie dort hingelangt ist. Sie hat in Chicago Jura studiert und sich dann entschlossen, zurück nach Hause zu kommen und eine Familie zu gründen. Was sie von all ihren Stationen erzählt, ist total beeindruckend. Ich bin voller Bewunderung.

Nach unserer Schicht sagt sie, dass sie sich freut, mich diesen Sommer als Mitarbeiterin zu haben, und falls ich ein Empfehlungsschreiben für das Jurastudium bräuchte, würde sie mir sehr gern eins geben.

Rajiv verbringt den Rest des Tages mit Johnson, dem anderen Gründer der Firma. Johnson ist ein stämmiger Mann, kleiner und jünger als Fisher, mit dichtem roten Haar ohne das kleinste bisschen Grau. Die beiden scheinen sich prächtig zu verstehen.

Mit seinen Piercings in den Ohren und den langen Haaren sieht Rajiv so anders aus als alle anderen, die hier arbeiten. Fast wie ein Rockstar. Einerseits erstaunlich, dass so ein eher konservativer Laden ihn genommen hat, andererseits wären sie dumm gewesen, es nicht zu tun. Er ist wie geschaffen für den Job. Außerdem hat er Charisma und kann sich mit so ziemlich jedem unterhalten. Ich kann ihn mir gut an einem Mahagoni-Schreibtisch vorstellen, wie er geduldig einen Fall mit einem Klienten bespricht. Schon verrückt, dass wir so verschieden sind und trotzdem die gleiche Laufbahn eingeschlagen haben.

Früher einmal waren wir ein richtig gutes Team.

Wir haben uns im ersten Jahr an der Highschool kennengelernt.

Wir kamen von unterschiedlichen Junior-Highschools, aber es gibt nur eine weiterführende Schule in unserer Stadt. Dort gingen wir in denselben Geschichtskurs. Zu Beginn des zweiten Halbjahrs wurden wir zu zweit oder zu dritt für eine Gruppenarbeit eingeteilt. Die Lehrerin sagte, wir sollten dadurch lernen zu „kooperieren", wie in der „richtigen Welt". Alle in der Gruppe sollten dieselbe Note erhalten, es kam also auf Teamwork an.

Aber das Ganze war eine Mogelpackung. Gruppenarbeit ist das Letzte. Immer ist es so, dass einer aus der Gruppe, dem die Note wichtig ist, die ganze Arbeit macht, während die anderen sich dranhängen. Ich hab Gruppenarbeit gehasst.

Wir durften die Gruppen nicht selber wählen. Ich kam mit

Rajiv und einem Jungen namens Todd in eine Gruppe. Die Aufgabe bestand darin, einen genauen Steckbrief eines bestimmten Landes zu erarbeiten: geografische Gegebenheiten, Essen, Kultur, Geschichte und so weiter. Zu jedem Thema mussten wir einen Aufsatz schreiben. Unser Land war Mauretanien.

Ich hatte keine Freunde in dem Kurs. Ich war das Mädchen, das sich bei jeder Frage meldete und die ganze Stunde nach vorn zur Lehrerin schaute. Deshalb hatte ich Todd und Rajiv bisher kaum wahrgenommen.

Todd war blass, grinste ständig und war nur etwa sechzig Prozent der Zeit überhaupt im Unterricht. So ein Typ also, für den man die ganze Arbeit machen muss.

Rajiv war eher still und saß immer ziemlich weit hinten, aber nicht in der letzten Reihe. Er kam pünktlich und quatschte mit den Leuten neben ihm, hatte jedoch keine feste Clique und keinen besten Freund. Er war nur ein verschwommenes Bild in meinem Kopf. Aber er wirkte so, als würde er seinen Teil der Arbeit machen und nicht alles verderben.

Wir setzten uns zusammen und ich machte ihnen unmissverständlich klar, dass wir eine Eins für das Projekt bekommen würden, und wenn ihnen die Note egal sei, sollten sie wenigstens so freundlich sein, mir meine nicht zu vermiesen.

Auf Rajivs Gesicht lag der Anflug eines Lächelns.

„Machst du dich über mich lustig?", fragte ich.

Er schüttelte den Kopf. „Absolut nicht."

Ich vergab die einzelnen Aufgaben und erklärte ihnen, wie wir teilen und herrschen würden.

Todd schnaubte.

„Entschuldige, hast du ein Problem?"

Er verdrehte die Augen. „Allerdings."

„Und das wäre?"

„Du kannst hier nicht einfach bestimmen, wer was macht."

„Warum nicht? Irgendwer muss es ja tun."

„Tja, also ich lasse mir von einem Mädchen nichts vorschreiben."

Meine Ohren wurden flammend heiß. „Wie alt bist du, fünf? Hast du Angst, dass ich Läuse habe?"

„Du kannst nicht der Anführer der Gruppe sein. Mädchen können keine Anführer sein." Er sagte es ganz sachlich, nicht mal provozierend. Er glaubte das wirklich. „Ich meine, es hat ja Gründe, dass unser Präsident keine Frau ist."

Ich war wohl noch nie so nah dran gewesen, in der Schule gewalttätig zu werden, und vielleicht hätte ich ihm wirklich eine reingehauen, wenn Rajiv nicht eingegriffen hätte. Er nahm meine Hand, womit er eigentlich meine Grenzen krass überschritt, aber ich war so geschockt und wütend, dass ich ihn nicht aufhalten konnte. „Okay, okay, jetzt beruhigen wir uns alle mal. Margaret, ich finde, das ist ein sehr guter Plan. Todd, halt deine dumme Fresse und tu, was sie sagt, damit wir eine Eins kriegen."

Spoiler: Das tat Todd natürlich nicht. Rajiv und ich machten die ganze Arbeit für ihn.

Aber irgendwo zwischen seinem ersten Lächeln und der dummen Fresse habe ich mich in Rajiv verliebt.

„Wie ist es, wieder zu Hause zu sein?", fragt er mich, während wir unsere Fisch-Tacos essen. Seit dem Tag in der Suppenküche verbringen wir die Mittagspause immer zusammen. Meistens holen wir uns etwas bei einem der Restaurants in der Nähe, wir sind ja mitten in der Stadt, und setzen uns damit an einen Picknicktisch im Park. Es ist ein unausgesprochenes Gesetz, dass wir nicht über die Vergangenheit reden. Hätte mir vor einem Monat jemand erzählt, dass es so leicht zwischen uns sein könnte, hätte ich es nicht geglaubt.

„Ganz ehrlich? Wahrscheinlich genauso wie früher, als ich noch hier gewohnt habe. Viele unterschwellige Spannungen. Man geht sich aus dem Weg. Macht richtig Spaß."

Er lacht.

„Und wieso hast du hier einen Job angenommen? Ich dachte immer, du wolltest in den Westen, nach Kalifornien. Wäre doch eine gute Gelegenheit gewesen."

„Ich hab ein paar Bewerbungen geschrieben. Ich weiß nicht. Vielleicht nächsten Sommer. Es war nicht der richtige Zeitpunkt", sagt er unbestimmt und schaut weg. „Du wolltest ja eigentlich auch nicht aus New York weg."

Dann war es also nicht seine erste Wahl, nach Hause zu kommen. Ich kenne Rajiv lange genug, um zu merken, wenn er über etwas nicht reden will. Früher habe ich es dann immer irgendwie aus ihm herausbekommen. Aber jetzt weiß ich nicht, ob ich es wagen kann, nachzuhaken.

„Wahrscheinlich sollte es einfach so sein, dass wir beide hier sind", sagt er schließlich. Ganz ernst, ohne zu flirten. „Mein Horoskop …"

„Nicht dein Ernst!" Ich muss lachen.

„Zu viele Zufälle."

„Du bist so abergläubisch."

„Du darfst gern anderer Meinung sein. Laut unseren Horoskopen haben wir ja nie gut zusammengepasst", neckt er mich.

Die Anspielung auf früher entgeht mir nicht. „Tja, dann kann ich dir wohl nicht widersprechen."

Danach sagen wir eine Weile nichts. Ich denke daran, wie seltsam es ist, hier mit meinem Exfreund zu sitzen, den ich nie im Leben wiederzusehen glaubte, und freundschaftlich über unsere frühere Beziehung zu scherzen.

„Gibt es was Neues in dem Fall? Kann ich irgendwas tun?", fragt er, als wir unsere Servietten und Verpackungen wegwerfen.

„Nichts", sage ich. „Es nervt echt. Es ist so, als hätte die Polizei alle Informationen aufgenommen und sie dann in einem schwarzen Loch versenkt. Ich weiß nicht, ob ich je irgendwelche Updates kriege oder so."

„Hmm. Vielleicht wartest du noch ein bisschen ab. Sie müssen bestimmt noch die Nachbarn befragen und so."

„Das wäre das absolute Minimum", sage ich trocken. „Aber wer weiß? Keiner scheint sich groß darüber aufzuregen. Wurde ja auch niemand verletzt."

„Glaubst du, sie haben euer Haus nur zufällig ausgesucht?", fragt er.

Darüber habe ich schon viel nachgedacht. „Nein", sage ich langsam. „Das glaube ich nicht. Ich glaube, es war jemand, der uns zumindest entfernt kennt."

Schweigend schauen wir uns an, wir wollen nicht zu sehr darüber nachdenken, dann gehen wir zurück ins Büro.

Mein Anzug kratzt. Er ist aus leichtem, hellbraunem Tweed, hat verzierte Taschen und einen runden Ausschnitt. Er sieht sommerlich aus, fühlt sich jedoch an wie der Höllenschlund. In den spitzen weißen Lackleder-Pumps werden meine Zehen zu einem einzigen Riesenzeh zusammengequetscht.

Immer wieder schaue ich zu Rajiv hinüber, der ebenfalls einen Anzug trägt. Einen schlichten marineblauen. Ich habe ihn vorher noch nie im Anzug gesehen. Ich muss zugeben, dass er ihm gut steht. So gut, dass ich nicht sicher bin, ob der Anzug ihn aufwertet oder er den Anzug.

Wir sitzen im Gerichtssaal und schauen uns einen Prozess an. Seit der Mittagspause sitzen wir jetzt schon eine geschlagene Stunde hier. Heute Vormittag waren es auch schon drei Stunden. Einer der Anwälte unserer Kanzlei kümmert sich um den Fall. Wir sind ja nur Praktikanten und dürfen nicht mit den Anwälten am Tisch sitzen. Wir sitzen im Zuschauerraum, wie alle anderen.

Das Gerichtsgebäude ist ziemlich beeindruckend. Es wurde zu Beginn des neunzehnten Jahrhunderts erbaut, als die Stadt gegründet wurde. Nachdem es originalgetreu restauriert wurde, erstrahlt es in neuem Glanz. Die Wände und Böden sind aus weißem, zartgrau geädertem Marmor. Die Decke ist mit einem feinen Goldrand verziert. Die Bank, wo der Richter sitzt und wo auch die Zeugen Platz nehmen, wenn sie aufgerufen werden, und die Bänke im Zuschauerraum sind aus glänzendem Kastanienholz.

Es geht um Vertragsverletzung und arglistige Täuschung zwischen zwei Firmen, und wir vertreten die Beklagte. Der gegnerische Anwalt befragt gerade einen Zeugen.

Wir haben die Mittagspause mit Richard, dem Beklagtenvertreter, beim Subway um die Ecke verbracht und vor allem über seine Karriere und seine Einschätzung des Prozesses geredet. Richard hat einen eleganten Südstaaten-Akzent, mit dem alles, was er bei seinem Eröffnungsplädoyer sagt, schlüssig klingt, und all seine Fragen an die Zeugen wirken freundlich und einleuchtend. Es ist lustig, wie sehr solche Kleinigkeiten wie ein Akzent oder eine Stimmlage oder sogar die Art, wie man die Arme bewegt, den Erfolg eines Prozessanwalts beeinflussen können. Der schauspielerische Anteil ist erstaunlich hoch. Bisher habe ich vom Anwaltsleben hauptsächlich den Papierkram kennengelernt. Das hier ist natürlich viel interessanter.

Im Gerichtssaal darf man keinen Laptop benutzen, deshalb schreiben Rajiv und ich fleißig mit. Ich jedenfalls schreibe fleißig auf meinen gelben Notizblock. Rajiv kitzelt nur ungefähr alle fünf Minuten etwas hin. Meine Notizen sehen aus wie ordentliche Maschinenschrift. Ich beuge mich hinüber, um einen Blick auf Rajivs Notizen zu erhaschen. Sie sind fast unleserlich. Er hatte immer schon eine fürchterliche Klaue. Wenn ich mal eine Unterrichtsstunde verpasst hatte und er mir seine Aufzeichnungen lieh, konnte ich damit kaum etwas anfangen. Erstens konnte ich sie nicht entziffern, zweitens schienen sie nicht das Wesentliche zu erfassen. In der Prüfung bekam er dann trotzdem immer eine ebenso gute oder sogar bessere Note als ich.

Rajiv schreibt etwas auf ein Blatt, reißt es leise heraus und schiebt es zu mir herüber.

Angestrengt schaue ich auf das, was er geschrieben hat. Ich sehe ihn an und schüttele den Kopf. Er zieht eine Augenbraue hoch. Ich schreibe auf den Zettel: *Schreib mal bitte so, dass man es lesen kann, und nicht mit dieser Sauklaue.*

Er unterdrückt ein Grinsen, genau wie ich. Diesmal gibt er sich mehr Mühe, dann schiebt er mir den Zettel wieder zu. Ich komme mir vor wie in der Schule, dabei sind unsere Handys ausgeschaltet in unseren Taschen. Textnachrichten sind im Gerichtssaal verboten. *Machst du dir echt eine Liste mit Fragen, die du Richard hinterher stellen willst?*

Er hat meine Notizen gelesen. Ich schneide ihm eine Grimasse. *Wir sollen hier was lernen, RAJIV.* Den Punkt setze ich extra energisch, sodass der Stift ein hörbares Geräusch auf dem Notizblock macht.

Du und deine Listen, schreibt er. *Wir sollen hier doch auch Spaß haben.*

Was ist an Listen so verkehrt?, schreibe ich hitzig. *Mit Listen ist man immer gut sortiert. Probier es einfach mal aus.*

Inzwischen hat er das Hin- und Herschieben aufgegeben. Er ist zu mir herübergerückt, der Zettel liegt zwischen uns und wir beugen uns beide darüber. Er liegt auf Rajivs Notizblock, was nicht schlimm ist, weil Rajiv vermutlich sowieso keine richtigen Notizen gemacht hat.

Ohhh, Margaret. Du hast mich schon so oft gezwungen, es zu versuchen. Hat aber nie geklappt. Sein Bein mit der marineblauen Hose ist an meins gepresst. Seine Schulter liegt an meiner.

Lenk mich nicht von dem Prozess ab. Das bezieht sich nicht nur auf die Zettelschreiberei. Mein Körper brennt an den Stellen, wo er mich berührt, wie soll ich mich so konzentrieren?

Na gut, kritzelt er. *Ich will dich natürlich nicht vom Lernen abhalten.* Er lehnt sich in der Bank zurück. Ist wahrscheinlich besser so. Seine Schrift wurde mit jeder Nachricht krakeliger. Aber er rückt nicht zur Seite und unsere Beine und Schultern berühren sich immer noch. Unauffällig schaue ich zu ihm hinüber, doch er wirkt völlig ungerührt. Ich kann nicht erkennen, ob er mich absichtlich aus der Fassung bringen will.

Aber warum sollte er das tun? Schließlich ist er nicht mehr in mich verliebt, oder? Ich denke an das Mädchen in seinem Instagram-Feed – an sein neues Leben, von dem ich nichts weiß. Ein paar Monate lang hätte er versuchen können, mich zurückzuerobern, aber damals hat er keine Anstalten gemacht. Nicht ein einziges Mal. Jetzt ist er ziemlich freundlich zu mir, aber er tut natürlich nicht so, als ob alles beim Alten wäre. Wir haben keins der Probleme gelöst, die zu unserer Trennung geführt haben. Und als er mich diesen Sommer das erste Mal gesehen hat, schien er mich unter den nächstbesten Mähdrescher zu wünschen. Er hatte definitiv keinen Masterplan parat. Falls er seine Absichten geändert haben sollte, dann einzig deshalb, weil ich zufällig wieder in der Nähe bin. Gehts noch weniger sexy? Ich möchte mich nicht rumkriegen lassen, nur weil ich gerade verfügbar bin.

Zehn Minuten später beugt Rajiv sich wieder über den Zettel.

HEY, schreibt er.

Wieso schreist du so? (Auf Papier.)

ICH DACHTE NUR, DASS DU MEINE SCHRIFT IN BLOCKBUCHSTABEN BESSER LESEN KANNST.

Wie rücksichtsvoll von dir. So gewinnst du aber nie das Schweigespiel!

ICH SCHWEIGE DOCH DIE GANZE ZEIT.

Streng genommen hast du wohl recht.

ICH BIN SEHR STRENG.

Jetzt bin ich es, die sich das Lachen verbeißen muss. *Richard merkt bestimmt gleich was, und dann kriegen wir Ärger.*

FALLS DU ES NOCH NICHT BEMERKT HAST, RICHARD IST GERADE ZIEMLICH BESCHÄFTIGT. ER VERSUCHT UNSERE MANDANTIN DAVOR ZU BEWAHREN, DASS SIE WEGEN ARGLISTIGER TÄUSCHUNG VERURTEILT WIRD.

Das ist kein Strafprozess. Unsere Mandantin kann nicht verurteilt werden. Die Geschworenen entscheiden entweder für den Kläger oder für den Beklagten.
BESSERWISSERIN.
Hör auf, sonst muss ich lachen.
ECHT? DU SIEHST TODERNST AUS.
Ich muss die Hand vors Gesicht halten und die Kante der Bank umklammern, um mich nicht vor Lachen zu schütteln.
GANZ SCHÖN RESPEKTLOS, fügt er hinzu.
Du bringst mich immer in Schwierigkeiten, werfe ich ihm in wüster Schrift vor.
WAS KANN ICH DAFÜR, DASS DU IMMER MITMACHST.
Das stimmt. Normalerweise halte ich mich an Regeln, außer ich finde sie moralisch falsch, während Rajiv gern die Grenzen harmloser Vorschriften austestet, die er für unsinnig hält. Wie zum Beispiel die Regeln früher in der Schule, dass man keine grell gemusterten Socken tragen darf, weil sie ablenken könnten, oder dass man eine Banane nicht als Ganzes essen darf, weil das angeblich obszön aussieht. So etwas hielt er für dumm.

Und es war immer witzig, wenn er die Regeln gebrochen hat, zum Beispiel als er zusammen mit anderen erstmals in der Geschichte der Schule einen freien Tag für die jüngsten Schüler organisierte. Die Schüler des Abschlussjahrgangs konnten schon mal einen Tag zu Hause bleiben, kein Problem, aber bei den Jüngeren wurde das nicht akzeptiert.

Als Schulsprecherin fand ich die Aktion nicht in Ordnung, doch als Rajivs Freundin konnte ich der Versuchung nicht widerstehen, zu schwänzen und stattdessen in den Freizeitpark zu gehen.

Am nächsten Tag musste die gesamte Stufe nach der Schule fünfundvierzig Minuten lang in völliger Stille in der Aula verharren – der einzige Raum, in den wir alle reinpassten.

Rajiv war immer meine Achillesferse. Jetzt schreibt er wieder etwas auf den Zettel. *Ich arbeite am Wochenende als Aushilfe bei Taste of Asia. Hast du Lust hinzugehen? Mit mir?*

Taste of Asia ist eine Lebensmittelmesse, auf der alle asiatischen Restaurants der Stadt vertreten sind.

Mir fällt auf, dass er diesmal nicht in Blockbuchstaben geschrieben hat. Er könnte mich ja auch einfach nach der Gerichtsverhandlung fragen, aber vielleicht fällt es ihm so leichter.

Ich würde sehr gern zusagen. Wirklich. Aber ich weiß, was eine Zusage bedeuten würde. Das würde weit über die Grenzen der klar definierten Beziehung hinausgehen, die wir gerade aufgebaut haben. Wir waren bislang sehr darauf bedacht, bei der Arbeit nur über unverfängliche Themen zu reden. Was wir am College machen, was für Filme wir gesehen haben. Keine Verabredungen nach der Arbeit.

Ich antworte nicht sofort, und er schreibt weiter. *Eintritt ist frei, ich bekomme die Tickets umsonst. Kannst du da Nein sagen?*

Er beobachtet mich aufmerksam. Und er hat recht – ich kann nicht Nein sagen, und das liegt ganz sicher nicht am Gratis-Eintritt.

Okay, schreibe ich nur. Ich versuche das Kribbeln im Bauch als Reaktion auf sein Grinsen zu ignorieren. Da ist nichts, sage ich mir. Das sagt sogar unser Horoskop.

Um kurz nach fünf kommen wir aus dem Gericht. Ich beschirme die Augen mit der Hand vor dem grellen Sonnenlicht und blinzele, um mich von dem dunklen Saal auf die Helligkeit draußen umzustellen. Richard quatscht drinnen noch mit dem gegnerischen Anwalt. Sie waren zusammen am College. Lustig, wie schnell man von dramatischen Anschuldigungen gegen die andere Seite zu Lachen und Schulterklopfen wechseln kann.

Rajiv und ich stehen auf der Eingangstreppe.

„Wie fandest du die Verhandlung?", fragt er.

„Interessant. Ich bin froh, dass wir zugucken durften."

„Wie lang ist deine Liste mit Fragen?" Er grinst.

„Siebenundzwanzig", gebe ich widerstrebend zu. „Wenn du mich nicht mittendrin abgelenkt hättest, wären es noch mehr geworden."

„Spar dir deinen Dank für später."

Eine ältere Dame, eine der Geschworenen, kommt aus dem Gericht und bleibt kurz bei uns stehen. „Hallo." Sie tippt mir auf die Schulter. „Sie haben das hier verloren." Es ist der Seidenschal, den ich um den Griff meiner Handtasche gebunden hatte. Er muss sich gelöst haben und heruntergefallen sein.

„Danke", sage ich erfreut und nehme ihn.

„Nichts zu danken", sagt sie. „Woher kommen Sie eigentlich? Sie beide, meine ich?"

„Wir sind von hier", sage ich mit fester Stimme. „Aus Illinois, aus dieser Stadt."

Sie lächelt. „Und davor?"

Sofort sträubt sich alles in mir. „Wir sind hier geboren", erkläre ich.

„Und Ihre Eltern?"

„Mein Vater ist irisch-amerikanisch."

Rajiv schaut mich an und hält sich klugerweise heraus. Ich weiß natürlich, worauf die Frau hinauswill, aber ich weigere mich, darauf einzugehen. Es ist jetzt so etwas wie ein Spiel, um herauszufinden, wie penetrant jemand sein kann, um eine Antwort auf die ultimative Frage zu bekommen: Warum bist du nicht weiß?

Sie macht große Augen. „Sind Sie adoptiert?"

„Nein."

„Sind Sie koreanisch?", versucht sie es aufs Neue. Ich schaue Rajiv an und verdrehe übertrieben die Augen. Sie kapiert anscheinend nicht, warum ich so kurz angebunden bin.

„Nein. Ich bin halb chinesisch. Er ist indisch. Schönen Tag noch." Ich fasse Rajiv am Arm, und ohne uns umzublicken, marschieren wir zum Parkplatz.

„Sie starrt uns hinterher", flüstert er, als ich ihn wegziehe.

„Soll sie doch." Ich weiß nicht, wo wir hinwollen, und weil ich unter dem Blick der Frau nicht planlos auf dem Parkplatz herumstehen will, ziehe ich Rajiv zu meinem Wagen. Ich steige ein. Er versteht den Wink und setzt sich auf den Beifahrersitz.

Eine Weile sitzen wir da, ohne etwas zu sagen. „Hm", macht Rajiv. „Wo wir jetzt schon im Auto sitzen, sollen wir vielleicht ein paar Runden um das Gericht drehen? Ich glaube, es ist ein bisschen weird, wenn wir einfach nur hier sitzen." Er reckt den Hals und schaut zum Eingang des Gerichts. „Sie redet mit jemandem und guckt zu uns rüber. Wahrscheinlich beschwert sie sich gerade über die unfreundliche kleine Asiatin."

Ich muss lachen. „Okay." Ich drehe den Zündschlüssel herum, und summend springt der Motor an. Ich fahre vom Parkplatz herunter auf die Straße. Es ist ein komisches Gefühl, am Steuer zu sitzen mit Rajiv neben mir. Er ist ein halbes Jahr älter als ich, in der Schulzeit war es deshalb normal, dass er immer fuhr. Ich versuche mich nicht davon nervös machen zu lassen, dass er meinen Fahrstil begutachtet.

Ich drehe gerade die zweite Runde und überlege, wie viele es werden sollen, als Rajivs Handy klingelt. Meins liegt immer noch ausgeschaltet in meiner Handtasche. Ich sollte vielleicht mal nachsehen, ob Mama angerufen hat.

Er schaut ein paar Sekunden aufs Display. „Ist es okay, wenn ich drangehe?", fragt er. „Es ist meine Mutter."

„Klar", sage ich. Ich widerstehe dem Drang, ihn zu bitten, nicht zu sagen, dass wir zusammen sind, aber vermutlich ist er sowieso klug genug, das nicht zu tun.

„Hi Ma", sagt er.

Vandana Agarwal ist klein und füllig, aber sie könnte ebenso gut zwei Meter groß sein, denn ganz gleich, wo wir waren, immer schien sich alles um sie zu drehen.

Sie und ich haben immer nur beiläufig miteinander geredet. Sie hat kaum je gelächelt. Nicht, dass das unbedingt etwas Schlechtes sein muss. Meine Mutter hat Rajiv reichlich angelächelt, aber hinter seinem Rücken hatte sie wenig Gutes über ihn zu sagen.

Ich höre leise ihre Stimme, aber ich kann nicht verstehen, was sie sagt.

„Ich komme gerade aus dem Gericht", sagt er. „Bin auf dem Weg nach Hause." Eine harmlose kleine Lüge. „Ja, das kann ich mitbringen. Okay, hab dich lieb. Tschüs." Er beendet das Gespräch.

Das letzte Mal habe ich seine Mutter bei der Zeugnisausgabe gesehen. Sie stand mit Rajivs Vater zusammen, einem großen eleganten Mann im grauen Anzug. Er arbeitet als Anästhesist im größten Krankenhaus der Stadt. Mrs Agarwal trug ein pinkfarbenes, mit Blumen besticktes Kleid. Wir waren nur gut hundert Leute in unserem Jahrgang, da konnte man den anderen Familien kaum aus dem Weg gehen, und da wir zwei von vielleicht acht asiatischen Familien waren, galt das für uns ganz besonders. Wir begegneten uns, als sich nach den Feierlichkeiten alle versammelten und zur Erinnerung an diesen Meilenstein Fotos mit Freunden machten. Rajiv konnte mir nicht in die Augen sehen, seine Mutter aber wohl. Als wir unbeholfen aneinander vorbeigingen, drehte sie sich um und sah mich direkt an. Kurz sah ich Mitgefühl in ihrem Gesicht, dann wurde sie von einer schwatzenden Gruppe verdeckt, die sich zwischen uns drängte. Und das wars. Nach unserer Trennung haben wir nie mehr miteinander geredet, und ich habe sie seitdem nicht mehr gesehen.

„Ich muss dann mal los", sagt er, ohne aufzublicken. Die Stimmung im Wagen ist merklich abgeflaut. Ich frage mich, was seine Mutter zu ihm gesagt hat. Vielleicht gar nichts Besonderes. Aber anscheinend reicht die bloße Gegenwart unserer Mütter aus, um die schlechten Erinnerungen wieder heraufzubeschwören. „Dann sehen wir uns am Wochenende bei *Taste of Asia*?"

„Klar. Kommt deine Mutter auch?" Das wollte ich gar nicht sagen, es kam einfach so heraus.

Er sieht mich mit einem merkwürdigen Blick an, und ich weiß nicht, ob er verärgert oder überrascht ist. „Nein", sagt er nach einer Weile. „Sie kommt nicht."

Ich fahre rechts ran und er steigt aus, mit zusammengebissenen Zähnen geht er davon.

Ich werde wohl nie erfahren, was er seiner Mutter nach unserer Trennung erzählt hat. Das ist der Unterschied zwischen Rajiv und mir, ganz unabhängig von der Haltung unserer Eltern: Trotz allem hat er immer uns an die erste Stelle gesetzt, und das habe ich im entscheidenden Moment nicht getan. Und ehe ich michs versah, hatte ich ihn verloren. Darüber werde ich nie hinwegkommen. Es bleibt ein brennendes Schuldgefühl.

9
ANNALIE

Die Freude darüber, dass Thom Froggett mich mag und es mir gesagt hat, ist unvergleichlich. Die Erinnerung daran ist wie ein Ohrwurm. Immer wieder gehen mir seine Worte durch den Kopf, und es ist ein Gefühl, als würde in meinem Innern ein Weihnachtsbaum mit unzähligen Kerzen leuchten.

Das Einzige, was diese Freude etwas trübt, ist Violet mit ihrer wiederholten Frage, ob wir jetzt zusammen sind.

Wir haben nicht richtig darüber gesprochen, also weiß ich es nicht.

Violet versteht nicht, wieso ich ihn nicht einfach fragen kann.

Aber wie soll man so etwas fragen? Wie spreche ich das Thema überhaupt an, wenn es sich nicht von selbst ergibt? Es klingt so altmodisch zu fragen, ob er mein Freund sein will. Da könnte ich ihn ja gleich fragen, ob er „mit mir gehen" will. Ich sehe schon vor mir, wie er mich auslachen würde. Ich will nicht klammerig rüberkommen. Ich will locker sein, lässig. Ich kann lässig sein.

Außerdem schreiben Thom und ich uns den ganzen Tag hin und her. Ich schreibe leicht und flirtig. Ich will ihn nicht drängen. Reicht das hier nicht? Irgendwann ist es klar, dass wir zusammen sind, so lange kann ich mich gedulden.

Na ja, wir haben uns noch nicht mal geküsst, aber wir wollen uns wiedersehen.

Zum Glück habe ich etwas, worauf ich mich freuen kann, denn die erste Woche in der Bäckerei ist hart. Ich dachte, ich wäre eingestellt worden, weil ich etwas halbwegs Nettes aus dem Blätterteig gezaubert habe, aber Bakersfield hat mich schnell auf meinen Platz verwiesen.

„Zu fest", hat er zu meiner erste Fuhre Scones gesagt. „Du hast den Teig zu lange gerührt. Und die Konsistenz ist nicht richtig. Du hast die Butter nicht ordentlich mit dem Zucker verquirlt, deshalb sind die Dinger jetzt hart wie Beton. Schmeiß das weg und versuchs noch mal."

Und das sind noch die freundlicheren Kommentare. Am Anfang lässt er mich in der Küche nicht lange allein, und sein Blick über meine Schulter ist erdrückend. „Pass bloß auf, dass du nichts kaputt machst", sagt er. „Die Küchenmaschinen hier sind mehr wert als dein Leben."

„Das heißt, wenn es brennen würde, würden Sie eher die Küchenmaschinen retten als mich?", frage ich, um die Stimmung aufzuhellen.

„Ja", sagt er, ohne nachzudenken. „Und werd nicht frech."

Ich schrubbe weiter die Arbeitsfläche, bis sich meine Poren im Stahl spiegeln.

Nur wenn Daniel ausnahmsweise das Pech hat, in die Küche zu kommen, fühle ich mich ein kleines bisschen weniger mies.

Er schaut kurz herein, als ich mit Bakersfield da bin, und sagt: „Komm mal ins Büro, wenn du hier fertig bist. Ich kann den Ordner mit den Ausgaben nicht finden."

„Im Aktenschrank, zweite Schublade von oben", blafft Bakersfield. „Hab ich dir doch schon mal gesagt."

„Da sind sie nicht", beharrt Daniel.

„Dann hast du nicht richtig geguckt."

Daniel hält sich eine Hand an die Stirn, als hoffte er darauf, dass der Herrgott ihm Geduld schenkt. „Komm einfach rüber, wenn du so weit bist."

„Eigentlich solltest du mir die Arbeit erleichtern", murmelt Bakersfield.

„Na ja, ich müsste nicht deine Aktenschränke ordnen, wenn dein Buchhalter dich nicht gefeuert hätte, was ich, nebenbei bemerkt, gar nicht für möglich gehalten hätte. Ich dachte, Kündigungen funktionieren nur andersherum."

Ich huste, um ein Prusten zu kaschieren.

Bakersfield fährt herum und schaut wütend zwischen mir und Daniel hin und her. Ich gucke auf die Arbeitsfläche und mehle sie grimmig ein, als gäbe es nichts Spannenderes auf der Welt. „Kein Respekt! Von keinem von euch. Ich dachte, wenigstens Europäer hätten ein bisschen Höflichkeit im Leib."

„Wenn du uns mal besuchen kämst, wärest du schnell eines Besseren belehrt. Komm ins Büro oder lass es bleiben. Ist ja dein Geschäft, nicht meins." Die Tür geht wieder zu.

„Was grinst du so?", blafft Bakersfield mich an. „Findest du das etwa witzig?"

Beleidigt hebe ich die Hände. „Ich hab doch gar nichts gesagt!"

„Wenn du diese Scones ein drittes Mal backen musst, werde ich dir zeigen, wer hier wen feuert."

Als Bakersfield mich nach eineinhalb Wochen endlich allein in der Küche lässt, ohne mir seinen Atem in den Nacken zu blasen, mache ich drei Kreuze. Offenbar hab ich den Eingangstest bestanden und bin immer noch angestellt. Vorerst darf ich nur Scones backen, aber es ist definitiv ein Fortschritt. Als unbeobachtete Königin der Küche kann ich mir eine Pause gönnen, wenn ich nicht mehr stehen kann, und ich kann Musik anmachen.

Ich schmettere eine Schnulze von Taylor Swift mit und tanze, während ich den klebrigen Teig rühre.

Gerade läuft die zweite Strophe von „You belong with me" auf voller Laustärke, als Daniel den Kopf hereinstreckt und mich mit Grabesmiene ansieht.

„Entschuldige bitte."

„Ja?"

„Kannst du die Musik leiser stellen?"

Ich hab heute meinen edelmütigen Tag. „Klar." Ich stelle die Musik leiser. „Und ich singe auch nicht mehr. Ich gebe gern zu, dass ich keine großartige Sängerin bin."

Er verzieht den Mund zu einem Lächeln, das man, würde man kurz blinzeln, glatt übersehen könnte. Gleich darauf wird er wieder ernst. „Also, ich soll dir ausrichten, dass sich die Blaubeerlieferung um eine Woche verzögert."

Als treue Kundin weiß ich, dass das Obst im Sommer normalerweise frisch von regionalen Anbietern kommt. Keine Blaubeeren ist keine gute Nachricht.

„Aber ich backe grad eine Fuhre Blaubeer-Scones", sage ich verständnislos.

„Genau, und wenn du mal in den Kühlschrank geguckt hättest, wäre dir aufgefallen, dass keine Blaubeeren da sind."

Ich hebe verzweifelt die Hände und wirbele eine Mehlwolke auf. „Und was soll ich jetzt machen?"

„Mein Opa ist mit Bedienen beschäftigt. Ich soll die Blaubeeren im Supermarkt kaufen."

„Was, eine gewerbliche Menge Blaubeeren?"

„Korrekt." Bei der Aussicht sieht er richtig begeistert aus.

„Okay", sage ich. „Dann halte ich hier die Stellung, bis du wieder da bist."

Er rührt sich nicht.

„Ist noch was? Kann ich noch irgendwas tun?"

„Ich habe keinen Führerschein", sagt er nur.

„Aha. Du meinst in Amerika?"

„Ich meine generell", sagt er, und es klingt verärgert. „Man kann in den USA mit einem britischen Führerschein fahren. Aber zufälligerweise habe ich keinen." Er zuckte die Schultern. „In London braucht man kein Auto. War eindeutig ein Fehler, hierherzukommen."

Ich seufze. „Okay, und warum hat er dich dann beauftragt, die Blaubeeren zu besorgen?"

„Kannst du mich fahren?" Es fällt ihm sichtlich schwer, mich darum zu bitten.

„Kannst du nicht einfach ein Taxi nehmen oder so?"

„Und du glaubst, ein Taxifahrer erlaubt mir, eine riesige Menge Blaubeeren in seinen Kofferraum zu laden?"

„Verstehe."

Anscheinend sehe ich hinreichend bekümmert aus. „Hör mal, es tut mir leid."

„Was?"

„Tut mir leid, dass ich mich bei unseren letzten Begegnungen so blöd benommen habe. Das hatte nichts mit dir zu tun. Ich habe meine schlechte Laune einfach an allem und jedem ausgelassen. Wenn du mich fährst, bin ich freundlicher, versprochen."

„Echt?"

„Echt."

Ich reiche ihm die Hand, und er schüttelt sie amüsiert. „Abgemacht. Mein Auto steht hinten. Ich wasch mir nur schnell die Hände."

Irgendwie öffnen sich bei unserer zehnminütigen Fahrt zum Supermarkt die Schleusen und Daniel quasselt los, als würde ich die Zeit stoppen und ihm das Wort abschneiden, wenn er zu lange redet. Wir füllen einen Einkaufwagen mit, na ja, so ziemlich allen Blaubeeren, die es in dem Laden zu kaufen gibt.

Er verzieht das Gesicht. „Ich bin selber schuld. Es war schließlich meine Idee, nach Amerika zu kommen und meinen unbekannten Großvater kennenzulernen."

„Du hattest deinen Opa vorher noch nie gesehen?"

„Nein, bis vor einem Jahr waren wir zerstritten. Nicht ich persönlich. Mein Vater. Er und mein Großvater – na ja, sie waren sich nie einig. Zwei unterschiedlichere Menschen kann man sich nicht vorstellen. Mein Vater hat vorsichtig angemerkt, es wäre vielleicht nicht die beste Idee, ins kalte Wasser zu springen, weil ich meinen Großvater nicht kannte und noch nie außerhalb Großbritanniens war. Aber weißt du, ich habe gedacht, mein Großvater und ich würden uns gut verstehen." Er seufzt.

„Was ist denn zwischen deinem Vater und deinem Opa vorgefallen?"

„Die Bakersfield-Bäckerei gibt es schon seit Ewigkeiten. Mein Großvater hat sie eröffnet, als er noch ganz jung war. Er hat wohl immer geglaubt, mein Vater würde sie eines Tages übernehmen." Er lacht. „Tja, mein Vater backt nicht gern. Und ist überhaupt ziemlich unbegabt in der Küche, was ich aus eigener Erfahrung bezeugen kann. Er hatte auch nie Lust, ein eigenes Geschäft zu haben. Er war gut in der Schule und wollte Internationale Politik und Internationales Recht studieren. Ich kenne meinen Großvater ja nur von den paar Wochen, seit ich hier bin, aber ich glaube, er hat kaum eine Ahnung, was außerhalb von Illinois los ist. Er hatte überhaupt kein Verständnis für das, was mein Vater machen wollte. Schließlich sind sie richtig aneinandergeraten. Mein Vater hat ihm gesagt, dass er mit der Bäckerei nichts zu tun haben will, und hat bei einer NGO in London angefangen. Dort hat er meine Mutter kennengelernt, und wir haben immer in Europa gelebt."

„Und dein Vater hat nie irgendwas über deinen Opa erzählt?"

„Na ja, ich wusste natürlich, dass mein Vater Amerikaner ist. Ich nehme an, die beiden haben einfach nicht mehr miteinander gesprochen, und keiner hatte die Größe, den Kontakt wiederaufzunehmen."

„Und wer hat es dann getan?"

„Meine Mutter. Als ich beschlossen habe, dass ich in den USA studieren will. Sie fand, es wäre jetzt mal genug. Mein Vater und mein Großvater hätten nie den ersten Schritt gemacht. Das haben sie wohl gemeinsam. Keiner von beiden kann einen Fehler eingestehen. Erstaunlich, dass meine Eltern schon so lange verheiratet sind."

„Ja, erstaunlich", sage ich lächelnd. An der Art, wie er von seinen Eltern spricht, höre ich, dass sie echt glücklich sind. Ich denke nicht oft an meinen Vater, was auch daran liegt, dass der Mund meiner Mutter, wenn die Sprache auf ihn kommt, schmal und verkniffen und Margarets Laune finster wird. Aber manchmal fühle ich mich wie in einer Art Vakuum. Als würde ich plötzlich merken, dass etwas, was ich nie wahrgenommen habe, weg ist.

„Und dann?"

„Dann hatte ich die Idee, dass ich ihn nach meinem Umzug in die USA nicht nur mal übers Wochenende besuchen wollte, zum Beispiel über den Labor Day, sondern gern den ganzen Sommer mit ihm verbringen würde. Ich dachte, ich würde eine tiefe Verbindung mit einem verloren geglaubten Verwandten entdecken und dazu noch meine amerikanischen Wurzeln. So wie in einem dieser herzerwärmenden BBC-Features." Um seinen Mund zuckt es sarkastisch.

„Ich nehme an, es läuft nicht ganz so wie erwartet?"

„Das ist stark untertrieben." Er verzieht das Gesicht. „Er kann mich kaum in seiner Nähe haben. Die meiste Zeit schweigt er mich an. Außer um sich darüber auszulassen, dass mein Vater vor dreißig Jahren die falsche Entscheidung getroffen hat, bis ich ihn darum bitte, dass wir lieber wieder schweigen. Es kommt ihm anscheinend nicht in den Sinn, dass es mich gar nicht gäbe, wenn mein Vater sich anders entschieden hätte."

„Das tut mir leid."

„Ganz ehrlich, ich hab schon gedacht, ich sollte das Ganze vielleicht lieber beenden und nach London zurückkehren. Aber dann müsste ich mir das ‚Ich habs dir ja gleich gesagt' von meinem Vater anhören." Er reibt sich den Nacken. „Das wäre möglicherweise noch schlimmer als die selbstgerechten Tiraden meines Großvaters."

„Klingt so, als wären die Bakersfield-Männer einander doch ziemlich ähnlich."

Er sieht mich schief an. „Das hat meine Mutter auch gesagt, als ich ihr am Telefon mein Leid geklagt habe."

Ich lache. „Also, ich finde es ziemlich mutig von dir, allein nach Amerika zu kommen und in dieser Kleinstadt abzuhängen, wo du keine Menschenseele kennst."

„Mutig oder dämlich. Beides sonst nicht meine hervorstechenden Eigenschaften."

Wir gehen zur Selbstbedienungskasse, damit wir der Kassiererin nicht erklären müssen, warum wir hunderttausend Kartons Blaubeeren kaufen. In dem Moment sehe ich ein Mädchen aus meinem Jahrgang, Gemma Morgan. Sie fängt meinen Blick auf, und ihre Miene wandelt sich in Zeitlupe von Erkennen zu Mitleid.

„O nein", murmele ich. „Mach schnell, schnell, schnell. Schneller scannen."

„Was ist los?"

„Mach einfach!"

Zu spät. Sie kommt schon auf uns zu. Ich kann mich nirgends verstecken. Einen kurzen Moment lang stelle ich mir vor, hinauszurennen und Daniel die zehn Kilo Blaubeeren allein zahlen zu lassen.

„Hi, wie schön, dich zu sehen", sagt Gemma. Was merkwürdig ist, wenn man bedenkt, dass sie bisher erst zweimal mit mir geredet hat, einmal nur, um sich im Literaturkurs einen Stift von mir zu leihen. „Ich hab das von eurem Haus gehört."

Sie schaut mich immer noch prüfend an, als wartete sie darauf, dass ich losheule oder über die Ungerechtigkeit schimpfe oder es mit einem Lachen wegwische. Aber ich weiß nicht, was die richtige Reaktion ist. „Ja", sage ich und komme mir blöd vor.

Daniel scannt weiter Blaubeeren, ohne sich vorzustellen, und ich stelle ihn auch nicht vor oder so. Gemma tritt von einem Fuß auf den anderen. „Tut mir so leid", sagt sie nach zu langer Pause.

Das Piepsen des Scanners tut mir in den Ohren weh. Es könnte fast komisch sein, wäre es nicht so grauenhaft. Was jetzt? Soll ich Danke sagen? Mir auch? Alles gut? Nichts davon passt, so als würde man „gleichfalls" sagen, wenn der Kellner einem guten Appetit wünscht. Ich sehe schon vor mir, wie ich dieses Gespräch so oder ähnlich am ersten Schultag noch hundertmal führen muss.

„Ja", sage ich, weil mir nichts Besseres einfällt. „Na ja, ich muss jetzt los. Bin in Eile. War nett dich zu treffen. Schöne Ferien noch!"

Ich schnappe mir drei Taschen, und weil ich möglichst schnell zum Parkplatz fliehen will, krache ich beinahe gegen die Schiebetür.

Wir werfen alles in den Kofferraum, und schnaufend lasse ich mich auf den Fahrersitz sinken.

„Hm", sagt Daniel, als ich wieder normal atmen kann. „Das war seltsam. Hast du Lust, es zu erklären?"

Ich stecke den Schlüssel ins Zündschloss und atme tief durch.

„Eigentlich nicht, aber es bleibt mir wohl nichts anderes übrig."

„Das Warten lohnt sich", verspreche ich ihm, während wir vor dem Ofen stehen, in dem die Blaubeerscones backen. Es ist spät am Nachmittag, Stunden nach unserem Ausflug zum Supermarkt. Nachdem er mir geholfen hat, alles auszupacken, wäre es unsportlich gewesen, ihm keine Kostprobe vom Ergebnis anzubieten.

„Dann bist du also halb chinesisch?", fragt Daniel als Erstes, nachdem ich ihm die Geschichte von der Garage erzählt habe.

Darüber sind immer alle erstaunt. Und als Nächstes sagen sie dann, dass man mir das überhaupt nicht ansieht. Als ich jünger war, hat es mich gefreut, weil es meistens wie ein Kompliment klang. Erst später begriff ich, dass es eigentlich keins war. „Meiner Schwester sieht man es eher an. Sie kommt nach meiner Mutter." Das ist meine Standardantwort, um einer Reihe unangenehmer Fragen zu entgehen.

Er legt den Kopf schief. „Ah. Cool", sagt er nur.

Ich bin positiv überrascht von seiner Reaktion.

„Und ihr habt immer noch keine Ahnung, wer das war?", fragt er.

„Das ist die Arbeit der Polizei." Ich zucke die Achseln. „Und von meiner Schwester." Ich ziehe die Nase kraus.

„Hört sich nicht so an, als kämt ihr super miteinander klar."

„Das kann man wohl sagen. Und das machts nicht gerade einfacher."

„Tja, das ist ein richtig schlimmes Verbrechen. Und es tut mir leid für deine Familie."

So wie er es sagt, klingt es irgendwie nicht so schlimm, vielleicht liegt das aber auch nur daran, dass er mich dabei ernst und direkt ansieht. Ich weiß, dass er es so meint.

„Es ist echt eine üble Geschichte", sage ich. „Ich hoffe nur, dass wir sie bald wieder vergessen können."

Der Ofen piepst und ich hole die Bleche heraus. Mit Handschuhen lege ich einen Scone auf einen Teller und schiebe ihn zu Daniel rüber. „Pass auf, der ist heiß."

Erwartungsvoll sehe ich ihn an.

Er pustet, nimmt ihn behutsam in die Hand und beißt vorsichtig ab. Ihm fallen fast die Augen aus dem Kopf. „Wooow", sagt er, und ich merke, wie ich glühe. „Die sind ja der Wahnsinn. Du kannst echt fantastisch backen. Mein Großvater müsste dich als Enkelkind haben, nicht mich."

„Danke. Na ja, ich hab letzte Woche auch echt viel gebacken, weil dein Opa sie nicht gut genug fand, und Übung macht ja bekanntlich den Meister. Und das Gute daran ist, jetzt lässt er mich machen."

„Bring mir bei, wie das geht", sagt er scherzhaft. „Wenn ich so backen könnte, würde er mich lieben."

„Er liebt dich auch so."

„Nicht so, wie er dich liebt, wenn du so etwas fabrizierst."

Ich werde rot.

Schweigend essen wir unsere Scones. „Ich sollte mich wohl mal wieder an die Buchhaltung machen. Danke, dass du mich gefahren hast. Ehrlich gesagt, wenn ich einen weiteren Tag allein im Büro gehockt hätte, ohne mit jemandem zu reden, wäre ich wahrscheinlich durchgedreht."

„Bis dann, Daniel."

An der Tür bleibt er stehen. „Ja, bis dann."

Erst viel später, als ich schon zu Hause bin, fällt mir auf, dass er mich zum Blaubeerkaufen gar nicht hätte begleiten müssen. Bei dem Gedanken muss ich lächeln.

„Ich hab dir ja versprochen, dass ich dich zu etwas anderem als Eis einlade", sagt Thom.

Wir sind in der Stadt, und der Abend dämmert. Die dunklen Silhouetten der Gebäude zeichnen sich vor dem blaugrünen, glitzernden Himmel ab. Das ist meine liebste Tageszeit. Thom und ich haben uns süße Crêpes geholt. Jetzt schlendern wir durch die Straßen und gucken in die Schaufenster. Die Luft ist angenehm kühl an den nackten Beinen. Es ist ein magischer Abend.

„Irgendwie essen wir immer was Süßes, wenn wir uns treffen."

„Süße Sachen für ein süßes Mädchen." Er grinst.

„Kitschiger gehts ja wohl nicht."

„Aber es stimmt." Er nimmt meine Hand, und mein Herz flattert. Ich will mir diesen Abend genau einprägen, damit ich ihn immer wieder hervorholen kann und nie vergesse. Die süßen Sommerdüfte. Das Gefühl seiner Finger, die mit meinen verflochten sind. Bestimmt ist das der Anfang vom Rest meines Lebens.

Wir kommen an der Bäckerei vorbei, wo hinter der Theke ein einziges Licht brennt, und ich sehe Bakersfield, der den Laden noch mal durchfegt.

„Ah, da arbeite ich jetzt übrigens."

„In der Bäckerei?"

„Ja."

Thom zieht eine Augenbraue hoch. „Dann bist du ja wirklich die Dessertkönigin. Kannst du genauso gut backen wie Eis servieren?"

„Besser."

„Das kann ich kaum glauben. Du warst echt ein Traum mit dem Eisportionierer in der Hand."

Ich gebe mir Mühe, nicht puterrot zu werden. Wären wir im viktorianischen England, bräuchte ich jetzt Riechsalz und ein Sofa zum Niedersinken.

Er legt den Arm um mich und umfasst mit der Hand meine Taille.

Der Springbrunnen schräg gegenüber von der Bäckerei ist bunt angestrahlt, und die Lichter glitzern in den Bäumen dahinter. Der Knutschpark, wie er genannt wird.

Wir setzen uns auf eine Bank. Mein Kopf passt genau unter sein Kinn. Ich bin zittrig und aufgeregt und gleichzeitig von kribbelnder Spannung erfüllt.

Ich schlucke. Ich habe es Thom nicht gesagt, aber ich hab noch nie jemanden geküsst, und garantiert hat er das schon oft gemacht. Wenn ich nun eine miserable Küsserin bin? Wenn mein Mund nicht weiß, wie er sich richtig bewegen soll? Wie lernt man überhaupt zu küssen?

Ich glaube, ich möchte lieber sterben, als gesagt zu bekommen, dass ich nicht küssen kann.

„Annalie?"

„Hm-hm." Ich versuche mich zu beruhigen und nicht zu viel nachzudenken, aber das ist unmöglich. Ich wage ihn nicht einmal anzusehen. Er legt eine Hand unter mein Kinn und hebt mein Gesicht zu seinem. Das Blut schießt mir in den Kopf und mir wird schwindelig, aber er hält mich ganz fest. Dann beugt er sich zu mir herab.

Der Moment, in dem sein Gesicht auf mich zukommt, seine leuchtend goldene Haut wenige Zentimeter von meiner entfernt, dauert nur Sekunden und gleichzeitig ein ganzes Leben. Dann liegen seine Lippen auf meinen und ich kann nichts mehr denken. Wir küssen uns.

Wir küssen uns!

Ich bin erstarrt und erschrocken, aber auch siegestrunken. Seine Lippen liegen fest auf meinen, und seine Zunge streicht leicht über meine Lippen. Vor lauter Aufregung kann ich nicht mal die Augen schließen und starre auf seine geschlossenen Lider. Zum Glück sieht er es nicht.

Schließlich löst er sich von mir, um Luft zu holen, und ich bin ein neuer Mensch.

„Das war mein erster Kuss", platze ich unwillkürlich heraus.

„Echt?", sagt er und dann eine Weile nichts. Er scheint ein bisschen nach Worten zu suchen. „Wow. Wie süß." Ich bin erleichtert. Er legt seine Hand in meine. „Für einen ersten Kuss war das ziemlich gut, oder?"

„Finde ich auch."

„Ich bin froh, dass du heute mit mir ausgegangen bist, A."

„Ich auch", flüstere ich. Das Gespräch stockt. Ich räuspere mich. „Ich, hm, geh jetzt besser nach Hause."

„Moment mal. Ist das dein Ernst? Jetzt schon?" Das klingt enttäuscht.

„Ja."

Mit wackligen Beinen stehe ich auf. Ich weiß nicht, warum ich das gesagt habe. Ich will nicht nach Hause. Ich will die ganze Nacht aufbleiben. Ich will tanzen, bis die Sonne aufgeht. Aber ich weiß nicht, wohin mit mir vor lauter Gefühlen, und ich glaube, ich kann vor Thom nicht viel länger die Coole spielen. Vielleicht noch zehn Minuten, vielleicht auch fünfzehn. Danach fällt alles in sich zusammen.

Ich muss Violet anrufen. Oder auf meinem Bett hüpfen. Oder fünf Espresso trinken. Aber ich kann nicht mit Thom hier in diesem Park sein.

Das ist völlig verdreht und genau die falsche Reaktion darauf, dass ich den Jungen geküsst habe, der mutmaßlich mein Freund ist (macht der Kuss ihn automatisch zu meinem Freund?) – der Drang, in diesem entscheidenden Moment weniger Zeit mit ihm zu verbringen statt mehr. Trotzdem kann ich meinen Fluchtimpuls nicht stoppen. „Bringst du mich noch zum Parkplatz?", sage ich über die Schulter.

„Klar, okay." Er wirkt gleichermaßen verdattert wie belustigt, aber er holt mich ein. „Du bist wirklich gut darin, dich rarzumachen."

„Ich?"

„Ich hab das Gefühl, du läufst ständig vor mir weg." Er grinst. „Bald hab ich dich hoffentlich mal länger als nur für ein kurzes Date."

„Bald", sage ich, ein bisschen benommen und schwindelig. „Ein bisschen Geheimnis muss bleiben."

Als wir näher zur Bäckerei kommen, bemerke ich eine hochgewachsene Gestalt an der Eingangstür. Ich weiß nicht, wie lange er schon da steht. Er dreht sich um und schließt ab. Es ist dunkel, und wir sind nicht mehr in der Nähe der Lichter. Aber ich erkenne ihn trotzdem.

Daniel. Er sieht mich.

Aber er sagt nichts. Er rückt nur seine Brille zurecht, steckt die Schlüssel wieder ein und geht in die andere Richtung davon.

10
MARGARET

Die Plakatwand auf dem Rücksitz meines Wagens ist riesig. Ich habe sie irgendwie hineinbugsiert, aber ich weiß nicht, wie ich sie wieder rauskriegen soll. Ich schaue darauf und beschirme die Augen dabei vor dem grellen weißen Himmel.

„Hey!" Mit einem breiten Grinsen kommt Rajiv über den Parkplatz herüber. „Du bist wirklich gekommen."

„Natürlich", sage ich leicht schnippisch.

„O nein", sagt er im Näherkommen. „Hast du etwa ein riesiges Plakat über Rassismus dabei?" Er späht hinten in den Wagen. Ich habe den gestrigen Abend damit verbracht, Fotos von unserer Garage aufzukleben, dazu Fakten und Daten über Hassverbrechen gegen Amerikaner mit asiatischen Wurzeln. Ich finde, dass sich das Thema auf der *Taste of Asia* gut machen würde.

„Tu nicht so überrascht."

„Ich bin kein bisschen überrascht." Er wirkt auch nicht sauer. Im Gegenteil, er guckt wie ein zufriedenes Hündchen. Seine gute Laune strahlt auf mich ab. „Ich hab dir einen Platz neben dem Stand meiner Tante reserviert."

„Hat deine Tante nichts dagegen?"

„Bestimmt nicht. Meine Tante Amita. Du hast sie ein-, zweimal getroffen. Sie mag dich."

Ich kann mich gerade noch beherrschen, nicht zu sagen: Da ist sie aber die Einzige in deiner Familie.

Er öffnet die Eingangstür. „Dann mal los." Die Plakatwand ist nicht besonders schwer, aber sperrig und für mich allein schwer zu tragen. Rajiv klemmt sie sich mühelos unter den Arm.

Die Messe findet in einer alten Ladenzeile statt, in der viele Geschäfte leer stehen. Es ist ein hässliches Flachdachgebäude, in das man sich ganz billig einmieten kann. Die Veranstaltung könnte im Sommer eigentlich auch gut draußen stattfinden, doch aus irgendeinem Grund ist sie immer drinnen.

Wir gehen hinein, wo uns feuchtkalte Luft und die angenehmen Düfte von Sesamöl und Gewürzen umfangen. In einer großen Halle sind mehrere Reihen von Ständen aufgebaut, auf Tischen stehen Metallschüsseln mit Deckeln. Der Teppich ist von einem schmutzigen Braunrot mit dunklen Sprenkeln, er ist abgetreten und knirscht leise, als wir durch die Gänge laufen, vorbei an Pho und Banh Mi, scharfen Lammspießen, Frühlingsrollen und gebratenem Reis, Suppe mit Dumplings, Naan und Chana Masala.

Zwischen den Essensständen gibt es hier und da auch solche, an denen Kinder Papierlaternen basteln oder sich Henna-Tattoos auf die Hände malen lassen können.

Das Essen und die Aktivitäten sind in dem Eintrittspreis von fünfzehn Dollar enthalten.

Das Ganze ist ziemlich kitschig, vor allem die Aktivitäten sind eher unterhaltsam als lehrreich, aber es ist eine gute Gelegenheit für die asiatischen Restaurants, sich zu präsentieren.

Bei einem indischen Stand bleibt Rajiv stehen und stellt die Plakatwand ab. „Hi Auntie", sagt er und küsst seine Tante auf die Wange. Sie sieht seiner Mutter sehr ähnlich, doch sie hat weichere, rundere Züge und ein breites Lächeln im Gesicht.

„Da bist du ja", sagt sie. Dann sieht sie mich über die Schulter an und winkt. „Und Margaret. Dich hab ich ja lange nicht mehr gesehen." Sie wirkt gar nicht verlegen. Sie kommt sogar direkt auf mich zu und nimmt mich in die Arme, was mich völlig überrascht. „Ich hab gehört, was euch passiert ist", flüstert sie mir ins Ohr. „Und ich bin froh, dass du hergekommen bist, um darüber zu sprechen."

„Danke", sage ich gerührt. Ich habe Amita einmal bei einem Familienpicknick kennengelernt, zu dem Rajiv mich eingeladen hatte. Ich bin nicht lange geblieben, aber sie war unglaublich nett zu mir, und es wirkte aufrichtig.

Rajiv nimmt seine Tante kurz beiseite und sagt leise etwas zu ihr. Sie zieht die Augenbrauen zusammen und nickt. Dann kommt er wieder zu mir. „Was war das denn?", frage ich.

„Nichts. Mach dir keine Gedanken."

Irgendwas verbirgt er vor mir, aber was?

„Komm, wir stellen das mal auf, ja?" Er zeigt auf die Plakatwand. Wir heben sie auf den Tisch. Er tritt einen Schritt zurück, um alles zu lesen, und ich beobachte ihn, wobei ich versuche, mich nicht zu sehr davon verwirren zu lassen, wie er die Stirn runzelt und wie schön seine Wimpern sind. „Das ist super. Du solltest das irgendwann noch mal für eine Gruppenarbeit am College verwenden."

Wir lächeln beide bei der Erinnerung an unsere erste Gruppenarbeit.

„Hey, ich wollte dich um einen Gefallen bitten", sagt er.

„Hmm?"

„Kennst du eine Frau Professor Schierholtz?"

„Ja, die kenne ich", sage ich überrascht. „Geschichtsprofessorin? Sie hat letztes Jahr den Einführungskurs in Ostasiatischer

Geschichte gegeben. Ich fand sie einfach toll. Ich bin andauernd in ihre Sprechstunde gegangen, und nächstes Jahr belege ich auf jeden Fall wieder einen Kurs bei ihr. Warum?"

„Das ist sie. Einer ihrer Schwerpunkte ist die Geschichte des Tanzes. Und, na ja, hm ..." Er stockt.

„Na los, sag schon. Worum gehts?"

Er reibt sich den Nacken und wendet den Blick ab. „Weißt du", sagt er, als wollte er es schnell hinter sich bringen, bevor ich Nein sagen kann. „Ich weiß, dass das eine merkwürdige Bitte ist, aber ich will mich mit dem Thema Geschichte des Breakdance für ein Forschungsstipendium bewerben, und sie ist in den USA die absolute Koryphäe auf dem Gebiet. Ich möchte unbedingt mit ihr zusammenarbeiten, aber ich bin nicht auf der NYU, und um das Stipendium zu kriegen, brauche ich einen Professor, der mich betreut, entweder jemanden von der Uni oder woanders. Und um die Deadline einzuhalten, muss ich das in spätestens zwei Wochen klarmachen, sonst müsste ich mir ein ganz neues Thema suchen." Er holt kurz Luft. „Du bist meine Exfreundin, und ich weiß, es ist komisch, dich darum zu bitten, dass du den Kontakt herstellst und mich empfiehlst, aber ..."

Ich hebe die Hand. „Stopp. Kein Wort mehr. Natürlich schreibe ich ihr und empfehle dich. Sei nicht albern. Nur weil wir ein schlechtes Horoskop haben, heißt das noch lange nicht, dass ich dich nicht genial finde."

„Echt?"

„Na klar! Ich spreche rechtzeitig vor deiner Deadline mit ihr."

„Nein, ich meinte, ob du mich echt genial findest."

Ich stupse ihn leicht gegen die Schulter. „Lass uns mal nicht übertreiben. Ich sage ihr natürlich nicht, dass du mein Exfreund bist. Das wär irgendwie komisch. Ich sage einfach, dass wir Freunde sind. Das sind wir doch, oder?"

„Logisch." Er grinst mich an. „Ich bin dir echt dankbar, Margaret. Das meine ich ernst."

„Ich weiß. Ich bin sehr edelmütig."

Eineinhalb Stunden lang stehe ich an meinem Stand und beantworte Fragen. Ich komme mir vor wie eine von diesen unermüdlichen Leuten, die auf der Straße Flyer verteilen und zusehen, wie jeder, der einen Flyer nimmt, ihn noch vor der nächsten Straßenecke in den Mülleimer wirft. Rajiv hilft seiner Tante, schaut hin und wieder zu mir rüber und zeigt mir den erhobenen Daumen.

Die Reaktionen der Leute sind unterschiedlich. Manche sind geschockt und finden es wichtig, was ich mache. Andere kommen neugierig näher, vielleicht weil sie glauben, ich präsentiere etwas zur Stadtgeschichte, doch wenn sie die Plakatwand genauer betrachten, wenden sie sofort den Blick ab.

Schließlich überredet Rajiv mich, den Stand mal allein zu lassen und mir mit ihm etwas zu essen zu holen. „Du musst was essen. Hast du seit dem Frühstück überhaupt irgendwas gehabt?"

„Nein, aber ..."

Er nimmt meine Hand und zieht mich weg. „Komm. Der Kampf gegen den Rassismus kann warten." Im ersten Moment versetzt es mir einen elektrischen Schlag, seine Haut an meiner zu spüren, aber dann fühle ich mich einfach wohl. Seine Hand in meiner ist warm und weich, und es ist so leicht, da weiterzumachen, wo wir früher einmal waren. Unsere Hände passen immer noch zusammen. Vielleicht auch unsere Körper. Ich bin so überrascht, dass ich ihn gar nicht wieder loslassen kann.

Ihm scheint das nicht weiter aufzufallen, während wir uns einen Weg durch die Menge bahnen. „Ich will unbedingt die Baozi mit Schwein probieren."

Ich folge ihm stumm, meine Hand immer noch in seiner. Ich denke daran, wie er mir zum ersten Mal gesagt hat, dass er mich liebt, und dass eine Zukunft ohne ihn in dem Moment unvorstellbar war. Niemals hätte ich zu Beginn dieses Sommers geglaubt, dass ich hier wieder mit Rajiv zusammen sein würde, als wäre nichts passiert.

Ich frage mich, ob sein Herz wohl genauso schnell schlägt wie meins.

Wir setzen uns draußen auf den Gehweg, wo wir das Essen schön ausbreiten können, und während die Autos ein- und ausparken, teilen wir uns eine Portion Baozi, eine Schale Pho, Knoblauch-Naan und Japchae.

Ich habe Angst, das Falsche zu sagen und damit den Zauber des Augenblicks zu zerstören. Seine Beine sind neben meinen, und ich erinnere mich an jedes Grübchen in seinen Knien. Ich lächele ihn an und versuche nicht so auszusehen, als ob ich mich wieder in ihn verliebe.

„Und, schwelgst du manchmal in Erinnerungen?", fragt er mit dem Mund voll Nudeln.

Die Frage überrumpelt mich, und ich muss mich zurückhalten, um nicht zu viel preiszugeben. Ja, viel zu oft. Aber das soll er nicht wissen. „Wie meinst du das?" Ich lächele ein wenig, ich bin verunsichert. „Ja, schon. Aber ich bin froh, dass ich nicht in Illinois geblieben bin."

Er lacht. „Na klar. Das hätte ich auch nicht von dir erwartet."

Ich stoße ihn sanft an. „Und du?"

„Ja, sicher." Er wird still. „Wenn irgendwas passiert, will ich es immer noch zuerst dir erzählen. Bis mir einfällt, dass du nicht mehr die Erste bist, der ich etwas erzählen sollte."

Genauso geht es mir auch. Jedes Mal, wenn ich irgendeinen dummen Beitrag auf Reddit lese und an jemanden weiterleiten möchte. Jedes Mal, wenn mich im Fernsehen etwas an einen Witz erinnert, den er mal gemacht hat, wenn ich einen Song höre, den wir zusammen gehört haben, oder wenn ich einen neuen Science-Fiction-Roman lese, wofür ich mich erst interessiere, seit Rajiv mir davon vorgeschwärmt hat. Manchmal ist das Bedürfnis, ihm von etwas Neuem zu erzählen, überwältigend. Denn wir haben eine gemeinsame Geschichte, eine sehr spezielle Geschichte, die mich auf eine ganz besondere Art geprägt hat. Doch je weiter unsere gemeinsame Zeit zurückliegt, desto unterschiedlicher werden wir. Desto weniger Erinnerungen teilen wir miteinander und desto fremder werden wir einander wieder.

Ich sehe ihn an, und es macht mich unsagbar traurig. Wie wir uns langsam entwirren.

„Sicher findest du bald eine andere, der du alles zuerst erzählen kannst. Du hast bestimmt jede Menge Chancen." Es soll ein Scherz sein, aber es kommt total unwitzig heraus. Wieder denke ich an das Mädchen in seinem Instagram-Feed. Aber ich bin nicht so kleinlich, nach ihr zu fragen.

Es dürfte mir eigentlich gar nichts ausmachen. Aber das tut es.

„Die sind nicht wie du", sagt er leise.

Mein Herz pocht, aber ich halte den Blick in meinen Schoß gesenkt, weil ich Angst davor habe, was passieren könnte, wenn ich ihn anschaue. Tief im Innern weiß ich, dass der Zauber zwischen uns noch da ist, aber ich weiß nicht, ob ich möchte, dass wir wieder so zusammen sind wie früher. Es hat sich nichts verändert. Was hat eine zweite Chance überhaupt zu bedeuten, außer dass man es ein zweites Mal gegen die Wand fahren kann?

Er nimmt seine Serviette und tupft mir damit die Mundwinkel ab. „Du hast da Hoisin-Soße." Es ist eine so intime Geste, dass mir der Atem stockt.

Bevor wir etwas machen können, was wir bereuen würden, klingelt mein Telefon.

In neun von zehn Fällen ist es irgendwas Unwichtiges, aber ich schaue immer nach.

Voilà, es ist der zehnte Fall. Die Polizeiwache.

Ich zeige es Rajiv.

„Geh schon dran!", sagt er.

„Hallo?", sage ich.

„Hallo, spreche ich mit Margaret Flanagan?", fragt eine Frau. Im Hintergrund wird getippt.

„Ja."

„Hier ist das Sekretariat der Polizei. Ich rufe wegen Ihrer Anzeige vom Montag, den sechsundzwanzigsten Mai an."

„Ja?" Vor Aufregung krampft sich mein Magen zusammen. Vielleicht erzählt sie mir jetzt, dass sie den Täter geschnappt haben, dass jemand verhaftet oder angeklagt wurde.

„Ich wollte Ihnen mitteilen, dass die Untersuchungen vorerst eingestellt werden." Sie spricht klar und gleichzeitig gelangweilt, als würde sie jeden Tag zwanzig solcher Anrufe erledigen.

„Moment, entschuldigen Sie, wie bitte?"

Rajiv sieht mich fragend an.

„Die Untersuchungen werden vorerst eingestellt", sagt die Frau am Telefon.
„Ja, das habe ich schon verstanden. Aber was bedeutet das?"
Sie seufzt. „Es bedeutet, dass es bis jetzt keine belastbaren Hinweise gibt, sodass wir den Fall auf Eis legen, bis sich die Faktenlage ändert."
„Keine belastbaren Hinweise? Haben Sie denn mit allen gesprochen? Mit den Nachbarn? Haben Sie sich vergleichbare Verbrechen in der Stadt angeschaut und geguckt, ob es da Parallelen gibt?" Ich schreie fast ins Telefon.
„Tut mir leid. Das kann ich Ihnen nicht beantworten. Ich habe hier nur die Aktennummer, Ihren Namen und den Status."
Ich kann diese Frau nicht anbrüllen. Sie hat nichts mit dem Fall zu tun. Und sie kann nichts machen, um mir zu helfen. „Danke", bringe ich heraus. „Sagen Sie mir Bescheid, wenn die Untersuchungen wieder aufgenommen werden?"
„Ja, das machen wir. Einen schönen Tag, Ms Flanagan." Das Gespräch ist beendet. Ich sehe Rajiv an. „Sie stellen die Untersuchungen ein. Es gibt keine Hinweise."
„Oje, das tut mir schrecklich leid. Sie haben nichts rausgefunden?"
„Ich glaube das nicht", sage ich unerbittlich. „Ich glaube nicht, dass sie den Fall gründlich untersucht haben. Für die hat das einfach keine so hohe Priorität." Wütend, mit geballten Fäusten stehe ich auf. „Man kann sich echt auf gar nichts verlassen, nur auf sich selbst." Da ist sie wieder, die Wut, mit der ich zurück nach Hause gekommen bin und die im Laufe der Zeit gedämpft und zugeschüttet wurde.
Die Wut schärft meinen Verstand. Sie erinnert mich daran, dass

ich nicht für eine Sommerromanze mit meinem Ex hergekommen bin. Sie rüttelt mich aus meinen weichen, nostalgischen Gefühlen, zurück in die Welt der nackten Tatsachen.

„Ich muss los", sage ich. Er wirkt enttäuscht, sammelt jedoch geduldig unseren Abfall ein und wirft ihn in den Mülleimer. „Okay", sagt er. „Soll ich dir helfen, deine Sachen in den Wagen zu packen?"

Ich nicke. Wir gehen rein, diesmal ohne uns an den Händen zu halten.

Taste of Asia ist fast vorbei, Besucher strömen hinaus. Meine Sachen stehen ganz am Ende der Reihe.

Tante Amita sieht uns kommen und läuft uns entgegen. „Ich weiß nicht, wie das passieren konnte", sagt sie. „Ich war nur fünf Minuten weg."

„Was denn?", fragt Rajiv.

Zitternd zeigt sie auf meine Plakatwand. Sie ist mit Essen verschmiert, als hätte jemand im Vorbeigehen einen ganzen Becher braune Soße darübergekippt. Ich bin stocksauer.

Tante Amita nimmt sie und stellt sie vorsichtig hinter den Tisch. „Ich hab nichts gesehen", sagt sie. „Vielleicht haben sie Überwachungskameras?"

Ihre Freundlichkeit beschwichtigt mich. „Es ist schon gut", sage ich sanft. „Du kannst nichts dafür. Ich glaube nicht, dass sie in diesem alten Gebäude Überwachungskameras haben." Aber damit hat sie mich auf eine Idee gebracht. Es ist naheliegend – so naheliegend, dass man hätte meinen können, die Polizei wäre der Sache nachgegangen. Aber das haben sie natürlich nicht getan, bestimmt nicht.

Ich muss sofort nach Hause.

„Willst du es trotzdem mitnehmen?", fragt Rajiv und zeigt auf das Plakat.

Seine Augen glänzen. Er hat mir einmal gesagt, dass er es spürt, wenn mir jemand wehtut. Er wollte immer nur, dass mir nichts passiert. Ich mache mich ganz hart und verschließe mein Herz. Meine Augen sind trocken. Die Klimaanlage fühlt sich kälter an als zuvor. „Nein", sage ich. „Schmeiß es einfach weg."

Als ich in unsere Sackgasse einbiege, holt eine Nachbarin gerade ihre Einkäufe aus dem Auto. Genau die, auf die ich gehofft hatte. Mrs Maples, die alte Dame von gegenüber.

Mrs Maples ist gleichermaßen freundlich wie neugierig. Ein paar Wochen nachdem unser Vater die Stadt verlassen hatte, brachte sie uns einen Berg Plätzchen rüber. Sie sagte, sie wolle nach Mama sehen, aber ehrlich gesagt hatte es eher den Anschein, als wollte sie sich vergewissern, dass mein Vater wirklich abgehauen war. Seit wir sie kennen, lebt sie allein, doch sie hat immer darauf bestanden, dass wir sie Mrs Maples nennen. Ich weiß noch nicht mal, wie sie mit Vornamen heißt. Manchmal bekommt sie Besuch von einem jungen Mann in den Zwanzigern, der ein paar Tage bleibt und dann wieder fährt.

Mir wird bewusst, dass Mrs Maples zwar schon mein Leben lang gegenüber von uns wohnt, ich aber nichts über sie weiß. Dasselbe gilt für die anderen Nachbarn. Über die weiß ich sogar noch weniger. Und sie wissen vermutlich auch nicht viel über uns.

Mrs Maples' graue Haare glänzen im warmen Schein der Nachmittagssonne, während sie die Einkaufstaschen aus dem Kofferraum holt.

Ihre Einfahrt liegt unserer Einfahrt fast genau gegenüber. Ich springe aus dem Wagen und winke ihr zu. „Hallo Mrs Maples!"

Ich laufe über die Straße, und sie hält inne. Mit zusammengekniffenen Augen guckt sie mich an.

„Margaret", sage ich hilfsbereit.

„Natürlich! Margaret. Bist du vom College zurück?" Sie strahlt. „Wo warst du noch mal gelandet?"

„In New York."

„Ach ja, stimmt. In der großen Stadt. Wie geht es dir denn? Vor ein paar Wochen hab ich euch noch etwas zu essen rübergebracht. Da war deine Schwester zu Hause." Sie sieht mich mitfühlend an und flüstert verschwörerisch: „Ich hab gehört, was passiert ist. So was Schreckliches, wirklich."

Ich ringe mir ein Lächeln ab. Mitgefühl konnte ich noch nie gut haben. Aber mir ist natürlich klar, dass ich, damit Mrs Maples mich in ihr Haus lässt, schon ein bisschen charmanter sein muss als üblich. Ich habe Rajivs Stimme im Kopf, als er ein einziges Mal einem Lehrer widersprach, der mir vorwarf, ich hätte eine zu große Klappe. *Das ist doch gerade das Tolle an ihr*, hatte Rajiv gesagt.

„Ja, es war schrecklich", stimme ich zu.

„Hat die Polizei die Verantwortlichen schon gefunden?"

Ich schüttele den Kopf.

„Das tut mir so leid. Ich kann mir überhaupt nicht vorstellen, was jemanden überkommt, so was zu machen. In unserem Viertel!" Sie senkt die Stimme. „Seitdem mache ich mir Sorgen um die Sicherheit in unserer Stadt. Meinst du, das hat was mit Bandenkriminalität zu tun?"

„Das glaube ich nicht." Ich versuche mir meine Ungeduld nicht anmerken zu lassen. Die Leute schieben alles Unangenehme gern pauschal auf „Bandenkriminalität". Ich verkneife mir die Bemerkung, dass schon ihre Frage rassistisch ist. Schließlich will ich sie um ihre Hilfe bitten.

Ich sehe mir die Fassade ihres Hauses genau an. Die Veranda, die Garage. Bingo. Da oben in der Ecke ist sie. Hoffnung keimt in mir auf. Vielleicht ist das die Rettung.

„Na ja", sie betrachtet mich neugierig. „Ich bin mir sicher, dass sie den Fall letztendlich lösen. Mach dir keine Sorgen."

„Hat die Polizei sich bei Ihnen gemeldet, Mrs Maples?", platze ich heraus.

Sie erstarrt. „Nein, warum sollten sie?" Sie scheint sich nicht wohl in ihrer Haut zu fühlen. Tja, genau so hatte ich mir das vorgestellt. Sie lassen den Fall einfach eine Weile ruhen und dann schließen sie die Akte, ohne irgendwas zu unternehmen.

„Ich dachte mir ... na ja, es hätte ja sein können, dass man Sie gefragt hat, ob Sie irgendwas gesehen haben."

„Ach so. Nein, Sie haben mich nicht gefragt. Aber leider habe ich auch nichts gesehen. Wahrscheinlich war ich nicht zu Hause. Und es ging bestimmt ziemlich schnell."

„Es muss am Nachmittag passiert sein", dränge ich. „Tagsüber. Als meine Schwester nach Hause kam, war es noch nicht dunkel."

„Hm, hm", macht sie. „Wenn du es sagst. Das klingt so, als ob du auf etwas Bestimmtes hinauswillst."

Ich straffe die Schultern. „Ja, das stimmt."

„Ach ja? Worauf denn?"

„Haben Sie eine Sicherheitsanlage für Ihr Haus?"

„Eine Sicherheitsanlage?", wiederholt sie. „Ja, stimmt. Mein

Neffe hat mir letztes Jahr so was installiert." Lachend schüttelt sie den Kopf. „Ist ein kluger Kopf. Er arbeitet bei einer dieser Firmen im Silicon Valley. Ich fand das eigentlich unnötig, aber er hat es mir zu Weihnachten geschenkt." Sie zuckt mit den Schultern. „Ich weiß nicht, ob sie überhaupt eingeschaltet ist. Wenn jemand versucht einzubrechen, soll ein Alarm losgehen. Ob das funktioniert, weiß man wohl erst, wenn es wirklich mal jemand versucht."

Mein Herz klopft schneller. „Haben Sie auch eine Überwachungskamera?" Ich zeige auf das kleine weiße Ding mit schwarzem Display in der Ecke über der Garage.

„Das da? Ist das eine Überwachungskamera? Hm, ich glaube, du hast recht." Ihre Stimme ist ein bisschen wacklig vor Verlegenheit. „Ich muss zugeben, Margaret, ich hab keine Ahnung, wie das Ding funktioniert, und mein Neffe kommt nur ein paarmal im Jahr zu Besuch. Ich wollte vor ihm nicht zugeben, dass ich das mit den Einstellungen nicht hinbekommen habe. Mir hat ein gutes Schloss noch immer gereicht."

Irgendwie muss man an die Aufnahmen doch rankommen. Ich weiß nicht, ob das Sichtfeld der Kamera bis zu unserem Haus reicht, aber wenn ich mir angucke, wie sie ausgerichtet ist – leicht nach unten und direkt geradeaus –, wird mir vor Aufregung ganz schwindelig.

„Mrs Maples", sage ich behutsam. „Können wir uns das Filmmaterial mal angucken? Es könnte ja sein, dass die Kamera an dem Tag etwas aufgezeichnet hat."

„Natürlich. Komm nur rein. Ich fürchte aber, du musst das meiste allein herausfinden."

„Das schaffe ich schon. Vielen Dank."

Wir gehen hinein. In all den Jahren, die wir einander gegenüberwohnen, war ich noch nie in Mrs Maples' Haus. Es ist sehr pastellig. Pastellblau, Pastellgelb. Und es riecht schwach nach Parfüm. Die Decken sind niedrig, wodurch es beengt wirkt. Sie schaltet das Licht an. „Also", sagt sie. „Wenn ich mich recht erinnere, läuft das alles über den Computer, aber ich hab es noch nie ausprobiert." Wir gehen um die Ecke in ihr Esszimmer, in dem offenbar nicht gegessen wird. Der Tisch ist voller Papier und diverser anderer Dinge: eine Haarbürste, eine getigerte Katze, die laut miauend hinunterspringt, und ein Ungetüm von einem Laptop. Das alles auf einer Tischdecke mit verblichenem Blumenmuster.

Der Laptop ist schon ein älteres Modell, er brummt und röchelt empört, als wir ihn hochfahren, aber schließlich geht er an. Ich warte, während sich die Seiten aufbauen. Mrs Maples geht ins Wohnzimmer und kommt mit einem Stapel Papier zurück. „Hier müssten die Handbücher und Zugangsdaten dabei sein. Bestimmt lachst du mich aus, weil ich so ein Hightech-Zeugs habe, ohne es je zu benutzen."

Ich hoffe nur, dass es funktioniert, obwohl sie es noch nie überprüft hat. Hastig schaue ich die Unterlagen durch. Darin finde ich Informationen über die Website und darüber, wie die Anwendungen funktionieren. Wie sich zeigt, ist Mrs Maples' Haus von oben bis unten mit Haussicherheitstechnik ausgestattet. Sie hat Bewegungsmelder im Haus und an allen Eingängen. „Schalten Sie das alles nie ein?", frage ich verwundert.

Sie kichert. „Wenn ich weggehe, drücke ich den Knopf an meinem Schlüsselring, und wenn ich zurückkomme, drücke ich ihn noch mal. Mehr weiß ich, ehrlich gesagt, nicht. Funktioniert es?

Würde ein Alarm losgehen, wenn ein Einbrecher käme? Keine Ahnung. Die Kamera habe ich auf jeden Fall noch nie benutzt."

Auf der letzten Seite des Handbuchs finde ich, fein säuberlich notiert, Benutzernamen und Passwort. Ich gehe auf die Website und logge mich ein. Auf der Seite werden mir alle Funktionen angezeigt, die bei Mrs Maples installiert sind.

Ich klicke auf „Überwachungskamera". Auf dem Bildschirm erscheint das Filmmaterial. Der Bildausschnitt ist genau richtig. Man sieht Mrs Maples' Vorgarten, die Einfahrt zur Garage und auch unsere komplette Garage. Sie ist weiter entfernt und nicht ganz scharf, aber sie ist da. „Na komm schon", murmele ich.

Direkt unter dem Videofenster steht: „Aufnahmen der letzten 30 Tage verfügbar".

Ich werfe Mrs Maples einen Blick über die Schulter zu. „Kann ich schnell rüberlaufen und einen USB-Stick holen?"

11
ANNALIE

Ich schalte das Licht in der Bäckereiküche ein und unterdrücke ein Gähnen. Der Himmel ist grau mit einem rosa schimmernden Rand. Schon jetzt ist zu spüren, dass es ein heißer Sommertag wird. Der Morgen ist nicht klar und frisch wie sonst, sondern leicht schwül. Ein schlechtes Zeichen, denn es ist erst halb sechs.

Ich war noch nie eine Frühaufsteherin, aber wenn man in einer Bäckerei arbeitet, hat man keine Wahl.

Der Morgen gehört jetzt mir allein, und das genieße ich. Es ist mir zur Gewohnheit geworden, hier die Erste zu sein, und obwohl ich noch nie im Leben so früh aufgestanden bin, stelle ich zu meiner Überraschung fest, dass es mir gefällt. Auf den Straßen ist nicht viel los. Alles ist so still in der Küche. Erst seit ich den Morgen für mich allein habe, wird mir bewusst, wie laut die Welt sonst immer ist. Es fühlt sich friedlich an.

Die Doppeltür zum vorderen Teil des Ladens geht auf. Ich rechne mit Bakersfield, der immer noch manchmal vorbeischaut. Aber es ist Daniel.

„Guten Morgen", sagt er. Sonst sieht er immer tadellos aus, jetzt sind seine Haare ein bisschen strubbelig, als wäre er gerade erst aus dem Bett gestiegen.

„Ah, du bist es. Was machst du denn schon so früh?", frage ich überrascht.

„Ich dachte, ich erwische dich hier vielleicht. Und bekomme ein bisschen Frühstück."

„Das kriegen wir hin." Ich mahle Kaffee und setze eine frische Kanne auf.

Er räuspert sich. „Außerdem wollte ich mich entschuldigen."

„Wofür?"

Er wird rot, und mir fällt unsere letzte Begegnung ein. Draußen vor der Bäckerei, direkt nach meinem ersten Kuss mit Thom. Jetzt werde ich auch rot, obwohl es keinen Grund gibt, sich zu schämen.

„Du hast mich also gesehen", sage ich schließlich.

„Ich wollte nicht stören. Entschuldige. Ich hätte nicht rumschleichen sollen, ohne mich bemerkbar zu machen."

„Jetzt ist es erst recht unangenehm. Besser, du hättest nichts gesagt."

Er schüttelt den Kopf und wird wieder rot. „Dann gehe ich jetzt wohl lieber, bevor ich alles noch schlimmer mache." Er ist so beschämt, dass ich meine eigene Verlegenheit fast vergesse.

„Nein, bitte nicht", sage ich. „Ich hab dir Kaffee gekocht. Jetzt musst du auch bleiben."

Während ich die Küchenmaschine für den ersten Teig des Tages anschmeiße, schaue ich Daniel prüfend an. Es ist so seltsam, dass er hier ist, mitten in Illinois in der Küche dieser Bäckerei. Er gehört einfach nicht hierher. Er müsste in irgendeiner regnerischen Metropole sein. Bestimmt verbrennt seine Haut innerhalb von zehn Minuten in der Sonne des Mittleren Westens.

„Woran denkst du?", fragt er. „Du guckst mich so an."

„Ich hab gerade gedacht, wie komisch es hier für dich sein muss. Ein ziemlicher Kontrast zu London. Wie trinkst du deinen Kaffee?"

„Mit Milch. Aber keine Kaffeesahne, nur, damit das klar ist. Ich habe gelernt, dass ich das dazusagen muss."
„Wir haben beides da, es ist also kein Problem." „Wieso keine Kaffeesahne?"
„Nur Amerikaner tun Kaffeesahne in ihren Kaffee. Das Zeug ist so dick und cremig."
„Das ist ja gerade das Gute daran! Magst du keinen cremigen Kaffee?"
„Nein, das ist scheußlich. Da könnte man genauso gut Butter in den Kaffee tun."
„Manche hier machen das sogar. Das nennt man dann Bulletproof Coffee", sage ich und muss über sein entsetztes Gesicht lachen.
„Kulturschock", sagt er.
„Es gefällt dir also nicht so gut hier."
„Das kann man so nicht sagen. Ich betrachte es als anthropologisches Experiment. Ich sammle einfach alle möglichen Informationen."
„Um eine wissenschaftliche Abhandlung darüber zu schreiben?"
„Nur im Geiste." Er grinst. „Eine Übung für die Uni."
„Fürs College. Hier sagt man College."
„Ach ja."
„Ist das dein Studienfach? Die Anthropologie des Mittleren Westens?"
„Über solche Feinheiten habe ich mir bisher noch keine Gedanken gemacht, aber vielleicht." Er räuspert sich, als wollte er etwas Wichtiges verkünden. „Ich werde zwei Hauptfächer studieren, Ökonomie und Anthropologie."

„Beeindruckend. Du müsstest dich mal mit meiner Schwester unterhalten. Ihr würdet euch bestimmt gut verstehen. Sie studiert an der NYU Ökonomie und Politikwissenschaften und dazu noch Gender Studies im Nebenfach. Sie ist die Begabte in unserer Familie."

„Und wer bist du?", fragt er neugierig.

Ich zucke die Schultern. „Ich weiß noch nicht genau, wer ich in unserer Familie bin. Die Unschlüssige? Meine Mutter sagt mir immer, ich müsste mehr planen." Ich verteile Mehl auf der kühlen Stahltheke. „Das Einzige, was ich gut kann, ist Backen."

„Du könntest eine Bäckerei aufmachen. So wie mein Großvater."

Lächelnd schüttele ich den Kopf. „Ich glaub nicht, dass ich das könnte."

„Warum nicht? Ich finde, du kannst besser backen als er."

„Lass ihn das bloß nicht hören. Aber ich kann keine Konditorin werden. Meine Mutter würde mich umbringen."

„Warum?"

„Tja, sie ist chinesisch. Das erklärt alles, oder? Sie will, dass ich so bin wie meine Schwester und Ärztin oder Rechtsanwältin oder Ingenieurin werde. Oder, falls das alles nicht klappt, wenigstens BWL studiere. BWL hat ein gutes Image, ist aber nicht so schwierig. Und in Mathe bin ich gar nicht so schlecht. Wenn ich ihr sagen würde, dass ich nicht studieren will, würde sie ausrasten."

„Dann hast du genau das umgekehrte Problem wie mein Vater."

„Stimmt, vielleicht sollte dein Opa mich adoptieren, dann könnte ich seine Bäckerei erben."

„Das wäre eine ganz gute Lösung." Daniel kichert.

„So abwegig finde ich das gar nicht. Meine Mutter könnte dich haben. Sie hat sich immer einen Sohn gewünscht."

„Familie ist schon was Merkwürdiges."

„O ja."

„Zum Ausgleich dafür, dass meine Familie väterlicherseits komplett dysfunktional ist, ist die meiner Mutter total normal." Ich habe keine Ahnung, ob die Familie meines Vaters total normal ist oder nicht.

Meine Mutter ist nie mit uns nach China gereist, um uns mit ihrer Verwandtschaft bekannt zu machen. Manchmal erzählt sie Geschichten aus ihrer Kindheit, meist um uns zu veranschaulichen, dass wir fleißiger sein und mehr essen sollen. Sie hatte immer Hunger. Das ist die Moral fast jeder ihrer Geschichten.

Über die Familie meines Vaters weiß ich überhaupt nichts. Ich weiß nicht, ob unsere Großeltern noch leben. Falls ja, habe ich keine Ahnung, ob sie wissen, dass es Margaret und mich gibt. Ich habe Mama nicht danach gefragt, weil ich sie nicht aufregen will. Margaret wäre das egal, aber auch sie hat noch nie danach gefragt. Ich glaube, sie hat Angst vor der Antwort. Es ist einfacher, sich etwas vorzustellen, als Gewissheit zu haben. Das, was man sich vorstellt, ist in der Regel weniger deprimierend.

„Kommen deine Eltern dich hier besuchen?", frage ich, damit das Gespräch nicht zu düster wird.

„Nee, ich glaube nicht. Erstens spricht mein Vater immer noch nicht mit meinem Großvater. Und zweitens kommen meine Eltern im Herbst, um mir beim Umzug zu helfen, und ich glaube, sie haben viel mehr Lust auf New York als auf die Gegend hier."

„Dabei ist das hier das wahre Amerika", scherze ich. „Das sagt dein Vater dir doch bestimmt auch."

Er lacht. „Ehrlich gesagt glaube ich, mein Vater wollte dem wahren Amerika um jeden Preis entkommen. Aber ich rufe meine Mutter jeden Tag an und erzähle ihr von hier. Sie findet es faszinierend."

„Das ist ja echt lieb."

„Was?"

„Dass du deine Mutter jeden Tag anrufst."

„Na ja, ich halte sie über mein anthropologisches Experiment im Mittleren Westen auf dem Laufenden. Sie hat noch nie irgendwo gelebt, wo es auch nur annähernd so war wie hier. Sie ist in Paris aufgewachsen. Sie findet es spannend."

„Gut gerettet. Ich finde es trotzdem süß."

„Na ja, allmählich weiß ich nicht mehr, was ich ihr noch erzählen soll, so groß ist der Ort hier ja nicht."

„Dann gehst du dein Thema aber nicht richtig an. Oder du gibst dir nicht genug Mühe. Hier kannst du einiges entdecken, was du in London oder sonstwo in England nicht zu sehen bekommst."

„Mein Vater hat es immer so dargestellt, als gäbe es hier nicht viel zu sehen."

„Da irrt er sich." Margaret, Daniels Vater und Daniel sind einfach nicht in der Lage, den Herzschlag dieser Stadt zu spüren. Die rassistische Beleidigung an der Garage ist natürlich bitter, aber das ändert nichts daran, was ich hier sehe. Mein Zuhause und den Ort, der mich zu dem gemacht hat, was ich bin. Wenn ich diese Stadt ablehnen würde, würde ich mich praktisch selbst ablehnen. „Ich kann dir die ganzen schönen Flecken hier zeigen. Du wirst schon sehen."

Das ist mir einfach so rausgerutscht. Erst hinterher denke ich an Thom, und dann habe ich ein schlechtes Gewissen, weil es bestimmt so klingt, als ob ich etwas von Daniel will, aber so habe ich es nicht gemeint.

Doch er strahlt, und das freut mich.

Ein Geräusch an der Tür schreckt uns auf, es ist die Türklinke, die klemmt.

„Was ist da hinten los?" Das ist Bakersfield. Schuldbewusst trete ich einen Schritt zurück, obwohl ich nichts falsch gemacht habe.

„Sind die Croissants im Ofen?"

„Ja!", sage ich schnell. „Schon fast fertig."

Er sieht sich in der Küche um, schaut misstrauisch zum Ofen, dann funkelt er Daniel an. „Das ist hier keine Plauderstunde. Sie hat zu arbeiten."

„Ich weiß. Ich bin nur gekommen, um mich für etwas zu entschuldigen", sagt Daniel.

„Nach so kurzer Zeit schon ein Drama", schnaubt Bakersfield.

„Nicht während ihrer Arbeitszeit."

„Er hat mich überhaupt nicht gestört", sage ich. „Ich habe sowieso gerade Kaffee fürs Frühstück gekocht."

„Ich wollte einfach nur freundlich sein", sagt Daniel genervt.

Bakersfield verschränkt die Arme. „Du sollst mir mit den Büchern helfen und einen neuen Buchhalter organisieren. Du sollst nicht im Weg rumstehen. Das hat deine Mutter versprochen, bevor sie dich hergeschickt hat."

„Ach so, dann hab ich das wohl falsch verstanden. Ich dachte, ich könnte auch meinen Großvater kennenlernen und wäre nicht nur als Aushilfe hier. Vielleicht fahre ich lieber wieder zurück nach London und du stellst einfach einen neuen Buchhalter ein? Dann sparst du dir den Mittelsmann."

Bakersfield erstarrt, dann hebt er ruckartig das Kinn. „Keiner hält dich auf, Junge. Dein Vater würde sich bestimmt freuen."
Daniel stürmt an mir vorbei aus der Küche. Die Tür knallt hinter ihm zu.
Ich kann mich nicht rühren, weil ich etwas so schmerzlich Persönliches mitangesehen habe. Ich wage Bakersfield, der ebenfalls wie angewurzelt dasteht, nicht in die Augen zu sehen. Ich höre, wie er seufzt und sich an der Theke zu schaffen macht.
Als ich aufschaue, sind seine Schultern noch gebeugter als sonst. „Er ist gern hier", sage ich leise, unsicher, ob er mich einfach ignorieren oder mir sagen wird, ich soll mich um meinen eigenen Kram kümmern.
„Ich weiß", antwortet er. Er klopft mir leicht auf die Schulter und geht dann auch hinaus. Ich bleibe allein in der Küche zurück und frage mich, warum es uns allen so schwerfällt, den Menschen, die uns wichtig sind, unsere wahren Gefühle mitzuteilen.

Wenn ich Thom küsse, spüre ich jedes Mal wieder dieses leise Kribbeln, als könnte ich es immer noch nicht so ganz fassen, sein sommersprossiges Gesicht in meinen Händen, seine seidigen Haare zwischen meinen Fingern. Viel mehr haben wir bis jetzt nicht gemacht. Außer uns zu küssen. Das tun wir überall.
„Aber wie ist er denn nun, Annalie?", fragt Violet eines Tages, als wir bei ihr zu Hause unsere Dessert-Show gucken und schälchenweise Schokoladenmousse essen, die ich gemacht habe. „Du erzählst die ganze Zeit, wie süß er ist, aber du versteckst ihn wie ein Geheimnis. Lerne ich ihn vielleicht auch irgendwann mal kennen?"
Wir lümmeln uns auf dem großen weichen Sofa in ihrem Wohnzimmer und passen auf ihren kleinen Bruder Benji auf, der

friedlich in seinem Laufstall schläft, während Mrs Faraon Violets jüngere Schwester Rose zur Klavierstunde fährt. Natürlich haben wir ein Chaos in der Küche hinterlassen.

„Ich weiß nicht", gestehe ich. „Ist das nicht zu früh? Ich will ihn nicht verschrecken. Im Moment genieße ich einfach das, was zwischen uns ist, nur wir beide."

Ich merke, dass Violet verletzt ist.

„Ich verstecke dich nicht, bestimmt nicht!", betone ich.

„Fühlt sich aber so an. Ich versteh das schon. Ich bin anders als die Leute, mit denen er sonst so abhängt." Sie versucht es gleichmütig zu sagen, aber ihre Stimme bebt leicht.

„Ich verspreche dir, dass ich euch miteinander bekannt mache. Bald", sage ich, um sie zu beschwichtigen. „Aber erst mal muss ich herausfinden, wo wir genau stehen."

„Willst du damit sagen, dass ihr immer noch nicht darüber gesprochen habt, ob ihr zusammen seid?"

Je länger es dauert, desto seltsamer wird es. Meine Fantasie hat wohl immer nur bis zu unserem ersten Kuss gereicht. Danach, so dachte ich, wären wir eben ... zusammen. Aber anscheinend ist das wahre Leben nicht ganz so einfach.

„Man muss dem Kind ja nicht unbedingt einen Namen geben", sage ich schließlich, als hätten wir das gemeinsam entschieden, während ich es in Wahrheit nur nicht ansprechen will.

Violet macht eine wegwerfende Handbewegung. „So schwer ist das nicht, wenn es passt. Bei Abaeze wusste ich es sofort." Die Liebe strahlt ihr aus dem Gesicht. „Jetzt ist er in Nigeria, und wir reden trotzdem jeden Abend miteinander."

„Es kann natürlich nicht bei allen so vollkommen sein wie bei dir und Abaeze."

„Da hast du recht, dieser Perfektionsgrad lässt sich schwer erreichen."

„Würg", sage ich, aber ich lächele dabei. Es ist einfach süß, wie die beiden miteinander sind.

Sie nimmt noch einen Löffel Schokoladenmousse. „Hey, ich will nur sagen, wenn er die Chance hat, dich als seine Freundin zu bezeichnen, und nicht sofort zugreift, dann ist er vielleicht doch nicht der Richtige. Vergiss nicht, dass du der Hauptgewinn bist", sagt sie.

In diesem Moment spüre ich, wie unheimlich gern ich Violet habe, die mich tatsächlich so sieht, wie ich mich selbst gern sehen würde.

„Ja, ja, ich weiß."

Sie sieht mich schräg an. „Okay." Sie macht eine Bewegung, als würde sie ihre Lippen verschließen. „Ich hab jetzt oft genug davon angefangen. Mehr habe ich dazu nicht zu sagen."

„Schon klar", sage ich mit Nachdruck. „Und, wie geht es dir damit, dass Abaeze jetzt in Nigeria ist?"

Violet senkt den Blick. „Gut. Ich meine, natürlich fehlt er mir. Aber es ist wahrscheinlich eine gute Übung fürs College, wenn wir eine Fernbeziehung haben."

„Ich verstehe nicht, wieso ihr nicht einfach am selben College studieren könnt."

„Das wäre ja so, als wären wir richtige Klammeräffchen, die nicht mal vier Jahre getrennt voneinander klarkommen", sagt sie entschieden. „Wir suchen uns jeweils das beste College aus. Oder wir gehen dahin, wo wir das beste Stipendium kriegen. Ich hab dir ja schon tausendmal erklärt, dass Abaeze sich den allerbesten Kunststudiengang aussucht. Und ich muss wahrscheinlich woanders hin, wo man gut Umweltwissenschaft studieren kann." Sie guckt ganz verträumt. „Vielleicht nach Vermont."

„Du bist so pragmatisch."

„Wir können doch noch unser ganzes Leben lang zusammen sein. Was soll die Hektik? Wir treffen jetzt bestimmt keine dumme Entscheidung, mit der wir uns unsere Zukunft verbauen."

In diesem Moment wacht Benji auf und fängt an zu brüllen. Violet reicht mir ihr Schälchen und nimmt ihren schreienden Bruder hoch. Ich gehe in die Küche und stapele das Geschirr zum Abwaschen in der Spüle, sie kommt mir hinterher.

„Deine Desserts werden immer besser. Diese Schokoladenmousse hätte einen Preis verdient. Du solltest dich mal bei der Fernsehshow bewerben."

„Ha!" Ich gebe Spülmittel auf den Schwamm und schrubbe los. „Ich glaube kaum, dass sie Schülerinnen nehmen. Aber in der Bäckerei läuft es echt gut. Bakersfield vertraut mir jetzt in der Küche. Und sogar sein Enkel – der unfreundliche Typ, weißt du noch? – hat sich mittlerweile eingekriegt."

„Ach ja?" Sie zieht die Augenbrauen hoch und schaukelt Benji in ihren Armen auf und ab. „Erzähl mir mehr."

„Er ist gar nicht so übel. Er kennt niemanden hier und seine Beziehung zu Bakersfield ist … kompliziert. Vielleicht unterhält er sich auch nur aus Verzweiflung mit mir."

Sie sieht mich lauernd an.

„Was ist?", frage ich.

„Nichts! Ich hab nichts gesagt." Sie schnappt sich ein Geschirrtuch und legt es neben mich auf die Küchentheke. „Keine Audrey, Kuchen ohne Ende und ein netter Brite? Dieser Job klingt sehr viel besser als der letzte."

„Es ist aber nicht so, dass Daniel Teil des Jobs wäre."

„Daniel", wiederholt sie. „Okay. Ich hoffe, Thom gibt dem Kind bald einen Namen."

„Violet!"

„War nur Spaß", sagt sie. „Und ich schwöre, das war das letzte Mal, dass ich von dem Thema angefangen hab. Das allerletzte."

Ich bin in der Küche der Bäckerei und notiere mir die Zutaten für Bananenbrot. Daniel sitzt am Fenster, trinkt eine Tasse Tee und liest.

Er und Bakersfield scheinen eine wenn auch zerbrechliche Entspannung erreicht zu haben – eine stillschweigende Übereinkunft, einander nicht zu kritisieren, um den Frieden im Haus zu wahren. Ich habe Daniel gefragt, ob er wirklich zurück nach London will.

„Nein", hat er nur gesagt.

„Weil du dich mit deinem Opa wieder vertragen hast?"

„Weil ich nicht zugeben kann, dass ich gescheitert bin."

Ich bin froh, dass er bleibt. Ich hab mich daran gewöhnt, dass er still in der Ecke sitzt, wo er gutes Licht hat. Sein Büro ist winzig und hat kein Fenster.

Manchmal unterhalten wir uns, manchmal auch nicht. Es ist schön, dass jemand da ist, und wenn Daniel da ist, hält Bakersfield sich für gewöhnlich fern.

Ich schaue zu ihm herüber, und im selben Moment blickt er auf. Unsere Blicke treffen sich. Er lächelt.

„Was liest du?", frage ich.

„Ein Buch über den Imperialismus des zwanzigsten Jahrhunderts."

Ach. Schon gerate ich ins Schwimmen. „Fürs Studium?"

Er lacht. „Nein, zum Spaß. Meine Mutter hat es mir empfohlen. Ich dachte mir, wenn ich den ganzen Sommer hier bin, wo ich kaum jemanden kenne, kann ich wenigstens ein bisschen lesen. Es ist wirklich interessant. Soll ich es dir mal leihen?"

„Nein, schon gut."

„Nicht deine Richtung?"

„Das wäre eher was für meine Schwester."

„Und was liest du gern?"

Ich zucke die Schultern. „Romane. Oberflächliches Zeug." Er lächelt ein bisschen. „Jetzt hältst du mich sicher für nicht besonders schlau."

„Nein", sagt er mit Nachdruck. „Nur weil du nicht die gleichen Bücher liest wie ich? Deshalb bist du doch nicht weniger schlau."

„Ist schon gut. Ich bin eben die Durchschnittliche in der Familie." Ich lächele.

„Das wage ich doch sehr zu bezweifeln." Er schweigt kurz. „Du redest oft so über deine Schwester, als wäre sie besser als du."

„Das ist sie auch. Hast du Geschwister?"

Er schüttelt den Kopf. „Ich hab mir immer einen Bruder gewünscht."

„Margaret ist älter als ich. Ich frage mich manchmal, ob sie sich wohl einen Bruder oder eine Schwester gewünscht hat. Sie ist logischerweise schon mein Leben lang da, deshalb hab ich nie darüber nachgedacht, was ich gern gehabt hätte."

„Als Einzelkind steht man ganz schön unter Druck", sagt er.

„Aber dann gibt es wenigstens niemanden, mit dem sie dich vergleichen können. Es war schwer, immer an Margaret gemessen zu werden. Es ist schwer." Ich seufze. „Hätte ich sie doch bloß nicht gebeten, nach Hause zu kommen."

Daniel geht zum Gasherd und schaltet ihn ein, um das Wasser im Kessel noch mal aufzuwärmen. „Du magst sie nicht."

„Doch, ich liebe sie. Natürlich", sage ich sofort. „Wir gehen nur auf völlig unterschiedliche Weise mit Problemen um."

„Zum Beispiel?"

Ich setze mich auf einen Hocker und beuge mich vor. „Also. Zum Beispiel, sie ist zwei Jahre älter als ich. Und als ich auf die Highschool kam, in die Neunte, war sie schon in der Elften. Unser Schulmaskottchen ist ein Drache, weil, na ja" – ich verziehe das Gesicht – „damals hieß das Fußballteam noch die *Chinks*".

Er spuckt fast seinen Tee aus. „Was?"

„Ich meine, damals, vor langer Zeit. In den Siebzigern oder so."

„Das ist nicht so lange her."

„Du weißt schon, was ich meine."

„Und wieso?"

„Wieso der Drache unser Maskottchen war? Ich nehme an, dass es damals so eine Asia-Welle gab, und da hielten sie das wohl für eine tolle Idee. Wer weiß? Ich gebe zu, in dieser Hinsicht ist unsere Stadt vielleicht nicht so weit vorne." Ich nehme beim Erzählen automatisch eine Verteidigungshaltung ein. „Na ja, der Name wurde dann geändert, weil irgendwann alle gemerkt haben, dass er beleidigend war. Aber in meinem ersten Jahr an der Schule haben ein paar aus meinem Jahrgang beim Homecoming-Spiel ein Foto von sich mit dem Drachenmaskottchen gemacht, auf dem sie Peace-Zeichen machen und ihre Augen lang ziehen."

Er guckt mich entgeistert an.

„Ja, klar, das war nicht toll. Aber im Grunde waren es nur ein paar Idioten, die wahrscheinlich keine drei Sekunden über das Foto nachgedacht haben. Es landete auf Instagram. Margaret ist komplett ausgeflippt, als sie es sah. Sie war damals Schülersprecherin. Sie verlangte, dass die Verantwortlichen von der Schule fliegen. Sie startete eine richtige Kampagne, rief eine Petition ins Leben, hat sich immer wieder an die Behörden gewendet und die Eltern der Schüler in die Schule zitiert. Wochenlang ging das so, es kam sogar in die Zeitung. Am Ende hat sie sich überreden lassen, das Ganze fallen zu lassen – unter der Bedingung, dass die Betreffenden sich öffentlich entschuldigen."

Damals fand ich das Foto einfach nur geschmacklos, aber es war für mich nicht so eine große Sache. Jetzt, wo ich Daniels Reaktion sehe, frage ich mich, ob ich es vielleicht nicht ernst genug genommen habe.

Ich weiß noch, wie ich nach dem Vorfall angeguckt wurde und dass mittags keiner mehr mit mir am Tisch sitzen wollte, weil alle Angst hatten, ich könnte mich über irgendwas aufregen, was sie sagten. Es war eine grässliche Zeit.

„Klar war das blöd von denen, aber es war mein erstes Jahr an der Highschool. Alle wussten, dass Margaret meine Schwester ist. Du kannst dir vorstellen, dass ich nach dieser Geschichte nicht gerade beliebt war. Und ich hatte auch nicht den Eindruck, dass irgendwer aus dem Konflikt groß etwas gelernt hat. Die meisten dachten nur, dass Margaret eine richtige Zicke ist, die keinen Spaß versteht." Ich senke den Blick. „Ich weiß, es ist gemein, aber ich war echt froh, als sie mit der Schule fertig war und weggezogen ist. Und dann ist *das hier* passiert. O Mann, ich weiß nicht, warum ich sie an dem Tag angerufen habe."

Daniel zieht die Stirn kraus. „Willst du nicht rausfinden, wer eure Garage verunstaltet hat?"

„Doch, klar. Aber noch lieber wäre es mir, es wäre gar nicht erst passiert. Und wenn es schon passieren musste, dann will ich es möglichst bald hinter mir lassen. Ich weiß, dass dieser Ort für dich im Vergleich zu London ein rückständiges Kaff ist, aber es ist mein Zuhause, weißt du? Ich gehöre hierher. Ich mag die Stadt und die Leute hier. Und ich will nicht, dass Margaret mir das Leben schwerer macht als nötig."

„Das ist ja alles ganz schön kompliziert."

„Ja", sage ich. „Zumindest sind meine Gefühle wohl kompliziert. Ich habe ein schlechtes Gewissen, weil ich mich nicht stärker dagegen zur Wehr setze. Aber was sollte das bringen? Ich würde die Sache lieber auf sich beruhen lassen, als ewig darauf herumzureiten."

„Ich glaube schon, man kann unterschiedlicher Ansicht darüber sein, wie man mit einem Problem am besten umgeht."

Um etwas zu tun zu haben, schenke ich mir auch einen Tee ein und lege die Hände um die warme Tasse. „Danke", sage ich. „Ich wollte dich nicht als Therapeuten missbrauchen."

„Was habe ich sonst zu tun? Ich sitze doch nur in der Ecke rum und lese etwas über den Imperialismus im zwanzigsten Jahrhundert", bemerkt er trocken. „Du wolltest mich noch in der Stadt herumführen, oder? Mir die schönsten Ecken zeigen."

„Ja, stimmt." Das hatte ich ganz vergessen.

Mein Handy brummt, und ich schaue darauf. Ich grinse – eine Nachricht von Thom. Er fragt, ob er vorbeikommen kann, um mich in meiner „natürlichen Umgebung" zu sehen.

Ich werfe Daniel einen Seitenblick zu, er beobachtet mich, während ich eine Antwort tippe. Er kann hier herumhängen, weil der Laden seinem Opa gehört, aber ich kann nicht einfach irgendeinen Typ in die Küche lassen, nur weil der gerade Lust dazu hat.

Damit würde ich vermutlich meine Kündigung unterschreiben, und ich will diesen Job unbedingt behalten. Aber trotzdem. Ich glaube, Daniel würde dichthalten. „Hey, meinst du, dein Opa kommt in die Küche?"

„Wahrscheinlich nicht", sagt er langsam. „Warum?"

„Der Typ, mit dem ich zusammen bin" – ich merke, wie ich rot werde –, „will mal kurz vorbeischauen. Nur ganz kurz. Du verrätst mich doch nicht, oder?"

Er sieht mich skeptisch an. „Mein Großvater wäre bestimmt nicht begeistert, wenn ich einen Fremden hier reinlasse. Streich das. Er würde mich umbringen."

„Bitte", sage ich. „Bitte, bitte. Er möchte die riesige Küche sehen, mit der ich die ganze Zeit angebe. Du kannst ins Büro gehen und so tun, als wüsstest du von nichts. Ich schwöre, dass ich so tun werde, als hättest du nichts damit zu tun."

Er zögert, und ich weiß, dass ich gewonnen habe. „Na gut, na gut. Keine Panik. Ich halte dicht."

„Danke!" Ich habe ein etwas schlechtes Gewissen, Daniel da mit hineinzuziehen, trotzdem schreibe ich Thom, dass er kommen kann. Fast im selben Moment, in dem ich auf Senden drücke, klopft es schon ans Fenster.

„Ah, das wird er sein", sagt Daniel trocken. „Das ging ja schnell."

Thom hat offenbar nur auf mein Okay gewartet. Ich mache die Tür auf. Da steht er mit der gesamten Besetzung von Accidental Audio. „Überraschung!", ruft er.

„Oh, hi", sage ich, ziemlich nervös. Ich freue mich zwar, Thom zu sehen, aber es behagt mir nicht, die ganze Band hier reinzulassen. „Das ist wirklich eine Überraschung."

Mike kommt als Erster herein. „Das war meine Idee. Thom schwärmt immer so von dem Zeug aus deiner Bäckerei."

Mike ist eindeutig der Anführer der Gruppe. Er ist stämmiger und kleiner als die anderen, hat dunkelbraune Haare und eine Stupsnase. Mir war vorher schon aufgefallen, dass die anderen auf ihn hören. Sein Vater ist ein hohes Tier bei einer großen Versicherung in der Stadt. Ich weiß nicht genau, wo sie wohnen, aber alle sagen, dass das Haus der Wahnsinn ist. So eins, wo wilde Partys stattfinden, die schon mal aus dem Ruder laufen und von der Polizei aufgelöst werden. Partys, zu denen ich nie eingeladen werde, und selbst wenn, würde meine Mutter mich umbringen, wenn sie je herausfände, dass ich da war.

Langsam mache ich Platz. „Ihr könnt kurz reinkommen, aber dann müsst ihr wieder gehen." Es nervt mich, dass ich so spießig rüberkomme.

„Alles klar, Babe." Thom zwinkert mir verschwörerisch zu. „Wir sind gleich wieder weg."

Sie versammeln sich in der Küche, und ich merke, dass Daniel hinter mir steht.

„Wer ist ..."

„Das ist Daniel", falle ich ihm ins Wort. „Mr Bakersfields Enkel. Er ist aus England zu Besuch."

„Freut mich, dich kennenzulernen, Kumpel." Daniel reicht Thom die Hand.

Das ist bestimmt die förmlichste Begrüßung, die Thom je erlebt hat, aber er nimmt Daniels Hand und schüttelt sie. Es ist irgendwie witzig, die beiden nebeneinander zu sehen, denn auch wenn Thom nicht klein ist, überragt Daniel ihn bei Weitem. Zum ersten Mal erlebe ich, dass er sich nicht wohl in seiner Haut fühlt.

„Ich habe Schoko-Cupcakes", sage ich und biete den Jungs einen Teller an.

Mike beißt in seinen hinein. „Superlecker", sagt er. „Thom hat nicht übertrieben. Echt profimäßig."

„Danke."

Daniel steht noch eine Weile herum, dann räuspert er sich. „Ich geh dann mal, hm, wieder ins Büro. Ist viel zu tun in der Buchhaltung. Langweiliges Zeug. Mathe und so. Bis dann, Annalie."

„Tschüs", sage ich fröhlich und versuche zu ignorieren, wie Thom ihn anstarrt. Die Küchentür fällt hinter ihm zu. Als ich mich umdrehe, fummelt Jones an der Küchenmaschine herum. „Hey ... lässt du das mal bitte?" Das kommt schärfer heraus als beabsichtigt. „Die gehört mir nicht", schiebe ich etwas freundlicher hinterher.

„Diese Küche ist crazy." Staunend betrachtet Jeremy die offenen Regale. „Guck mal, da ist ein ganzes Regal mit Kaffeebohnen. Kriegst du das Zeug umsonst, weil du hier arbeitest?"

„Nein, leider nicht."

„Isst du nicht die ganze Zeit?"

Ich lache. „Nee. Ob du es glaubst oder nicht, wenn man den ganzen Tag am Backofen steht, verliert es ein bisschen den Reiz, die ganze Zeit zu futtern. Dann muss ich nämlich noch mehr backen." Ich gucke nervös zur Tür und bete, dass Bakersfield nicht kommt, um nach dem Rechten zu sehen. Normalerweise tut er das nicht, aber wenn die Jungs noch länger bleiben und solchen Krach machen, könnte er etwas hören. Kurz habe ich die Horrorvision, dass Bakersfield fünf schmuddelige Jungs in seiner kostbaren Küche sieht, wie sie überall ihre Bazillen verteilen. Adieu, Ferienjob.

Anscheinend merkt man mir an, dass ich mich unbehaglich fühle, denn schließlich hören sie auf, alles anzufassen. „Dann gehen wir mal wieder, aber ich freue mich, dass wir dich erwischt haben." Thom drückt meine Hand. „Sehen wir uns nachher?"

Ich atme erleichtert auf. „Nach der Arbeit? Klar. Was habt ihr vor?"

„Wir versuchen, nicht zu viel Blödsinn anzustellen." Mike grinst mich an. „Kommt, wir verschwinden."

Tuschelnd und lachend verlassen sie im Gänsemarsch die Küche. Ich bin froh, dass sie weg sind, aber das Gefühl, bloß ein lästiges Anhängsel zu sein, eine, die immer nur dabeisteht und zuguckt, bleibt.

Nach der Arbeit gehe ich mit Thom ins Kino. Zu meiner Erleichterung ohne die anderen. Es ist ein hirnloser Actionfilm, aber wir knutschen in der letzten Reihe, wovon ich immer geträumt und nie gedacht habe, dass ich es mal erleben würde. Die ganze Zeit habe ich Angst, erwischt zu werden. Mit dem Küssen klappt es bei mir jetzt schon besser. Glaube ich jedenfalls. Von dem Film bekomme ich überhaupt nichts mit.

Später treten wir hinaus in die kühle Nachtluft, Thom hat den Arm locker um meine Taille gelegt und führt mich zum Auto. Er lehnt mich an die Tür und küsst mich, tief und langsam. Schauer laufen mir über den Körper. Passiert das wirklich? Ich stelle mir vor, wie er mich so an den Spinden küsst oder auf der Schultreppe.

„Das macht Spaß", sagt er, als wir beide kurz Luft holen.

„Ja, echt", sage ich. Ich versuche, locker zu klingen, nicht verzweifelt. Ich kämpfe dagegen an, es auszusprechen. *Lass es. Sags nicht.* „Heißt das, dass ich jetzt deine Freundin bin?"

Zu spät. Einen quälenden Augenblick lang habe ich Angst davor, zu gucken, wie er reagiert. Stattdessen schaue ich auf seinen Hemdkragen. Ein ganzes Jahrtausend vergeht, während ich auf seine Antwort warte. Ich sterbe einen langsamen Tod und hasse mich dafür, dass ich meiner Unsicherheit nachgegeben habe.

Er kichert mit Lachfalten um die haselnussbraunen Augen. „Klar. Das heißt es wohl."

Es ist wirklich passiert. Ich fühle mich, als hätte ich einen Berggipfel erklommen und schaute jetzt hinab auf die Welt. Ich stehe über allem. Ich bin die Freundin von Thom Froggett.

Es ist schon seltsam, dass man nie den Moment mitbekommt, von dem an sich alles ändert. Es passiert immer unverhofft, und wenn man es schließlich merkt, steht man da, fragt sich, wann man diese neue Wirklichkeit betreten hat, und würde die Schritte am liebsten zurückverfolgen.

Als ich nach Hause komme, sitzt Margaret im gelben Schein der Deckenleuchte an ihrem Laptop und guckt mich grimmig an.

Ich bleibe wie angewurzelt stehen.

„Ich hab heute eine Videoaufzeichnung von dem Tag gefunden, an dem unsere Garage beschmiert wurde", sagt sie ohne Umschweife.

Ich starre sie an. „Wie das?"

„Mrs Maples von gegenüber. Sie hat eine Überwachungskamera an ihrem Haus."

„Aha."

Sie dreht den Laptop zu mir. „Guck dir das mal bitte an."

Instinktiv weiche ich einen Schritt zurück. „Muss ich?", entfährt es mir schwach, ehe ich auch nur darüber nachdenken kann.

Das habe ich als Kind immer gesagt, wenn Margaret mir sagte, was ich machen sollte, und ich nicht wollte. Ich konnte nie einfach Nein sagen.

Sie seufzt. „Ja."

Ich weiß nicht, wovor ich Angst habe. Ich gehe näher an den Laptop heran. Ich nicke und sie klickt auf Play.

In klaren Farben läuft das Video über den Bildschirm. Es ist eine Aufnahme von jenem Nachmittag, und sie ist gar nicht so grieselig, wie man sich die Aufzeichnung einer Überwachungskamera immer vorstellt.

Was ich sehe:

Zwei dunkelhaarige Jungs laufen vom Rand des Bildschirms auf unseren Rasen, dann in unsere Einfahrt. Sie sprayen so schnell, es dauert kaum länger als einen Wimpernschlag. Das hässliche Wort prangt auf unserem Garagentor. Mir wird schlecht, als ich es noch mal sehe. Die Gesichter der Jungs sind nicht zu erkennen, aber man sieht ihren Rücken.

Einer von ihnen trägt ein Fußballtrikot. Die Farben kenne ich. Die Nummer ist 69, und ich wette, wenn man heranzoomen würde, könnte man den Schriftzug „The Frog" lesen.

Wie ich mich fühle:

Als würde mir im Traum der Boden unter den Füßen weggezogen. Dieser Moment, zu fallen, bevor man aufwacht, wenn man nicht weiß, wie weit der Boden entfernt ist oder ob es überhaupt einen gibt.

Ich sehe Margaret nicht an. Ich falle irgendwo weit entfernt in die Tiefe.

Die meiste Zeit meines Lebens war ich die einzige Chinesin

des ganzen Jahrgangs. Man sah mir nicht an, dass ich chinesisch war. Ich habe in der Schule nie chinesisch gesprochen. Ich habe in der Mensa gegessen und die Snacks verschmäht, die Mama mir eingepackt hatte, damit niemand merkte, dass ich anders war. Ich wusste instinktiv, dass es entscheidend ist, sich anzupassen. So wie die Meeresschildkröte, kaum dass sie geschlüpft ist, weiß, dass sie zum Ozean krabbeln muss.

In der zweiten Klasse zog ein chinesisches Mädchen aus San Jose, Kalifornien, in unsere Stadt und kam auf unsere Schule.

Sie war sehr still. Sie hatte einen strengen Pony und einen Topfschnitt (den ich mit drei hatte, dem ich bis zur Einschulung aber zum Glück entwachsen war). Sie war klein für ihr Alter und sprach nicht gern. Die Lehrerin forderte sie auf, der Klasse zu verraten, wie sie hieß, aber sie blieb stumm. Stattdessen reichte sie der Lehrerin einen Zettel mit ihrem Namen darauf, zusätzlich in phonetischer Schrift. Sie hieß Li Bin.

„Liiiie Biiien", sagte die Lehrerin in fragendem Ton.

Soweit ich sehen konnte, nickte Li Bin nicht, schüttelte aber auch nicht den Kopf, woraus die Lehrerin schloss, dass sie es richtig ausgesprochen hatte.

„Begrüßt eure neue Mitschülerin", sagte sie zu der Klasse.

Li Bin saß nicht neben mir, aber ich musste immer zu ihr hinsehen. Ich wusste, dass sie chinesisch war. Aber ich wusste nicht, ob sie auch merkte, dass ich chinesisch war. Violet kannte ich zu der Zeit noch nicht, und obwohl ich andere Mädchen wie uns im Fernsehen und in der chinesischen Sonntagsschule sah, war es komisch, Li Bin in der Jahrgangsstufe zu haben.

Nach dem Unterricht warteten wir alle in einer Schlange auf den Schulbus. Es gab praktisch keine Lehreraufsicht.

Ich weiß nicht, wie es anfing.

Erst standen wir einfach nur so da. Und wie aus dem Nichts guckten alle Li Bin an und riefen „Liiie Biiien, Liiie Biiien", und dann zog ein Junge die Augen lang und lachte. Es war ein seltsames Gefühl, dabei zuzusehen. Fast als stünde ich neben mir. Ich war wie erstarrt, aus Angst aufzufallen, wenn ich mich bewegte oder etwas sagte.

Ich wusste nichts über Li Bin. Ich wusste nicht, welche Eissorte sie am liebsten mochte oder weshalb ihre Familie in unsere Ecke von Illinois gezogen war. Ich kannte ihre Lieblingsfarbe nicht. Selbst ihre Stimme kannte ich kaum.

Ich schaute zu, wie sie da stand. Sie weinte nicht, sie reagierte überhaupt nicht. Sie guckte einfach starr vor sich hin, und ich wagte nicht, ihr in die Augen zu sehen.

Ich wusste nur, dass wir gleich waren, aus den gleichen Wurzeln gewachsen. Niemand sah es mir an, aber ich wusste es. Und ich konnte nur zugucken und den Mund halten, in dem Wissen, dass ich Glück hatte. Das Glück, nur innerlich wie sie zu sein, nicht äußerlich, wo alle es sehen konnten.

Margaret guckt mich prüfend an. Ich frage mich, was sie wohl sieht. Ich schaue nicht nach außen, sondern nach innen. Das Video sehe ich kaum noch. Ich beobachte den Wirbel in meinem Kopf. Szenen und Farben. Ich glaube, ich übergebe mich gleich.

„Kennst du die?" Ihre Stimme lässt nichts erahnen.

Ich mache die Augen zu. Ja. Auch ohne ihre Gesichter zu sehen: ja, ja und noch mal ja.

Was soll ich sagen, Margaret? Was kann ich sagen? Der nächste Moment wird alles ändern, ganz gleich, was ich tue.

Ich reiße die Augen auf. „Nein", höre ich mich sagen. Ich verstecke mich, denn das kann ich am besten.

Margarets Gesicht verschließt sich vor Enttäuschung. Jetzt ist es zu spät.

12
MARGARET

„Prost", sagt Rajiv und wir stoßen an, sein Milchshake klirrt gegen mein Root Beer. „Ich bin beeindruckt, dass du das Video gefunden hast."

„Danke. Deine Tante hat mich darauf gebracht, als sie auf der Lebensmittelmesse etwas von Überwachungskameras gesagt hat." Ich trinke einen Schluck, es schmeckt tröstlich und nach Kindheit. Wir sind bei Steak 'n Shake, wo nach den Footballspielen immer alle hingegangen sind. Es fühlt sich irgendwie nach zu Hause an. Jedenfalls nach dem, was ich an zu Hause vermisse. Als ich Rajiv erzählt habe, dass ich die Videoaufzeichnung der Polizei übergeben habe und sie den Fall jetzt wieder aufnehmen, hat er mich überredet, nach der Arbeit darauf anzustoßen.

„Das muss ich ihr erzählen. Wie sahen sie aus?"

Ich schüttele den Kopf. „Ich weiß nicht, was ich erwartet hatte. Sie sehen jung aus. Wahrscheinlich welche von der Highschool."

„Hast du es Annalie gezeigt?"

„Ja. Sie hat sie nicht erkannt. Man kann die Gesichter nicht sehen." Ich denke daran, wie blass und verkniffen Annalie aussah, als sie sich das Video anschaute. Ich habe nachgehakt, verlangt, dass sie zumindest raten soll. Sie hat gefaucht, sie wolle nicht raten und sei es leid, andauernd an etwas erinnert zu werden, das vorbei sei. Dann ist sie ohne ein weiteres Wort ins Bett gegangen.

„Hey, Kopf hoch. Das ist ein großer Fortschritt. Außerdem hatten sie Trikots an, oder? Wie kann man so dämlich sein. Das sind doch bestimmt Schultrikots hier aus der Gegend."

Ich zucke die Achseln. „Ich kannte sie nicht. Sie können die auch irgendwo gekauft haben. Ich hab drei Stunden lang alle möglichen Marken gegoogelt und nach diesem Design gesucht, aber viele Vereine lassen ihre Trikots ja individuell gestalten. Die Farben sind auch nicht so außergewöhnlich."

„Sie finden die Typen schon." Er sieht mich voller Überzeugung an. Ich kann mich nicht erinnern, dass mich in letzter Zeit irgendjemand so angesehen hätte. Jedenfalls keiner der Typen von der Uni, mit denen ich ausgegangen bin, alle so unbedeutend wie ein Blatt unter Tausenden an irgendeinem Baum. „Und dann stoßen wir wieder an."

Schweigend nippen wir an unseren Getränken. Obwohl wir auf der Arbeit so viel Zeit miteinander verbringen, fühlt es sich wie Neuland an, zu zweit auszugehen.

„Weißt du, lange Zeit konnte ich es nicht ertragen, hierher zu kommen."

„Was? Zu Steak 'n Shake?"

Er nickt.

„Wieso?"

Er sieht mich mit einer Mischung aus Verwunderung und Enttäuschung an. „Du weißt es nicht mehr."

Er war immer der Sentimentalere von uns beiden.

„Hier wollten wir nach dem Abschlussball hingehen. Das war deine Idee, weißt du nicht mehr? Du wolltest in deinem Ballkleid hier rein." Er verzieht das Gesicht.

„Ach ja", sage ich kaum hörbar. An dem Abend ist so viel passiert, dass ich das ganz vergessen hatte, ein unbedeutendes Detail in einem riesigen Trümmerhaufen. Hätte ich mich daran erinnert, wäre ich heute nicht mit ihm hergekommen. „Wolltest du deshalb mit mir hierhin? Um darüber zu reden?"

„Nein. Ich meine, vielleicht ein bisschen, unbewusst." Er atmet aus und sieht mich mit einem halben Lächeln an, das aber ziemlich finster ist. „Wir haben nie darüber gesprochen."

Ja, das stimmt. Nach jenem Tag haben wir nie wieder miteinander geredet, bis zu diesem Sommer. Es gibt Sachen, die man nicht überwinden kann. Ich möchte nicht daran denken, denn diese Erinnerungen wieder hervorzuholen fühlt sich an, als stünde ich am Rand eines Brunnens, dessen Grund ich nicht sehen kann. Am Rand stehe ich sicher, aber ein einziger Schritt wäre fatal.

Doch jetzt sind wir hier, wo alles zu Ende ging.

Es war nur eine Frage der Zeit, wann das Geheimnis ans Licht kommen würde, und als Annalie sich verplapperte, war es wie das Ende einer Galgenfrist. Bevor Mama von unserer Beziehung wusste, konnte ich noch hoffen, dass es nicht so schlimm wäre, wenn sie es erführe.

Da hatte ich mich getäuscht.

Mama ließ ihre scharfen Bemerkungen in ihre Suppen und Pfannengerichte fallen, warf sie beim Falten der Wäsche ein, hatte sie schon zur Begrüßung parat, wenn ich nach Hause kam.

„Du solltest dich nicht mit ihm treffen", sagte sie immer wieder.

„Warum nicht?", fragte ich dann. „Weil du keine braunen Menschen magst?"

Es gehe nicht um die Hautfarbe, sagte sie. Sondern um die Kultur. Um das Essen. Darum, dass ich noch jung sei und mit ihm nur meine Zeit verschwendete. Darum, dass sie sich mit ihrem Schwiegersohn auf Chinesisch unterhalten wolle.

Unsere Gespräche drehten sich im Kreis, und ich versuchte sie festzunageln, ihren Rassismus und ihre Heuchelei zu entlarven. Es gelang mir nicht, denn sie sprach es nicht offen aus. Aber in meiner Familie ging es nie um das, was man laut sagte.

Ich ertrug die Spannungen, denn ich glaubte, es wäre nur eine Frage der Zeit. Am Ende würde sie mürbe werden und ihre Meinung ändern. Ich traute ihr zu, dass sie sich für mich ändern könnte. Daran glaubte ich.

Rajiv focht zu Hause seinen eigenen Kampf mit seiner Mutter aus. Sie verstand nicht, warum er nicht einfach eines der indischen Mädchen, die sie ihm vorstellte, zur Freundin nehmen konnte. Er bat sie, mich einzuladen, um mich kennenzulernen. Und schließlich willigte sie ein. Ich sollte vor dem Abschlussball zum Abendessen und für die Fotos zu ihm nach Hause kommen.

So war es geplant.

Aber dazu kam es nicht.

Es fing mit einer lächerlichen Kleinigkeit an. Ein Riss in meinem Ballkleid. Für meine Mutter leicht zu flicken.

„Halt still", sagte sie gereizt. Ich trat von einem Fuß auf den anderen und sah auf meinem Handy nach der Uhrzeit. „So ein Aufstand nur für einen dummen Jungen."

Ich war schon nervös genug wegen der Einladung bei Mrs Agarwal. „Warum bist du immer so?", fragte ich und riss mich los.

„Warum bin ich wie?"

„Ach hör doch auf. Du kannst Rajiv nicht leiden. Sag es doch einfach. Sag einfach, was du wirklich denkst. Was hast du vor, willst du nie wieder mit mir reden? Das mit ihm ist was Festes, okay?" Ich sprach immer lauter, bis ich schließlich schrie.

„Er ist zu anders. Wenn du mit ihm zusammenbleibst, wirst du es bereuen", beharrte sie. „Hör zu. Hör mir zu." Sie packte mich am Handgelenk. „Es geht nicht nur um mich. Du glaubst ernsthaft, seine Familie wird dich als Tochter akzeptieren? Eine Chinesin und ein Inder – das kann niemals gut gehen. Ich habe mit meiner Ma und meinem Ba gestritten, ich habe nicht auf sie gehört, und wofür? Dein Vater hat mich sitzen lassen. Er konnte mich nicht verstehen, und ich konnte ihn nicht verstehen. Bei dir wird es genauso sein. Du wirst immer außen vor sein."

„Das stimmt nicht", sagte ich.

Sie ließ die Arme sinken. „Ich dachte, du bist ein kluges Mädchen", sagte sie leise, ihr Gesicht reglos bis auf ein leichtes Zittern ihrer Unterlippe. „Ich habe dich nicht zur Dummheit erzogen."

Die Worte trafen mich hart.

„Das ist nicht dumm", sagte ich. Ich provozierte sie, forderte sie heraus, das zu sagen, was mich am meisten verletzen würde. Es war ein Spiel mit dem Feuer, aber auch eine große Erleichterung. Ich wollte den Schmerz lieber jetzt als später. „Und", sagte ich scharf. „Was willst du machen, wenn es doch gut geht und wir eines Tages heiraten? Willst du immer weiter so zu mir sein? Was willst du dann machen, Mama?"

Totenstille trat ein. Ich wusste, dass ich zu weit gegangen war. „*Mei liangxin.*" Undankbar. Grausam. „Du würdest ihn über deine eigene Mutter stellen? So eine Tochter brauche ich nicht. Wenn du mit ihm zusammenbleibst, kenne ich dich nicht mehr." Die Nadel steckte noch in meinem Kleid. Sie nahm sie nicht heraus.

Ich sah eine Träne in ihrem Auge glitzern, doch sie lief nicht über. Mama weinte nie. Sie ließ mich stehen.

Ich hatte sie gezwungen, mir eine Grenze aufzuzeigen, und sie hatte es getan. Ich konnte niemand anderem einen Vorwurf machen als mir selbst.

Ich hatte immer geglaubt, Mama würde am Ende nachgeben, weil ich ihre Tochter war und sie mich über alles liebte.

All die Jahre nähte sie bis tief in die Nacht, bis alles vor ihren Augen verschwamm, um unsere Miete zu bezahlen, damit wir in unserem Haus bleiben konnten, nachdem mein Vater uns verlassen hatte. Sie zahlte den Kunstunterricht, die Klavierstunden, den Tennisverein. Als sie zum ersten Mal mit uns zu Toys "R" Us ging und wir uns Spielsachen aussuchen durften, hatte sie Tränen in den Augen. Immer wieder sagte sie, ganz gleich, wie es ihr ergehen sollte, es wäre die Plackerei wert, solange aus uns etwas wurde. Sie hat sich für uns aufgeopfert. Sie liebte mich. Das habe ich nie infrage gestellt.

Tief im Innern wusste ich, dass sie Angst hatte, aber zum ersten Mal hatte ich auch Angst. Davor, sie für immer zu verlieren, nachdem mein Vater weg war und meine Großeltern schon lange tot waren. Meine Mutter, meine Wurzeln. Auch wenn sie sich irrte, war es für mich unvorstellbar, mit ihr zu brechen. Es gibt ein altes chinesisches Wiegenlied – ein Kind ohne Mutter ist wie ein einzelner Grashalm. Der eigenen Mutter den Rücken zu kehren war das schlimmste Verbrechen, das man sich denken konnte.

Manche Sachen konnte man beheben. Einen Riss in einem Kleid, einen Streit. Andere nicht.

Ich ging nicht zum Abschlussball.

Am Tag darauf machte Rajiv mit mir Schluss.

Jetzt sitzen wir hier, und Rajiv wartet reglos und schweigend darauf, dass ich etwas sage, während die Welt um uns herum ahnungslos weiterlärmt.

„Es tut mir leid", sage ich, und noch nie habe ich etwas so ernst gemeint, doch gleichzeitig weiß ich, dass es niemals ausreichen kann.

„Du hast mich einfach sitzen lassen. Vor dem Abschlussball. Meine Mutter hatte eine Fotografin bestellt, das Haus dekoriert und tausend Gerichte gekocht, damit du dich willkommen fühlst. Ich hab dich elfmal angerufen." Er schweigt kurz. „Um zehn habe ich schließlich den Smoking ausgezogen."

Bei seinen Worten zerreißt es mich. Ich sage nichts. Denn nichts, was ich sagen könnte, würde es wiedergutmachen.

„Wie konntest du das tun?", fragt er. Er klingt nicht wütend. Nur traurig. Er will es einfach wissen. Rajiv, mein schöner, lustiger Rajiv. Er konnte noch nie irgendwas verbergen, wenn er sprach, und jetzt, selbst jetzt, höre ich es seiner Stimme an. Ich habe ihm wehgetan, und das ist immer noch zu spüren.

Ich senke den Blick in meinen Schoß. Meine Kehle ist vor Scham wie zugeschnürt. „Ich weiß, dass es nichts an dem ändert, was passiert ist, und dass ich es nicht wiedergutmachen kann, aber es tut mir so wahnsinnig leid. Ich denke immer wieder an diesen Abend. Ich dachte, dass ich dich nach all der Zeit nicht mehr vermissen würde, aber es hat nie aufgehört, ich kann nicht ..."

Jetzt bin ich zu nah dran, gefährlich nah – an dem, was ich mir nie eingestehen wollte, weder in der Leere meines Wohnheimzimmers noch in den riesigen Fluren voller fremder Gesichter.

Ich hatte unsere Liebe in eine Schachtel getan und weggepackt, doch die Schachtel hat sich geöffnet, und alles ist wieder da. Jetzt kann ich es nicht mehr verstecken. Ich kann mich nicht zurückhalten, und das will ich auch gar nicht mehr. Er ist ein wahnsinnig starker Magnet, und ich bin eine Handvoll Eisenspäne.

„Ich bin nie über dich hinweggekommen", gestehe ich. Es ist die Wahrheit. Und jetzt ist es zu spät, um die Worte zurückzunehmen.

Sein Gesichtsausdruck ist offen und voller Verlangen, und ich weiß, dass es jetzt nur einen Weg für uns gibt.

„Meine Eltern sind den ganzen Nachmittag bei meiner Tante Amita", ist alles, was er sagt, schon sind wir raus aus dem Diner und fahren in Höchstgeschwindigkeit quer durch die Stadt. Es ist ein Wunder, dass wir nicht angehalten werden. Es ist die längste und gleichzeitig kürzeste Fahrt meines Lebens. Und ehe ich michs versehe, sind wir schon in seinem Zimmer. Er zieht die Tür hinter sich zu, wir sind allein. Sein Mund und sein Körper sind auf meinem, und wir sind wieder die, die wir waren.

Es war so ermüdend, mich immer wieder an das schlimme Ende unserer Beziehung zu erinnern, aber jetzt sind wir endlich hier und ich bin bereit, es zu vergessen. Ich bin so unbeschreiblich erleichtert. Einfach zu lieben.

Dieser Blickwinkel seines Zimmers ist mir so vertraut, unzählige Male war ich genau hier. Das Sonnenlicht fällt zum Fenster herein, als wäre es ein Tag wie jeder andere, aber das ist es nicht.

Das habe ich vermisst, und das und das. Die Zeit vergeht und doch nicht.

Das hier passiert wirklich.

Wir taumeln rückwärts auf sein Bett, und es kommt mir vor, als könnte ich durch seine glatte Haut weiter schauen bis zu den

Eruptionen auf der Sonnenoberfläche, vielleicht sogar bis zu den blinkenden Sternen in den Tiefen des Universums.

Es fühlt sich an wie der erste Sommertag, alle meine Sinne sind ganz wach und rufen, hey, wir leben.

Hinterher liegen wir in euphorischem Schweigen ineinander verschlungen auf seinem Bett. Könnten wir doch für immer so bleiben. Ich schließe die Augen und stelle mir vor, das hier wäre unsere Wohnung. Wir liegen in unserem eigenen Bett und haben den ganzen Tag nichts anderes zu tun, als die Laken auf der Haut zu spüren und zu lauschen, wie unser Atem eins wird, als hätten wir eine gemeinsame Lunge.

Doch schließlich kribbelt mir die Angst, erwischt zu werden, in den Fingern. Ich sammele meine Kleider und mein Handy auf. „Ich geh mal besser. Wenn deine Eltern meinen Wagen in eurer Einfahrt sehen, flippen sie aus."

„Na und?" Ehe ich mich umdrehen kann, nimmt er mich wieder in die Arme und küsst mich. „Bleib", sagt er.

„Hm, na ja. Ich weiß nicht, ob ich für so eine Konfrontation schon bereit bin. Versteck das Kondom mal lieber im Müll." Er sieht mir schweigend zu, wie ich mich anziehe.

An der Tür halte ich inne und denke verwundert, wie einfach alles ist, wenn wir nur zu zweit sind, und wie schnell es kompliziert wird, wenn sich der Rest der Welt einschaltet. Fast fühle ich mich schon beklommen, weil ich mit ihm zusammen bin. Wir waren leichtsinnig. *Ich* war leichtsinnig. Das hatten wir doch alles schon mal.

Mein Blick bleibt an ihm hängen, wie er in sein Laken gehüllt ist. Ich möchte nicht gehen. Wenn ich dieses Zimmer verlasse, weiß ich nicht, was mit uns passiert.

„Was ist?", fragt Rajiv, als ich zögere.

Ich schüttele den Kopf und gehe noch einmal zu ihm, um ihm einen Abschiedskuss zu geben. „Nichts", lüge ich.

Er lächelt. „Okay."

Ich könnte hierbleiben. Ich könnte mich dafür entscheiden, diesen Moment noch ein kleines bisschen auszukosten.

„Wir sehen uns in der Kanzlei", sage ich und drehe mich um.

Ich lasse die Tür offen, damit er sieht, wie ich gehe.

Zu Hause ist alles still. Annalie ist nicht da. Sie hat ja den Job in der Bäckerei, aber ich habe auch den Verdacht, dass sie absichtlich nach Gründen sucht, nicht zu Hause zu sein, um mir aus dem Weg zu gehen.

Mama ist allein in der Küche, und sofort habe ich ein schlechtes Gewissen. „Hast du Hunger?", fragt sie zur Begrüßung. „Ich mache diese Woche Bing für die Kirche."

Ich schaue ihr zu, wie sie den Teig ausrollt. Sie mehlt das Nudelholz ein. Drückt den Teig platt und dreht ihn nach und nach, bis sie einen vollkommenen, einen Millimeter flachen Kreis hat. Die Oberfläche reibt sie mit einer glänzenden Schicht Pflanzenöl ein, verteilt eine Handvoll fein geschnittener Frühlingszwiebeln darauf und streut schließlich Salz darüber. Es sieht immer so schön aus, wie sie die Frühlingszwiebeln diagonal schneidet, sodass sie wie hübsche grüne Schleifen aus dem Bing hervorlugen.

Sie rollt den Teig mit dem Öl, dem Salz und den Frühlingszwiebeln wie eine Zigarre auf, dreht die Rolle zu einer Spirale und klopft sie ein bisschen flach.

Obwohl ich keinen Hunger habe, läuft mir beim Gedanken an

die leckere goldene Kruste und den weichen Teig im Innern das Wasser im Mund zusammen.

Mama kann gar nicht wissen, woher ich komme, trotzdem werde ich unruhig. Kann sie ihn an mir riechen? Sieht sie es mir im Gesicht an? Annalie hat immer gesagt, ich könne meine Gedanken gut verbergen, aber mir kam es immer so vor, als könnte ich meine Gefühle für Rajiv überhaupt nicht verbergen. Unbehaglich trete ich von einem Fuß auf den anderen.

„Ich hab das Video zur Polizei gebracht", sage ich, um das Schweigen zu brechen.

„Okay." Sie klopft sich das Mehl von den Händen. „Ich hoffe, es ist jetzt vorbei. Du machst dir zu viele Sorgen deswegen."

Ihre Bemerkung ist wie ein Schlag ins Gesicht. Mama kann mich so schnell auf die Palme bringen wie niemand sonst. Sie kommt immer sofort zum Punkt. „Wie meinst du das?", will ich wissen.

„*Aiya, shengyin xiao yi dia'er*", sagt sie ärgerlich. Sprich leiser. „Ich finde einfach, dass du dich zu sehr einmischst. Lass die Polizei ihre Arbeit machen."

„Die Polizei macht ihre Arbeit aber nicht richtig, Ma."

„Das muss ja nicht immer dein Problem sein. Du hast so schon genug zu tun. Und jetzt geht es uns doch gut. So was kommt eben vor." Sie seufzt und schüttelt enttäuscht den Kopf. „*Wo zhe ge nüer, lao zhaoshi.*" Meine Tochter sucht immer Streit.

Sucht immer Streit. So hat Mama mich von klein auf gesehen. Die ältere Tochter, die sich nie so benimmt, wie man es von der Älteren erwartet.

Annalie war immer die Brave, die im Winter einen dicken Pulli anzieht, wenn man es von ihr verlangt, die niemals die Stimme erhebt und sich für alle Kurse anmeldet, die Mama für sie ausgesucht hat. Ich hatte die besseren Noten, aber das war auch schon mein einziger Pluspunkt.

Hör auf mich, Mamas Mantra, eine Ermahnung, an die ich mich gewöhnte, weil sie so oft fiel. Mamas Meinung nach hörte ich zu oft auf mich selbst, und ich war ja bloß ein dummes Mädchen und hatte keine Ahnung, was gut für mich war.

Ich schlucke schwer und will nach oben gehen, mein Glück von vorhin ist völlig erstickt, aber Mama ist noch nicht fertig.

„Manchmal musst du auf das hören, was andere dir sagen." Sie schlägt den Teig fester als nötig, sie klingt aufgebracht. „Als ich nach Amerika gekommen bin, haben deine *laolao* und *laoye* sich Sorgen gemacht. Sie wollten nicht, dass ich mit einem *waiguoren*, einem Ausländer, mitging, aber ich wollte unbedingt in dieses Land kommen. Habe nicht auf sie gehört. Und dann lässt dieser Mann mich am Ende der Welt sitzen, mit zwei kleinen Mädchen und ohne Geld. Ich hatte zu viel Angst, zurückzugehen und *laolao* und *laoye* zu erzählen, was passiert ist, also bin ich geblieben. Und jetzt sind sie tot. Zu spät."

Ich sage nichts. Mama spricht so gut wie nie über meinen Vater. Ich schaue zur Wand, wo Schwarz-Weiß-Fotos von Mama hängen, als sie noch jung war, und von mir und Annalie als Kinder. Mein Vater muss auch auf einigen Bildern drauf gewesen sein, auf Bildern von Ausflügen, als wir klein waren. Aber es gibt kein einziges Foto von ihm. Keine Fotos von ihm und Mama.

Ich habe ein Bild von ihm im Kopf, aber eigentlich weiß ich nicht mehr richtig, wie er ausgesehen hat. Erinnerungen können trügen. Ich frage mich, wie unsere Familie wohl wäre, wenn er geblieben wäre. Mir fehlen die Worte dafür, meine Mutter danach zu fragen. Ich werde mich hüten.

„Aber ich bin hier", fährt Mama fort. „Eine chinesische Frau, überall *waiguoren*. Kein Mann. Schlechtes Englisch. Ich lerne *chiku*, die Bitterkeit zu essen, lerne, in ein Land zu gehören, in dem mich niemand haben will." Ihr Gesicht ist ganz rot. Wenn ich es nicht besser wüsste, würde ich sagen, dass ihre Augen feucht sind. Aber Mama weint nicht. Ich sehe sie fast nie weinen.

„Bereust du, dass du hierhergekommen bist?"

„Natürlich nicht", sagt sie kurz angebunden. „Ich will hier leben. Aber ich wäre lieber mit einem anderen Mann hergekommen." Sie hält einen Moment inne. „Ich lerne ganz allein, hierher zu gehören." Harter Stolz liegt in diesen Worten. Sie hebt das Kinn und sieht mir in die Augen. „Aber ich lerne es nicht dadurch, dass ich mich immer nur beklage."

Es zerreißt mich. Was soll ich darauf sagen, Ma?

Verstohlen wischt sie sich mit dem Handrücken über die Augen, dann dreht sie sich zum Herd um.

Das ist meine Mutter, die mich und meine Schwester ganz allein großgezogen hat, die der Grund dafür ist, dass wir in diesem Land und nicht irgendwo anders leben.

Ich würde gern richtig mit ihr reden können. So, dass sie mein Herz verstehen könnte und ich ihres, aber zwischen uns liegt ein ganzer Ozean, den wir niemals überqueren können.

Mama lässt den Bing von der Pfanne aufs Schneidebrett gleiten. Sie schneidet ihn wie eine Torte in sechs Stücke. Dann legt sie ein Stück auf einen Teller und schiebt ihn mir hin. Ich puste und beiße vorsichtig hinein. Meine Zähne graben sich durch die knusprige äußere Schicht in die weichen inneren Schichten, die sich ringeln wie eine Zwiebel. Es schmeckt salzig und köstlich, aber mir ist der Appetit vergangen.

„Wie ist dein Praktikum?", fragt sie.

„Gut", sage ich tonlos. „Es ist in Ordnung."

Sie wischt die Theke mit einem feuchten Tuch ab und schrubbt energisch an einem Fleck in der Ecke.

„Rajiv lässt dich grüßen. Er hofft, dass es dir gut geht", sage ich, auch wenn es mich Überwindung kostet. Ich bin nervös und schutzlos. Ich bin angespannt vor Hoffnung und fühle mich elend vor Angst.

Ruckartig hört sie auf zu putzen. „Ach ja. Du arbeitest mit ihm zusammen. Ist es okay?"

„Ja, es ist okay, Mama." Mir wird schwindelig, ich würde ihr so gern alles erzählen. *Du versuchst doch immer alles, also erzähl mir nicht, dass du das nicht kannst,* hat er mal zu mir gesagt. Ich muss ihr alles erzählen, damit Rajiv und ich eine Chance haben.

„Er ist auf der University of Illinois, oder?"

„Ja."

Sie macht den Lappen nass und putzt weiter. „Du bist das ganze Jahr über so weit weg. Sehr weit." Sie sagt es nicht so, als würde sie mit mir reden, sondern als würde sie zu sich selbst sprechen.

„Ja", flüstere ich und spüre eisige Kälte in meinem Bauch.

„Es ist gut, dass du dich von ihm getrennt hast", sagt sie entschieden. „Ihr wart noch so jung. Lieber auf dein Studium konzentrieren und jemanden finden, der mehr so ist wie du."

Ich höre die Warnung in ihren Worten, jedenfalls klingt es so in meinen Ohren.

Am liebsten würde ich sie anschreien. Ihr mein Unglück vorwerfen. Ich schaue in ihr verhärmtes, verschlossenes Gesicht – älter als früher, aber noch genauso unbewegt. Ihre Ablehnung und die Angst, sie zu verlieren, senken sich wieder zentnerschwer auf mich. All die Worte, die sie kurz vor dem Bruch zu mir gesagt hat. Mein Verlangen zu kämpfen schwindet wie eine Welle im Ozean, die sich langsam zurückzieht.

Mit einem Gefühl der Erniedrigung schiebe ich den Teller von mir. „Ich gehe duschen."

Ich flüchte nach oben und verziehe mich ins Bad. Ich streife die Kleider ab. Drehe das Wasser auf und warte, bis es so heiß ist, dass sich der Dampf auf den Spiegeln niederschlägt. Ich wasche meine Schuld ab.

13
ANNALIE

Als ich Margaret gesagt habe, dass ich die Jungs auf dem Video nicht erkenne, war das die Wahrheit. Ich war mir nicht hundertprozentig sicher. Aber ich wusste, dass es höchstwahrscheinlich Thom oder einer seiner Freunde waren. Ich hatte schließlich die Trikots gesehen. Wie wahrscheinlich ist es, dass jemand anders im gleichen Alter die gleichen Klamotten trägt und sich dann noch zufällig genau unser Haus aussucht?

Es muss eine Erklärung geben, sagte ich mir. Thom und seine Freunde haben nichts gegen mich. Bestimmt können sie erklären, was passiert ist. Oder vielleicht waren sie es doch nicht. Wenn Thom mir das ins Gesicht sagen würde, könnte ich es glauben.

Doch als ich mich in mein Zimmer verzogen hatte, um Margaret zu entkommen, die garantiert wusste, dass ich log, saß ich stundenlang bei ausgeschaltetem Licht auf dem Bett. Mir dämmerte, dass ich jetzt an diese Lüge gebunden war, vielleicht für immer. Ich musste meine Schwester anlügen und wahrscheinlich auch Thom. Es war unvorstellbar, ihn so etwas zu fragen. Wie könnte ich?

Ich wünschte mir so sehr, er würde mir sagen, dass er es nicht war, dass seine Freunde und er auf keinen Fall etwas damit zu tun hatten.

Doch noch schlimmer war eine Angst, die ich nicht aussprechen und nicht einmal denken konnte. Immer wieder drängte sie sich in meine Gedanken, und ich versuchte sie wegzuschieben. Wenn sie nun doch etwas damit zu tun hatten? Ich kannte die Antwort auf diese Frage nicht, aber ich wusste auch nicht, wie ich Thom wiedersehen sollte, ohne dass er mir meine Gedanken sofort ansah.

Ich lag die ganze Nacht wach, wälzte mich unruhig hin und her und sah immer wieder die knallrote Farbe auf unserem Garagentor, das Aufleuchten der bunten Fußballtrikots.

Als ich am nächsten Morgen herunterkomme, ist Margaret in der Küche. Sie guckt so entschlossen, als hätte sie die ganze Nacht am Computer gesessen und krampfhaft versucht, die Antwort aus dem Video herauszulesen.

Immer wieder spielt sie es ab, die Zähne so fest zusammengebissen, dass ich schon Angst habe, sie kriegt sie irgendwann gar nicht mehr auseinander.

„Du musst damit aufhören", sage ich leichthin und versuche, meine tiefsitzende Angst beiseitezuwischen.

„Ich suche einfach weiter nach Anhaltspunkten", murmelt sie. „Diese Typen haben unser Haus ausgewählt, weil sie wussten, dass wir hier wohnen. Sie müssen von hier sein. Wahrscheinlich gehen sie auf unsere Schule."

„Hey, halt dich mit solchen Anschuldigungen mal zurück. Dafür haben wir doch überhaupt keinen Beweis."

„Bereitet es dir keine Sorgen, dass jemand aus deiner Schule unser Haus so verunstaltet hat?", fragt sie.

„Ich wüsste nicht, dass es jemand aus meiner Schule war", fauche ich und drehe mich weg, sodass ich mein Gesicht hinter meinen Haaren verbergen kann. Ich nehme mir ein süßes Brötchen aus dem Bambuskorb neben dem Ofen. „Und bis jetzt weißt du das auch nicht." Ich stampfe aus der Küche.

Ich bin eine miserable Lügnerin.

„Schnall dich an", sage ich. „Na los."

Daniel sitzt auf dem Beifahrersitz meines winzigen Zweitürers. Genauer gesagt ist er darin eingezwängt. Er ist so groß, dass seine Beine praktisch in einem Fünfundvierzig-Grad-Winkel gefaltet sind.

„Das sieht ja bequem aus." Ich muss mir das Lachen verbeißen.

Er sieht mich vorwurfsvoll an. „Ich muss unbedingt den Führerschein machen, solange ich hier bin. Was habe ich mir bloß dabei gedacht?"

„Warum besorgst du dir nicht einen vorläufigen Führerschein und fragst deinen Opa, ob er es dir beibringt?"

Er lacht. „Er wäre nie bereit, freiwillig so viel Zeit mit mir im Auto zu verbringen."

„So schlimm?"

„Es wäre wahrscheinlich echt das Beste, wenn ich einfach abreisen würde, aber den Gefallen tu ich meinem Vater nicht, und meine Mutter ist ja so begeistert von dieser Familienzusammenführung. Sie denkt, ich sorge dafür, dass das Familienembargo bald aufgehoben wird. Ich kann einfach nicht zugeben, dass ich gescheitert bin."

„Warum unternehmt ihr zwei nicht irgendwas, was euch einander näherbringt?"

„Zum Beispiel?"

„Was macht er denn gern?"

„Backen?"

„Wir könnten alle zusammen backen!"

Daniel verzieht das Gesicht. „Klingt fürchterlich. Ich kann überhaupt nicht kochen."

„Backen ist was anderes als Kochen. Es ist mehr Naturwissenschaft als Kunst. Jeder kann ein Rezept befolgen."

„In Naturwissenschaften bin ich gut", gibt er zu. „Aber wenn ich backe, scheinen sich die Naturgesetze zu verselbstständigen, um mir alles zu verderben. Im Ernst. Das passiert jedes Mal."

„Und wie oft hast du es bisher versucht?"

„Ungefähr dreimal."

Ich pruste los.

„Dreimal reicht vollkommen, um mir klarzumachen, dass ich in dieser Hinsicht nicht die Gene meines Großvaters geerbt habe."

„Na gut", sage ich. „Dann was anderes. Irgendwas wird dir doch einfallen, was du mit ihm unternehmen könntest. Kino? Fernsehen?"

„Er guckt überhaupt keine Filme, er liest nur Bücher. Er denkt, Netflix wäre immer noch ein DVD-Verleih."

„Du musst ihn einfach da abholen, wo er steht. Probier es aus."

„Okay. Hey, vielleicht könntest du mal zum Abendessen kommen oder so. Mit dir hätte er reichlich Gesprächsstoff."

„Hm-hmmm", mache ich unverbindlich. „Vielleicht."

Wir fahren durch die Hauptstraße der Stadt. Ich öffne die Fenster, um frischen Wind reinzulassen.

„Keine Klimaanlage?"

„Fenster auf ist besser." Ich schalte das Radio ein und suche den richtigen Sender.

Daniel guckt entgeistert. „Countrymusik?"

Grinsend schaue ich ihn an. „Was sonst? Das soll ja heute eine lehrreiche Erfahrung werden."

Seufzend versucht er sich in den Sitz sinken zu lassen, aber ohne Erfolg. Er schabt mit dem Kopf am Autodach. Es sieht albern aus.

Ich frage mich, wie Thom es fände, wenn ich bei den Bakersfields zu Abend essen würde, zu all dem, was ich sowieso schon mit Daniel unternehme.

Aber ich gehe ihm ja seit vier Tagen aus dem Weg, also kann ich nicht sagen, wie er das fände. Ich habe mich mit meinen absurden Arbeitszeiten in der Bäckerei herausgeredet und mit verschiedenen „familiären Verpflichtungen". Er schöpft keinen Verdacht. Noch nicht. Aber ich kann ihn nicht ghosten, bis ich aufs College gehe. Er ist mein Freund. Irgendwann muss ich mich mit ihm treffen.

Ich habe keine Ahnung, was dann passiert.

Ich hab keiner Menschenseele davon erzählt. Nicht mal Violet. So als könnte es, wenn ich es niemandem sage und in meinem Kopf wegsperre, einfach wieder verschwinden. Und wem würde es schaden, wenn es verschwände? Das Garagentor ist wieder sauber. Es ist nichts weiter vorgefallen. Margaret geht bald zurück aufs College. Ich bin weiterhin mit Thom zusammen. Dann war alles nur ein schlimmer Albtraum, aus dem wir erwacht sind und der sich nie wiederholen wird. Was wäre gewonnen, wenn ich jetzt was sage?

Aber wenn es nun wirklich Mike war? Oder, noch schlimmer, Thom? Wie soll ich es ertragen, das zu erfahren?

„Wohin fahren wir?", fragt Daniel.

„Hast du Angst?"

Er zieht eine Augenbraue hoch. „Sollte ich?"

„Vertrau mir. Du wirst begeistert sein."

„Bisher hat mich hier noch nichts begeistert, also bin ich skeptisch." Er schaut zum Himmel. „Ist es draußen? Ich glaube, es gibt heute noch ein Gewitter." Flauschige Kumuluswolken ziehen träge über den Horizont, doch die Sonne lässt sich nicht stören. Die Luft ist heiß und aufgeladen, die Brise, die zu den Fenstern hereinströmt, ist willkommen.

Ich zucke mit den Schultern. „Das Wetter hier ist unvorhersehbar. Innerhalb von fünf Minuten könnte alles passieren." Ich hebe die Haare im Nacken hoch. „Hoffentlich gibt es Regen. Die Schwüle ist schwer auszuhalten."

„Dann also carpe diem."

„Das ist die richtige Einstellung."

Ich fahre auf der Hauptstraße aus der Stadt. An einer roten Ampel halte ich und schaue zu ihm hinüber, wie er unbequem auf den Beifahrersitz gezwängt dasitzt. Er ist schon den halben Sommer hier, aber er hat noch kein bisschen Farbe bekommen. Seine Nase ist ein bisschen rot. „Hast du dich verbrannt?"

„Hmmm?"

„Auf der Nase, meine ich. Die Sonne ist hier ziemlich stark."

„Ach so. Stimmt. Ich bin an fahle Sonne und diesiges, feuchtes Wetter gewöhnt. Ich werde nicht braun, sondern eher gegrillt wie ein Hummer."

Ich lache. „Charmant."

„Ich kann nichts dafür!"

„Ich meine, wenn du willst, kannst du ganz charmant sein. Nicht so wie am Anfang, als du so ruppig warst."

„Natürlich", schießt er zurück, ohne auf meine letzte Bemerkung einzugehen. „Wir Briten sind immer charmant. Das ist unsere herausragende Eigenschaft."

„Hattest du für deinen Charme zu Hause Verwendung? Hast du reihenweise gebrochene Herzen zurückgelassen?"

Ich fasse es nicht, dass ich das gesagt habe. Fast als wollte ich mit ihm flirten oder herauskriegen, ob er vergeben ist. Was ich nicht will! Weder das eine noch das andere. Logischerweise. Denn ich hab ja schon einen Freund, den ich – na ja, auch wenn ich ihn jetzt vielleicht noch nicht richtig liebe, geht es auf jeden Fall in die Richtung.

Daniel sieht mich mit hochgezogener Augenbraue an, und ich würde wetten, dass er meinen kompletten inneren Monolog gehört hat. „Wieso, bist du interessiert?" Ich werde so rot, dass ich ihm als gegrillter Hummer Konkurrenz machen könnte.

„Ich bin nicht mehr zu haben", sage ich lässig, viel lässiger, als ich mir gerade vorkomme.

„Keine Sorge, das war kein Angebot." Doch er grinst so, als wäre es genau das gewesen. „Und natürlich ist mir klar, dass ich gegen deinen Superstar-Freund keine Chance habe." Er schweigt kurz und setzt sich anders hin.

„Ich war drei Jahre mit einem Mädchen zusammen."

„Das ist ganz schön lange. Aber *war* zusammen? Jetzt nicht mehr?"

„Wir haben uns getrennt, bevor ich hergekommen bin."

„Warum? Wegen der Entfernung?"

„Sie geht nach Oxford."

Sofort fühle ich mich unterlegen. „Dann muss sie superschlau sein. Ein echtes Power Couple."

„Sie ist superschlau. Aber die Entfernung war nicht der Grund." Er zuckt die Achseln. „Ich habe gemerkt, dass ich mich viel mehr darauf freue, Makroökonomie zu studieren, als Pläne für meine Rückkehr nach England zu machen, um meine Freundin wiederzusehen. Und da dämmerte mir, dass es vielleicht nicht normal ist, sich nicht darauf zu freuen, seine Freundin zu sehen."

„Das ist traurig."

„Es wäre trauriger gewesen, wenn wir nach dieser Erkenntnis zusammengeblieben wären."

„Wie ist es ihr damit gegangen?"

Er legt die rechte Hand ins offene Fenster. „Sie hat es mit Fassung getragen. Was ja zeigt, dass es die richtige Entscheidung war. In der Schule ist es so einfach, eine Beziehung anzufangen, einfach weil jemand in der Nähe ist. Aber dann stellt man fest, dass da draußen noch so viel mehr ist und dass es da jemanden geben könnte, der einen so richtig umhaut."

Kurz fange ich seinen Blick auf, dann schaue ich stur auf die Straße.

„Und, wie läuft es so mit Tad?"

„Thom."

„Ach ja."

„Du hast ihn ja kennengelernt."

„Stimmt."

„Und?"

„Du willst ernsthaft das Feedback eines x-beliebigen Typen zu deinem Freund hören? Ist das nicht ein bisschen seltsam?"

„Du bist kein x-beliebiger Typ." Ich überlege kurz. Ist er ein Freund? Ich kenne ihn ja kaum. „Du bist jetzt zumindest ein guter Bekannter."

Er prustet los. „Zumindest ein guter Bekannter. Das ist eine schöne Bezeichnung. Ich fühle mich geehrt."

„Na ja", stammele ich. „Was soll ich denn sonst sagen? Mein BFF?"

„Ich bin ganz sicher nicht dein BFF", sagt er und malt Gänsefüßchen in die Luft. „Mit ‚zumindest ein guter Bekannter' kann ich leben. Aber meiner Meinung nach solltest du auf Feedback zu deinem Freund von ‚zumindest einem guten Bekannten' nichts geben. Wir müssen den Grad unserer Vertrautheit wenigstens auf ‚lockerer Freund' steigern."

„Steht ein lockerer Freund über einem guten Bekannten?"

„Ich finde schon."

„Okay, ich glaube, darauf können wir uns einigen. Immerhin sitzt du gerade in meinem Auto", betone ich.

„Das fällt immer noch in die Kategorie guter Bekannter, Annalie."

„Wir arbeiten daran, Daniel!"

„Na gut, wir kommen darauf zurück, aber darf ich vorher noch fragen – und das meine ich mit allem Respekt –, wohin zum Teufel wir fahren?"

Die Stadt liegt hinter uns, wir sind meilenweit nur noch von Maisfeldern umgeben. Ich biege in einen unbefestigten Weg ein und fahre ins Feld hinein. Hohe weiße Windräder erheben sich in der Ferne aus dem Grün und drehen sich träge im Kreis. Die Auträder wirbeln braune Staubwolken um uns herum auf. Der typische goldgrüne Sommerduft liegt in der Luft, erdig und lebendig.

„Sieht aus wie eine Gegend, wo Mörder ihre Opfer hinkarren."

„Am helllichten Tag am Wochenende? Hast du ernsthaft Angst davor, ich könnte dich überwältigen?" Ich grinse ihn an. „Wir sind fast da."

„Fast wo? Wir sind am Arsch der Welt."

„Guck dich doch mal um."

Er guckt sich um. „Ja, da ist Mais. Mais und" – er schaut mich erwartungsvoll an – „Windräder?"

„Es ist ein Windpark!" Ich strahle. „Einer der größten des Landes." Er wirkt nicht beeindruckt. „Warte erst mal ab, okay? Der ist wirklich toll. Komm, wir gucken ihn uns an." Ich biege in einen noch kleineren Weg ein, der immer tiefer in die Felder hineinführt. Links und rechts säumen Maispflanzen den Weg. Wir fahren durch eine Smaragdstadt und kommen auf eine Lichtung, die auf einer Seite von Windrädern eingefasst ist. Von Weitem sehen sie aus wie kleine Zahnstocher, doch wenn man näher kommt, ragen sie hoch empor. Vom Auto aus sehen wir nur die dicken weißen Türme, wie Eisenbäume, die aus dem Boden schießen.

Ich parke am Rand der Lichtung. Wir steigen aus dem Wagen. Daniel klopft sich den Staub von der Hose. Ich blinzele in die Sonne. „Findest du den Sommer hier nicht wahnsinnig schön?"

Er überlegt. „Es ist heiß. Viel heißer als bei uns."

„Ich liebe die Hitze. Alles fühlt sich so viel lebendiger an, weißt du? Klingt das überspannt?" Wenn ich allein bin, rede ich manchmal mit mir selbst, und das hört sich genauso an wie mein Geplapper jetzt gerade, aber vor anderen mache ich das eigentlich nicht. Nie würde ich zu Thom so einen Blödsinn sagen.

Daniel lehnt sich an den Wagen. „Nein." Er lächelt. „Ich finde nicht, dass das überspannt klingt. Man merkt einfach, dass du deine Heimat liebst, und das ist schön."

Ich nehme ihn mit zum Fundament des Windrades. „So, jetzt leg dich hin."

„Wie bitte?"

„Vertrau mir. Auf den Rücken."

„Jetzt klingst du überspannt."

Ich setze mich und klopfe auf den Boden neben mir. Zwei Meter um das Windrad herum ist nur kahle Erde, bevor kurzes, kühles Gras anfängt. Wir sind ringsum von Maisfeldern umgeben. So weit das Auge reicht, ist da eine tiefgrüne Wand, getupft mit honiggelben Quasten.

Daniel setzt sich vorsichtig neben mich. „Okay, und jetzt?"

Ich lege mich mit dem Kopf zum Windrad auf die Erde und schaue in den Himmel.

„Meine Haare werden schmutzig!", sagt er.

„Meine Haare werden schmutzig", jaule ich. „Sei kein Baby und leg dich einfach hin."

Grummelnd gehorcht er.

Aus dieser Perspektive sehe ich den Turm des Windrads in den grenzenlosen Himmel ragen. Die Rotorblätter drehen sich langsam über uns, durchschneiden die Luft und bewegen sich dann auf uns zu, aufregend und unfassbar nah. Es ist schwindelerregend. Es fühlt sich an, als würde ich mich am Dach der Welt festklammern und könnte jeden Moment unendlich tief ins All stürzen. Aber auch als wäre die Erde mir ganz vertraut, ihr Pulsschlag, ihre gewaltige, zuverlässige Masse. Das Gefühl ist schwer zu beschreiben, man muss einfach hier sein und es selbst erleben.

Als ich den Kopf zu Daniel drehe und er meinen Blick erwidert, weiß ich, dass er es auch spürt.

Eine Weile liegen wir einfach da und gucken nach oben, blinzeln in das verwaschene Blau, das man nur am Sommerhimmel sieht, und keiner von uns hat Lust, das Schweigen zu brechen.

Das ist für mich das Schönste auf der ganzen Welt. Ich könnte stundenlang hier liegen und den Windrädern zuschauen. Wenn ich die Augen schließe, höre ich das leise Rauschen der Rotorblätter und das Sirren undefinierbarer Insekten, vermischt mit gelegentlichem Vogelgezwitscher. Es ist ein Gefühl, als könnten wir an einem ganz anderen Ort sein oder in einer ganz anderen Zeit. Morgen oder vor hundert Jahren.

Daniel bewegt sich leicht neben mir, und sein Arm streift meinen. Während ich eben noch träumerisch im Himmel geschwebt habe, lande ich jetzt wieder in meinem Körper. Meine Haut kribbelt. Plötzlich frage ich mich, ob das hier wirklich eine gute Idee war. Wenn wir uns beide auf die Seite drehen würden, wären unsere Lippen nur einen Hauch voneinander entfernt.

Wenn unsere Lippen nur einen Hauch voneinander entfernt wären, könnte mein Körper diese Geschichte in tausend ungebetene Richtungen weiterspinnen.

Ich huste und rücke ein Stück von ihm ab, der Zauber der Stille ist gebrochen.

„Das ist cool." Zum ersten Mal klingt er richtig ernst und fast ehrfürchtig, keine Spur von Zynismus mehr.

Er stützt sich auf den Ellbogen. „Hey."

„Hey."

„Ehrlich jetzt, danke dafür, dass du in diesem Sommer meine gute Bekannte bist. Es war echt öde, bis du beschlossen hast, mit mir zu reden."

„Gern geschehen. Und ich befördere dich hiermit offiziell zu einem lockeren Freund."

„Toll. Ich fühle mich schon wieder geehrt." Mit einem tiefen Seufzer blickt er auf. „Auch wenn dieses Familien-Sommerding nicht so gelaufen ist wie erhofft, bin ich doch froh, dass ich früher nach Amerika gekommen bin."

„Freust du dich auf New York?"

„Und wie. Noch zwei Monate."

Stimmt. Noch zwei Monate, dann ist Daniel im glitzernden New York, genau wie Margaret, und in den Ferien fliegt er nach England, und immer so weiter. Er wird nie mehr hierher zurückkommen. Er ist superschlau und freundlich und die Welt steht ihm offen. Ich würde ihm zutrauen, dass er eines Tages einen Topjob bei der UNO bekommt. Ich bin nur ein Fingerschnippen in seinem Leben. Vielleicht denkt er irgendwann mal: Ach ja, da war dieses Mädchen, mit der ich in dem Sommer auf dem Land gequatscht hab, weil ich nichts Besseres zu tun hatte. Falls er überhaupt je wieder an mich denkt.

Bei diesem Gedanken fühle ich mich klein und traurig.

Daniel dreht sich zu mir und fragt alles Mögliche über die amerikanische Popkultur, und die Zeit läuft wieder weiter. Ich will ihm nicht in die Augen sehen, aber ich tue es doch, und es ist höchst verwirrend. Ich muss sofort wieder wegschauen, und das ist vermutlich das deutlichste Zeichen dafür, dass ich in Sachen Liebe die reinste Katastrophe bin.

Wir legen uns wieder auf die Erde und schauen nach oben, damit wir uns beim Reden nicht ansehen müssen. Ich weiß nicht, wie es ihm geht, aber ich fühle mich in dieser Position sehr viel sicherer.

Wenn man es genau betrachtet, war es wirklich dumm, mit ihm hierherzufahren, an diesen Ort, der mir so am Herzen liegt und den ich bisher nicht mal meinem Freund gezeigt habe. Meinem Freund, mit dem ich seit fast einer Woche nicht gesprochen habe. Ich habe ein schlechtes Gewissen. Zwischen Daniel und mir ist zwar nichts passiert, doch ich empfinde hier mit ihm auf diesem Feld, inmitten menschengemachter und natürlicher Wunder, eine Intimität, wie ich sie mit Thom nicht mal beim Küssen erlebe. Als würde ich dem verkehrten Menschen etwas anvertrauen.

Und jetzt sind wir in einer Falle, die ich selbst gebaut habe.

Wenn mein zukünftiges Ich zurückschauen und genau den Moment benennen könnte, in dem ich es verbockt habe, stünde wahrscheinlich ganz oben unser Blaubeer-Trip, und gleich danach käme dieser Moment.

Eine Stunde später setze ich Daniel an der Bäckerei ab. „Kommst du auf einen Kaffee mit rein?", fragt er mit der Hand am Türgriff.

Ich zögere.

„Ist umsonst", sagt er grinsend.

Ich glaube, ich sollte es für heute gut sein lassen. Mein Herz ist ganz zittrig, und ich brauche Zeit zum Nachdenken. Zeit mit Thom. Wenn ich ihm schreibe, wird es mir besser gehen. Vielleicht. Aber schon parke ich ein. „Okay", sage ich. „Ein Kaffee wäre jetzt gut." Und dann kann ich die Worte nicht mehr zurücknehmen.

Wir gehen zur Hintertür hinein. Ich bin extrem darauf bedacht, ein gutes Stück hinter ihm zu bleiben, als müsste ich, wenn ich nur weit genug von ihm entfernt stehe, nicht mehr so ein schlechtes Gewissen haben, weil ich ihn in einem Maisfeld angeschmachtet habe. Es ist ja wirklich rein gar nichts passiert. Wieso fühle ich mich trotzdem wie auf frischer Tat ertappt?

Bakersfield ist in der Küche, was mich überrascht, denn wir

müssen heute nichts vorbereiten, es gibt also eigentlich keinen Grund für ihn, herzukommen. „Oh."

Er fährt herum und sieht uns an. „Ihr beide" sagt er, und sieht nicht weniger überrascht aus als ich. „Was habt ihr gemacht?"

„Sie hat mir ein bisschen die Gegend gezeigt", sagt Daniel. „Ein paar Sehenswürdigkeiten."

„Sehenswürdigkeiten?", sagt Bakersfield ungläubig. „Du?"

Daniel sieht so aus, als hätte er eine bissige Bemerkung parat. Ich lege ihm sanft eine Hand auf den Arm und schaue ihn eindringlich an. „Hey", flüstere ich. „Denk an das, was ich gesagt habe."

Sein Blick wird milder und er seufzt. „Ja, das war echt schön. Was hast du heute Nachmittag so gemacht?"

„Ich habe versucht den Buchhalter zu erreichen, den du aufgetan hast. Er hat mich um einen Haufen Informationen gebeten, durch die ich nicht durchblicke."

„Ach, darum kann ich mich doch kümmern", sagt Daniel. „Damit musst du dich nicht herumschlagen."

„Na ja, ich hatte sowieso nichts anderes zu tun." Er schaut sich fast wehmütig um. „Mit zwei zusätzlichen Mitarbeitern habe ich mehr freie Zeit, als ich gewohnt bin."

„Vielleicht kannst du dir ein Hobby zulegen", schlägt Daniel vor.

„Dafür fühle ich mich ein bisschen zu alt. Aber weißt du, was, früher, als ich noch mehr Zeit hatte, da hab ich geangelt."

Das ist gut! Ich stehe ganz still da, um den fragilen Frieden nicht zu stören.

„Das ist gar keine schlechte Idee", sagt Daniel. „Wo würdest du zum Angeln hingehen?"

„Es gibt hier in der Nähe ein paar Seen mit vielen Fischen. Aber ach", sagt Bakersfield. „Das ist wirklich lange her."

„Hast du das zusammen mit Dad gemacht?", fragt Daniel leise.

Bakersfield antwortet nicht, seine Miene ist unergründlich. Ich frage mich, ob Daniel zu weit gegangen ist. „Als er jünger war", sagt Bakersfield schließlich. „Ich erinnere mich nicht mehr gut daran, aber als er jünger war, war alles leichter. Das hat ihm Spaß gemacht." Er verzieht den Mund, und ich weiß nicht, ob er grummeln oder weinen möchte. „Ich weiß nicht, was ihm heutzutage Spaß macht." Er ballt die Hand auf der Theke zur Faust, dann lässt er wieder locker.

Ich wage ihn nicht anzusehen – es ist so ein zarter Moment. Ich warte darauf, dass Daniel zu ihm geht, aber vielleicht empfindet er wie ich, denn er rührt sich nicht vom Fleck.

Bakersfield hustet. „Hinterlasst die Küche ordentlich. Ich kaufe jetzt mal fürs Abendessen ein." Wir sehen ihm nach, wie er sich umdreht und geht.

„Begleite ihn doch", sage ich sanft zu Daniel.

Er schüttelt den Kopf. „Ich erinnere ihn nur an alles, woran er nicht denken will."

„Ich glaub nicht …"

„Vielen Dank für den Ausflug. Wirklich", sagt er. „Ich gehe mal ins Büro. Du kannst alleine raus, wenn du deinen Kaffee getrunken hast, oder?"

Und dann bin ich allein.

Ich kann Thom nicht bis in alle Ewigkeit aus dem Weg gehen. Er schreibt mir jeden Tag, dass er mich wiedersehen will, also gebe ich schließlich nach.

Seine Eltern sind zu einem Abendessen eingeladen und haben, als sie am Nachmittag aus dem Haus gegangen sind, schon angekündigt, nicht vor zehn Uhr zurück zu sein. Thom lädt mich zum Abendessen und zu einem Netflix-Abend ein.

Vermassel es nicht, sage ich mir hunderttausendmal, bevor ich mich auf den Weg mache. Platz nicht planlos damit heraus.

Den ganzen Weg zu ihm überlege ich hin und her, ob ich etwas sagen soll. Ich bin schon fast überzeugt, dass ich mutig genug bin, ihn auf das Video anzusprechen, aber als ich vor der Haustür stehe und er öffnet und mich anstrahlt, ist alles vergessen. Ich sehe nur noch den Jungen, dessen Herz ich schon mein Leben lang erobern will und der jetzt vor mir steht wie ein wahr gewordener Traum.

Das Abendessen entpuppt sich als Spaghetti mit Tomatensoße aus dem Glas, aber immerhin hat er das Ganze mit frischem Basilikum aus dem Garten garniert, was für einen Jungen in seinem Alter gar nicht so schlecht ist. Jedenfalls hat bisher noch nie einer für mich gekocht.

„Wissen deine Eltern, dass ich hier bin?", frage ich, während wir in dem riesigen Esszimmer sitzen. Ich habe darauf bestanden, abwaschbare Tischsets unter die Teller zu legen, obwohl Thom meinte, seinen Eltern sei das egal. Aber die Vorstellung, rote Soße auf eine edle Spitzendecke zu kleckern, war zu viel für meine Nerven. Sie sollen mich nicht hassen, bevor sie mich auch nur kennengelernt haben.

„Klar. Meine Eltern sind da ganz entspannt. Deshalb sagen sie mir auch Bescheid, wann sie weg sind. Sie vertrauen mir."

„Das muss schön sein", sage ich.

„Vertraut deine Mutter dir nicht?"

Ich lache. „Sie ist streng. Sie hält nicht viel davon, wenn man in der Highschool schon einen Freund hat."

„Mist. Meine Eltern fanden es schade, dass sie dich heute verpassen. Sie möchten dich gern kennenlernen."

Moment mal. „Deine Eltern möchten mich kennenlernen?"

„Ja, natürlich. Ich habe ihnen von dir erzählt, und jetzt wollen sie wissen, wie du bist. Wenn du so weit bist. Meine Eltern sind ziemlich cool. Du brauchst keine Angst vor ihnen zu haben." Er sieht mich von der Seite an, während er Spaghetti auf seine Gabel dreht. „Deine Mutter will mich wohl eher nicht einladen, was?"

Hmhm, na ja.

Als ich nicht antworte, fragt er: „Hast du deiner Mutter von mir erzählt?"

„Nicht direkt."

„Das ist in Ordnung. Musst du nicht. Ich meine, das mit uns ist ja ganz locker, oder?"

„Klar", sage ich sofort, ohne nachzudenken. Und dann lehne ich mich zurück. Klar? Eben noch lädt er mich ein, seine Eltern kennenzulernen, und im nächsten Moment sagt er mir, das mit uns sei ganz locker? Was heißt das überhaupt, locker? Ich würde gern fragen, aber ich will nicht klammerig oder unsicher rüberkommen. Für Jungs gibt es, soweit ich weiß, nichts Schlimmeres, als andauernd darüber zu reden, wo man in der Beziehung gerade steht. Schon bei der Vorstellung komme ich mir total unsexy vor.

Gleichzeitig weiß ich selber nicht mehr, wo ich uns sehe. Was bis vor Kurzem noch ganz anders war. Kann man sich gleichzeitig nach mehr und weniger Verbindlichkeit sehnen? Ich muss die ganze Zeit an das Video und die Trikots denken und würde am liebsten seine Schränke durchwühlen und sein Trikot mit dem auf dem Video vergleichen.

Margaret würde es tun, wenn ich ihr davon erzählen würde. Aber das kann ich nicht bringen. Jedenfalls nicht, solange ich keine Gewissheit habe. Ich kann Thom und seine Freunde nicht Margaret und ihren Argusaugen ausliefern. Wer weiß, vielleicht liegt sie ja auch völlig daneben. Vielleicht sind diese Trikots weiter verbreitet, als ich denke.

All das schwirrt mir durch den Kopf, während wir das Geschirr abwaschen und uns ins Wohnzimmer setzen, um einen Film zu schauen.

Es ist das dritte Mal, dass ich bei Thom bin. Seine Mutter ist Innenarchitektin, und das sieht man. Ihr Haus ist doppelt so groß wie unseres. Unser Haus ist süß, aber dieses ist der Wahnsinn. Es hat doppelt so viele Bäder wie Familienmitglieder. Ich habe nie so ganz verstanden, wieso alle unbedingt tausend Badezimmer haben wollen, aber es ist schon ein luxuriöses Gefühl zu wissen, dass alle gleichzeitig in verschiedenen Ecken des Hauses ihr großes Geschäft machen könnten.

Thom war bisher genau einmal kurz bei mir, als ich mir hundertprozentig sicher war, dass Mama und Margaret unterwegs waren. Und selbst da hatte ich die ganze Zeit Panik, eine von beiden könnte hereinplatzen und uns erwischen.

Ich versuche mich zu erinnern, ob er schuldbewusst wirkte, als er damals kam. Wirkte er so, als hätte er das Haus schon mal gesehen? Ich habe darüber schon zig Mal nachgedacht. Habe mir jede kleine Regung in seinem Gesicht noch mal vor Augen geführt. Aber das hat mich alles nicht weitergebracht.

Thom legt mir einen Arm um die Schultern, als würden wir

immer so zusammen sitzen. „Du wirkst so still. Ist alles in Ordnung?"

„Mmm", mache ich und lehne mich noch mehr an ihn, um meine Unsicherheit zu überwinden. Ich möchte den Abend mit meinem Freund genießen, ohne die ganze Zeit zu grübeln. Ich möchte mich an dem Augenblick erfreuen, ohne mich in etwas zu verlieren, was schon vorbei ist. Ich möchte Thom küssen, ohne mich insgeheim zu fragen, wie es wäre, wenn er Daniel wäre.

Das vor allem.

Wir haben eine Serie gestartet. Sie ist ziemlich schlecht, aber wir schauen sowieso nicht richtig zu.

Ehe ich weiß, wie mir geschieht, küssen wir uns so wild, wie ich es noch nie erlebt habe. Er presst seinen Mund auf meinen. Er gibt den Ton an, ich mache einfach mit. Erst sitzen wir noch nebeneinander, doch dann drückt er mich geschickt aufs Sofa. Er reibt seine Hüften an meinen, und eigentlich müsste ich jetzt erregt sein, aber es macht mir eher ein bisschen Angst.

Auf einmal ist die Möglichkeit ganz nah, womöglich bald keine Jungfrau mehr zu sein. So nah wie nie zuvor. Ich bin darauf nicht vorbereitet. Natürlich habe ich schon mal darüber nachgedacht, wie es wohl wäre, wenn es dazu käme. Und natürlich habe ich es mir mit Thom vorgestellt. Aber es ist etwas ganz anderes, ob man es sich nur vorstellt, oder ob man an einen Jungen gepresst daliegt, sodass es wirklich passieren könnte.

Thoms Hände bewegen sich von meinem Gesicht weiter abwärts, bis unterhalb meiner Taille. Der Schreck fährt mir den Rücken hoch, und ich winde mich unbehaglich. Ich verstehe mich selbst nicht, aber ich will das jetzt nicht. Es fühlt sich ganz und gar verkehrt an. Dieser Moment. Das ganze Drumherum. Die

Tatsache, dass ich innerlich nicht dazu bereit bin. Ich müsste es wollen, aber ich fürchte mich mehr davor als je vor irgendetwas. Im Sexualkundeunterricht hat keiner der Lehrer, die verlegen von ungewollten Schwangerschaften oder Ähnlichem geredet haben, je erwähnt, wie intim die ganze Sache ist, wie nervaufreibend. Ich habe noch nie im Leben einen Penis gesehen. Und wenn es nun wehtut? Wenn ich blute?

Ich beende den Kuss, und Thom stöhnt. Er fummelt an meinem Jeansknopf herum. „Annalie", flüstert er.

„Hey", sage ich und halte seine Hände fest. „Was ist, wenn deine Eltern früher nach Hause kommen?"

„Tun sie nicht. Versprochen."

Mühsam setze ich mich auf. „Ach komm", versucht er mich zu überreden. „Ich hab Kondome in der Schublade." Er fährt mit dem Daumen über meine Lippen. „Ich will dich." Er versucht mich wieder an sich zu ziehen.

„Ich bin nicht ... ich bin noch nicht so weit, okay?"

„Was ist denn los?"

Ich kann nicht darüber sprechen, dass ich noch Jungfrau bin. Das ist zu peinlich. Mein Mund kennt auf einmal keine Wörter mehr. Selbst wenn ich wollte, könnte ich es nicht erklären.

„Nichts. Aber heute nicht", sage ich nur.

Er lässt sich in die Polster sinken und seufzt. Die ganze Spannung im Raum hat sich verflüchtigt. Ich weiß, dass man niemals ein schlechtes Gewissen haben sollte, wenn man aus welchem Grund auch immer keinen Sex will, aber ich fühle mich trotzdem schlecht. So schlecht, dass ich um ein Haar vorschlage, es doch zu tun, es einfach durchzuziehen, aber er sieht mich an und lächelt träge.

„Dann hoffentlich bald? Du machst mich verrückt."

„Bald", sage ich, obwohl ich nicht weiß, was das heißen soll. Nächste Woche? In einem Monat? In einer Stunde? Werde ich dann so weit sein? Wann bin ich so weit?

Und wenn ich nun mit ihm schlafen würde und hinterher erfahre, dass er einer von denen ist, die unser Haus angesprayt haben? Warum? Warum nur? Ich habe bei Thom noch nie irgendwelche rassistischen Tendenzen oder Gedanken bemerkt.

Mir wird ganz schwindelig von all den Fragen, die mir durch den Kopf schwirren, und ich muss die Augen schließen, um wieder zu mir zu kommen. Ich kann keinen Schritt weitergehen, ohne zu erfahren, was passiert ist. Die Vorstellung, womöglich ein unwissendes Opfer zu sein, macht mich krank. Aber wenn ich ihn frage, wird das alles verändern. Dann gibt es kein Zurück mehr. Die Anschuldigung, ganz egal, wie ich sie vorbringe, rüttelt an unserer Beziehung. Die Frage ist nur, wie sehr.

Thom berührt mich an der Schulter, und ich zucke zusammen. „Hey, du weißt, dass ich dich wirklich mag, oder? Mir gehts nicht nur um das Eine."

Sofort habe ich wieder ein schlechtes Gewissen. Ich müsste ihn doch eigentlich für unschuldig halten. Wenn ich eine gute Freundin wäre, bräuchte ich ihn gar nicht zu fragen. Dann würde ich einfach darauf vertrauen, dass er ein guter Mensch ist.

„Ich bin so gern mit dir zusammen. Du bist schön und liebenswert. Mit dir ist alles so leicht, ganz anders als mit meiner Exfreundin." Ich werde rot. Er redet weiter: „Hey, nach dem vierten Juli sind meine Eltern eine ganze Woche verreist." Er sieht mich hoffnungsvoll an. Als ich nicht sofort antworte, fragt er: „Vielleicht könntest du dann über Nacht bleiben?"

Es ist eindeutig, was er damit sagen will. Dann also ist *bald*. In zwei Wochen.

Plötzlich ist es sonnenklar, dass ich nicht weiter im Ungewissen bleiben kann. „Thom, ich muss dich was fragen."

„Ja?" Er sieht verwirrt aus.

„Aber du darfst nicht sauer werden. Ich werfe dir nichts vor. Ich muss es nur wissen."

Er zieht die Augenbrauen hoch, doch er sagt nichts. Im Zimmer ist es still. Die Folge ist zu Ende, die nächste wartet darauf, dass wir sie einschalten. Wir stehen auf Messers Schneide.

„Weißt du noch, als das mit unserem Haus passiert ist? Als jemand ‚Schlitzaugen' auf das Garagentor gesprayt hat?"

Völlig reglos sitzt er da. Er nickt kaum merklich.

„Meine Schwester hat ein Video von der Überwachungskamera unserer Nachbarin." Ich kämpfe gegen das Zittern an. „Die Trikots", flüstere ich. „Die sehen genauso aus wie deins." Es dauert eine Ewigkeit, bis ich die nächste Frage herausbringe. Vielleicht dauert es auch nur eine Sekunde. Ich weiß es nicht. Später werde ich mich nicht mehr daran erinnern, wie ich es geschafft habe, die Worte auszusprechen, der Augenblick ist aus meinem Gedächtnis gelöscht. „Warst du das?"

Verzweifelt hoffe ich mit allen Fasern meines Herzens, dass er mir ins Gesicht lacht. Dass er es wegwischt, mich küsst und sagt, ich soll nicht so albern sein. Dass er sagt, es tut ihm so leid, was passiert ist, und er haut jedem eine rein, der so etwas macht.

Oder er wird sauer und schickt mich weg. Sagt, so etwas würde er nicht in tausend Jahren tun, und ist tief gekränkt, dass ich ihm eine solche Tat zutraue.

Alles wäre besser als das.

Er sieht mich nicht an. Er schluckt einmal, zweimal. Ich denke, vielleicht geht die Welt unter, bevor er antwortet, und wir werden verschont. Als er mich ansieht, bricht sich der Schein der Lampe in unterschiedlichen Farben in seinen Augen. „Ich war das nicht." Seine Stimme klingt hohl. Zum ersten Mal, seit ich Thom Froggett kenne, wirkt er total verunsichert.

Ich würde gern erleichtert seufzen, aber der Ton, in dem er es gesagt hat, hält mich davon ab. Er ist noch nicht fertig. Er hat mir noch nicht alles gesagt.

„Es war Mike", platzt er hastig heraus. „Mike und Brayden."

Ich bin geschockt. Bevor ich reagieren kann, nimmt Thom meine Hände. „Bitte sag es niemandem", fleht er mich an.

Das hätte ich mir nie vorstellen können. Ich starre ihn einfach nur an. Mein Körper weiß nicht, was er fühlen soll. Mir wird abwechselnd heiß und kalt. Meine Hände, die er immer noch verzweifelt umklammert, fangen an zu schwitzen. „Annalie", drängt er. „Bitte."

Es wäre jetzt besser zu gehen. Oder Margaret anzurufen. O Gott, alles wäre besser, als feige hier sitzen zu bleiben. Ich kann nur den Mund öffnen und zaghaft fragen: „Aber warum?"

„Weil es nur eine einmalige Sache war und wir uns nächstes Jahr alle fürs College bewerben und es ihnen echt die Zukunft versauen würde", sagt er schnell. „Niemand wurde verletzt. Es war echt mies, da sind wir uns alle einig, und sie hätten es nicht tun sollen. Aber denk mal daran, was für einen Rattenschwanz das nach sich ziehen würde. Sie könnten vor Gericht kommen. Womöglich würden sie ihre Stipendien verlieren. Und Mikes Vater würde ihn auf jeden Fall umbringen." Er redet hastig und irgendwie unzusammenhängend, als könnte er es gar nicht schnell genug loswerden.

Das ist nicht das Warum, nach dem ich gefragt habe. Ich wollte nicht wissen, wieso ich seine Freunde decken soll. Die Gründe dafür liegen auf der Hand. Ich wollte von ihm wissen, warum sie das überhaupt gemacht haben. Wussten sie, dass ich dort wohne? Sie müssen es gewusst haben – so groß ist unsere Schule nicht. Aber ich kannte sie kaum. Ich habe vielleicht zweimal in meinem Leben mit ihnen gesprochen. Meine Schwester war zwei Jahrgangsstufen über uns, sie kannten sie also bestimmt vom Sehen, doch ich bezweifle, dass sie je mit ihr geredet haben.

Warum dieses Wort? Mir fällt wieder ein, was ich noch vorgestern zu Margaret gesagt habe, dass die Täter wahrscheinlich schon gar nicht mehr daran denken. Und jetzt sagt Thom wörtlich dasselbe, was ich zu Daniel gesagt habe: Niemand wurde verletzt, niemand wurde verletzt, niemand wurde verletzt. Das habe ich nur so dahingesagt, und jetzt komme ich mir dumm vor.

So unglaublich dumm.

Thom schaut mir prüfend ins Gesicht. Ich weiß nicht, wie ich in diesem Moment gucke. Enttäuscht? Wütend? Fassungslos? Durcheinander? Ich würde jetzt gern sagen können, dass es keine große Sache ist. Das coole Mädchen sein, das ich immer gern wäre.

„Warum haben sie das getan?", frage ich schließlich.

Er seufzt. „Sie sind einfach bescheuert. Es war ein Streich. Wer weiß? Wahrscheinlich hatten sie schon was getrunken, weil an dem Tag das Fußballtraining ausgefallen ist." Er zuckt hilflos die Achseln.

Ich will eine bessere Antwort. Ich brauche eine bessere Antwort. Aber das ist wohl die einzige Antwort, die ich je bekommen werde.

„Es war dämlich. Es ist dämlich. Sie wissen, dass sie einen Fehler gemacht haben, und sie werden es nie wieder tun. Aber mach ihnen wegen einer Sache, die schon vorbei ist, nicht die ganze Zukunft kaputt. Es tut mir leid, Annalie. Du weißt, dass wir nicht so sind, oder? Wir sind keine Rassisten. Sie sind keine Rassisten. Ich wäre nie mit Rassisten befreundet."

Er wirkt ernst und überzeugt. Wieder drückt er meine Hände. „Wenn ich ein Rassist wäre, wie könnte ich dann mit dir zusammen sein? Ich mag dich. Bitte. Ich erzähle es dir nur, weil ich dir vertraue. Du bist meine Freundin, und ich will, dass wir zusammen sind."

Ich musste es unbedingt wissen. Jetzt weiß ich es und wüsste es lieber nicht. Wie soll ich meiner Schwester ins Gesicht sehen? Und meiner Mutter? Wenn sie je herausfänden, dass ich das für mich behalten habe, würden sie nie wieder mit mir reden. Falls sie es herausfänden.

Ich wäre gern mutig. Aber ich stelle mir vor, was nach den Ferien in der Schule los wäre, wenn ich petzen würde wie ein kleines Kind, und Mike und Brayden es wirklich mit der Polizei zu tun bekämen. Ihre Zukunft wäre zerstört. Das hätte ich dann zu verantworten, oder? Könnte ich damit leben?

Menschen machen Fehler.

Oder?

War das wirklich ein Hassverbrechen? Oder war es nur ein Streich, den uns zwei Jungs gespielt haben, die gerade einen schlechten Tag hatten? Ich weiß, wie Margaret darüber denken würde. Aber was denke ich?

Ich weiß es nicht.

„Bitte", sagt Thom.

„Okay", sage ich schließlich.

14
MARGARET

„Wir gucken uns Feuerwerk zusammen an. Vierter Juli", sagt Mama eines Abends unvermittelt zu Annalie und mir.

„Warum?", frage ich.

„Darum", sagt Mama und sieht mich scharf an. „Ihr seid die ganzen Ferien zu Hause und macht nichts als zanken oder nicht miteinander reden. Nicht wie eine Familie. Nicht wie Schwestern."

Ich verkneife mir einen genervten Blick. Mama hatte immer schon ganz feste Vorstellungen davon, wie Schwestern zueinander sein sollten, und wirft uns ständig vor, dass wir dem nicht entsprechen.

„Diesen Sommer haben wir nicht mehr viel Zeit", fährt sie fort. „Am Feiertag streiten wir uns mal nicht, okay?"

„Nur, wenn sie wirklich so viel Zeit mit mir verbringen will", sage ich sarkastisch.

Ich erwarte, dass Annalie protestiert und andere Pläne vorschiebt, aber sie scheint nicht richtig bei der Sache zu sein. „Klar, klingt gut", sagt sie. Irgendwas stimmt da nicht. Sie hat noch nie „klingt gut" gesagt, wenn es darum ging, etwas mit mir zu unternehmen.

Mama guckt zufrieden, obwohl Annalie sich schnell entschuldigt und in ihr Zimmer geht. „Sie hat doch irgendwas", sage ich.

„Du bist *da jie*, die Ältere", sagt Mama. „Kannst du freundlich zu ihr sein? Du machst diese Ferien sehr schwer für uns."

Alles in mir sträubt sich. Wie oft habe ich das schon zu hören bekommen. Die Ältere soll sich beherrschen, soll geduldig sein, ein Vorbild. Alles, was ich nie war. Und immer noch gibt sie mir die Schuld, wenn es Stress gibt, nie Annalie.

„Warum soll immer ich schuld sein?", platzt es aus mir heraus.

„Das habe ich nicht gemeint", sagt Mama. „Eines Tages bin ich nicht mehr da, und dann ist deine Schwester deine einzige Familie. Vergiss das nicht. Du musst dich für deine Familie entscheiden."

Als könnte ich das je vergessen.

Am nächsten Tag auf der Arbeit strahlt Rajiv. Ich kann ihn kaum ansehen, deshalb tue ich so, als wäre ich wahnsinnig beschäftigt mit einem neuen Stapel Aufgaben.

Immer wieder denke ich an unsere letzte Begegnung. Im grellen Licht des Tages danach kommt mir unsere rauschhafte Romanze weit weg vor. Ich habe ja schon zu Hause immer das Gefühl, alles zu verderben. Warum habe ich dann schon wieder etwas angefangen, was ich nur verderben kann?

Denn das ist es letztlich. Ein schreckliches Verderben. Ein erlesener Fehler. Ich sehe den Herzschmerz schon in Zeitlupe auf mich zukommen.

Rajiv unterbricht meine Gedanken mit der Frage, ob ich am vierten Juli zu ihm zum Grillen kommen möchte. „Tut mir leid, dass ich so kurzfristig frage."

„Mit deiner Familie?", frage ich überrascht.

Er sieht mich schüchtern an. „Ja."

„Wissen sie, dass du mich einlädst?"

„Na ja, ich wollte erst abwarten, ob du zusagst, und es ihnen dann erzählen. Es wäre ja Unsinn, alle schon vorher aufzuscheuchen." Er hält inne. „Margaret. Diesmal ist es okay. Wirklich. Sag einfach Ja."

Wie gern würde ich mich einfach hineinstürzen. Wie gern einen Schritt weitergehen ohne die Angst, dass die Vergangenheit uns einholt.

„Mist", sage ich und gucke stur auf meinen Monitor. „Mama will, dass wir den vierten Juli zusammen feiern. Tut mir leid." Obwohl es stimmt, fühlt es sich an wie eine Ausrede.

„Ach so." Er wirkt total geknickt.

„Ich würde wirklich gern kommen."

„Schon gut. Mach dir keine Gedanken." Er lässt mich in Ruhe, aber den Rest des Vormittags ist er stiller als sonst.

Ich denke an Mamas Bemerkung, dass ich das Jahr über weit weg bin, und an das Letzte, was sie am Abend des Abschlussballs zu mir gesagt hat. Ich riskiere einen Seitenblick zu Rajiv, der vor sich hin tippt. Ich merke, wie ich schrumpfe und zu nichts zerfalle.

Mama, Annalie und ich gehen mit Klappstühlen und einem Korb voller Dumplings mit Schweinefleisch in den Park, wo man das Feuerwerk anschauen kann. Wir suchen uns einen Platz auf dem Hügel. Auf dem sanft geschwungenen Grashang laufen alle hin und her und versuchen sich einen guten Platz zu sichern, bevor in einer halben Stunde das Feuerwerk losgeht. Es fängt schon an zu dämmern. Die Luft ist warm und von Grillgeruch erfüllt.

Wir setzen uns auf die Stühle und schauen schweigend zu, wie sich der Park mit immer mehr lachenden Familien füllt, mit Kindern, die Knicklichter schwenken. Mama isst einen Dumpling. „Als ihr klein wart, haben wir das auch immer gemacht, wisst ihr noch?", fragt sie wehmütig.

Annalie scrollt ziellos auf ihrem Handy herum. Sie schaut zu Mama, nicht zu mir, und nickt. Ich unterdrücke eine abfällige Bemerkung – es ist Jahre her, seit wir uns das letzte Mal zusammen ein Feuerwerk angesehen haben. Ich halte den Blick in den Schoß gesenkt.

Es ist schon erstaunlich, dass ich mich nirgends so einsam fühle wie in meiner Familie.

Ich weiß gar nicht, was Mama sich bei dieser Aktion gedacht hat. Als ich jünger war, habe ich mich gefragt, ob sie ihr Bedürfnis nach Liebe allein dadurch stillt, dass sie mit anderen zusammensitzt, anstatt über ihre Gefühle zu sprechen, denn das hat es bei uns nie gegeben. Ich dachte, wenn ich mich nur ordentlich anstrenge, könnte ich das auch – schweigend nach der Liebe greifen.

Immer mehr Familien setzen sich um uns herum. Es ist kaum möglich, sich nicht wenigstens flüchtig zu fragen, wie es wohl wäre, wenn mein Vater uns nicht verlassen hätte und wir jetzt zu viert hier wären. Aber manche Sachen kann man sich schlecht vorstellen. Wenn mein Vater da wäre, wäre alles anders. Wir wären ganz andere Menschen. Vielleicht würden wir dann gar nicht mehr hier wohnen. Wären wir glücklicher und einander näher? Oder ist das auch nur Wunschdenken?

Ich mache die Augen zu und lausche auf die Geräusche um mich herum. Das Gewirr und Gewusel der Menschen, das Zirpen der Grillen im Gras und das Lärmen der Zikaden in den Baumwipfeln.

„Hey", sagt Annalie zu meiner Linken. Ich zucke zusammen. Sie ist mit ihrem Stuhl näher gerückt, vorher hatten wir fast einen Meter zwischen uns, als hätten wir Angst, der anderen zu nahe zu treten.

„Was ist?"

„Wie läuft es mit Rajiv?"

„Was?" Ich bin so erschrocken, dass es schärfer herauskommt als beabsichtigt. Mein Denken ist verlangsamt, und einen kurzen Moment glaube ich, dass sie Bescheid weiß.

„Auf der Arbeit, meine ich. Ihr arbeitet doch zusammen, oder?" Sie runzelt die Stirn und lehnt sich dann wieder zurück. „Okay, tut mir leid. Ich dachte, wir könnten für heute eine Art Waffenstillstand schließen, anstatt eine geschlagene Stunde dazusitzen und uns anzuschweigen."

„Nein, mir tut es leid. Ich dachte ... egal." Ich werfe einen Blick zu Mama, die überhaupt nicht auf uns achtet.

„Was?" Jetzt dämmert es ihr. „Seid ihr wieder zusammen oder so?"

„Schschsch!"

Sie grinst. „Wow, ein Rückfall."

„Ich will nicht darüber reden."

„Schon gut." Sie hebt die Hände. „Wir müssen nicht darüber reden." Sie tätschelt mir den Arm. „Ich mochte ihn immer, weißt du." Sie schweigt kurz. „Es tut mir leid, dass ich mich damals verplappert habe. Ist das der Grund dafür, dass du mich hasst?" Sie sagt es leicht sarkastisch, aber bei Annalie merkt man immer, wenn sie hinter einem Scherz ihre wahren Gefühle verbirgt.

„Ich hasse dich nicht", sage ich entschieden. „Niemand konnte was dafür. Früher oder später hätte sie es sowieso rausgekriegt. Aber es wäre nett, wenn du ein bisschen leiser reden könntest. Ich weiß nicht, was das mit Rajiv und mir ist." Es ärgert mich, dass ich trotzdem ein Lächeln nicht unterdrücken kann.

„Du glühst ja", neckt sie mich.

„Du wirkst aber auch ziemlich aufgekratzt. Hab ich eine Chance, dass du mal was anstellst, was mich aus der Schusslinie nimmt? Du bist mir was schuldig."

„Ha. Kann schon sein." Sie zuckt die Schultern, jetzt ist ihr nichts mehr anzusehen. „Ich mache auch nicht immer das, was Mama sagt. Ich bringe sie nur nicht so gegen mich auf wie du. Aber klar, dir kann ich wohl erzählen, dass ich einen Freund habe. Oder so was in der Art."

„Ach ja? So was in der Art?" Das ist ja hochinteressant.

„Wir sind zusammen. Aber ich weiß noch nicht genau, wie ich das finden soll. Er ist in der Fußballmannschaft."

„Weiß?"

„Ja", sagt sie und schaut weg, als hätte sie deswegen ein schlechtes Gewissen. Was unnötig ist. Ich wünsche ihr bestimmt nicht, dass sie die gleichen Kämpfe mit Mama austragen muss wie ich.

„Beliebt?"

Sie lacht. „Ja, und wie."

„Dann wirst du dieses Jahr die Homecoming Queen?"

„Mach dich ruhig über mich lustig, aber ich werde garantiert nicht Homecoming Queen", sagt sie finster. In der Abendsonne sieht die Silhouette meiner Schwester wunderschön aus. Sie ist wie die Traumfrau aus einer Boygroup-Schnulze – scheu und kokett, als wüsste sie nicht, wie hübsch sie ist.

„Werden wir ja sehen", sage ich leicht verärgert. Obwohl ich in der Schule nie darauf aus war, beliebt zu sein, versetzt es mir immer noch einen Stich, dass Annalie überall besser ankommt als ich. Nichts ist mir so vertraut wie der Groll darüber, mit der jüngeren Schwester konkurrieren zu müssen.

„Warum findest du alles doof, was mir wichtig ist?"

„Was?"

Sie verschränkt die Arme. „Ich weiß doch, dass du Homecoming oberflächlich findest. Und das ist es wahrscheinlich auch. Aber ich laufe ja nicht Reklame dafür, und was ist so schlimm daran, wenn man im eigenen Jahrgang beliebt sein möchte? Immer willst du mich bevormunden. Ich bin kein Baby mehr."

Ich bin richtig erschrocken. „Ich finde nicht alles doof, was dir wichtig ist."

Sie verdreht die Augen. „Ja, klar."

„Echt nicht! Wie kommst du darauf?"

„Ach, ich weiß nicht. Du traust mir überhaupt nichts zu. Immer meinst du, du müsstest dich um alles kümmern, weil ich es nicht gut genug mache. Du denkst, ich wäre nicht so ernsthaft wie du, nur weil ich nicht so gute Noten habe und nicht Jura studieren will. Meine Meinung ist in deinen Augen doch überhaupt nichts wert." Sie zählt mir ihre Argumente an den Fingern vor.

„Ich denke nichts von alledem", sage ich beschämt.

„Ich höre es doch an deinem Ton."

„Hey", sage ich. „Jetzt bist du aber ungerecht. Immer wenn wir uns gestritten haben, hat Mama zu dir gehalten, weil du die Jüngere bist. Sie hat dich immer vorgezogen, du bist ihr Liebling. Auf mich ist sie immer wütend."

„Und das lässt du an mir aus?", fragt sie.

Damit hat sie einen wunden Punkt getroffen. Eine Weile sitze ich mit offenem Mund da, weil mir darauf nichts einfällt. Ich seufze. „Warum streiten wir uns jetzt darüber?"

„Keine Ahnung. Ich kann mich nicht erinnern, dass wir jemals nicht gestritten hätten. Kein Wunder, dass ich mich nicht auch noch mit Mama streiten will, oder?"

Annalie ist vielleicht nicht die Beste im Argumentieren, aber aus irgendeinem Grund trifft sie bei mir immer einen Nerv.

„Außerdem", fährt sie fort, „tust du so, als würde ich zu allem, was Mama will, immer nur Ja und Amen sagen. Aber ich hab meinen eigenen Kopf. Ich überlege mir nur genau, welche Kämpfe ich ausfechten will und welche nicht. Du stürzt dich in jeden Kampf."

„Ich kann mich wirklich an keine einzige Situation erinnern, in der du mal nicht gemacht hättest, was Mama wollte. Immer verbündet ihr beide euch gegen mich. Wenn Mama dir sagen würde, du darfst den Rest des Jahres kein Lila mehr tragen, würdest du gehorchen." Jetzt bin ich kleinlich und gemein, aber ich kann nicht aufhören.

„Tja, also, ich möchte mal Konditorin werden. Das wird Mama nicht gefallen", sagt sie.

Was auch immer ich gerade sagen wollte, bleibt mir im Hals stecken. „Was? Konditorin?"

„Ja, ich weiß, in deinen Augen ist das nicht ambitioniert genug oder so und führt geradewegs in die Armut." Sie winkt ab und wird rot.

„Nein! Aber ... das wusste ich gar nicht."

„Du hast mich nie gefragt", sagt sie schroff und wendet sich ab.

Ich denke an die Abende, als ich noch zur Schule ging und Annalie zu Hause war und nichts zu tun hatte. Meist hat sie sich dann in der Küche zu schaffen gemacht und das Haus mit dem Duft von Gebäck erfüllt. Wenn ich ehrlich bin, habe ich mir noch nie Gedanken darüber gemacht, was Annalie mal werden will. Für mich war sie immer so viel jünger als ich, und der Zeitpunkt, an dem sie groß wäre und sich für einen Beruf entscheiden müsste, schien Jahre entfernt.

„Du hättest es mir einfach erzählen können", sage ich. Es klingt klein und armselig, ein Angebot, das zu spät kommt.

„Ich habe Angst davor, dir etwas zu erzählen."

„Ich bin deine Schwester. Ich kann ein Geheimnis für mich behalten. Du kannst mir alles erzählen."

Ein wissendes Lächeln zuckt um ihren Mund, das ich nicht richtig deuten kann. „Nicht alles."

Ich sehe Annalie an, und plötzlich ist sie mir vollkommen fremd. Es ist erst ein Jahr her, seit ich zu Hause ausgezogen bin, aber trotzdem.

Hinter den Bäumen knistert es, dann folgt ein lauter Knall. Die erste Rakete saust in den Abendhimmel. Mama setzt sich gespannt auf. „Guckt mal, da", sagt sie, als könnten wir die sprühenden Funken übersehen.

Das Feuerwerk baut sich langsam auf, hier und da knallt und zischt es schon, bevor ein unaufhörlicher Strom leuchtender Farben den Himmel erfüllt. Kinder rufen und zeigen mit dem Finger nach oben. Als wir klein waren, hat Annalie sich vor dem Krach immer sehr gefürchtet. Mama hat versucht sie zu beruhigen, doch wenn es losging, klammerte sie sich an mich.

Jetzt schaut sie zum Himmel und ihr Gesicht leuchtet blau und rot von den wechselnden Lichtern. Sie sieht zu mir her, und unsere Blicke treffen sich. In dem Moment lächeln wir beide.

Die Autofahrt zurück ist still und doch schön. Es fühlt sich so an, als hätten wir etwas Großartiges zusammen erlebt, auch wenn es nur ein albernes Feuerwerk war.

Wir gehen ins Haus und ich schalte das Licht an. Nichts passiert. Mehrmals schalte ich hin und her.

„Oje, sieht nach einem Stromausfall aus."

Annalie späht durch die Jalousien auf die Straße. „Bei den Nachbarn ist auch alles dunkel", bestätigt sie.

Drinnen ist es stockfinster. „Haben wir Kerzen oder Taschenlampen?" In dem einen Jahr habe ich vergessen, wo wir solchen Krimskrams aufbewahren. Briefmarken oder Batterien.

Mama zieht die Schuhe aus, klappernd fallen sie neben die Fußmatte auf den Boden. „Ich glaube, im Nähzimmer sind welche. In einer der Schubladen." Sie marschiert los und stößt sich einen Zeh an der Treppenstufe. „Au!"

„Lass mal", sage ich und strecke den Arm aus. „Wartet hier. Ich gucke nach."

Im Flur schalte ich die Taschenlampe an meinem Handy an und leuchte mir den Weg. Das Haus knarrt, während ich langsam zur Kellertreppe gehe. Ich halte mich am Geländer fest und gehe vorsichtig die Stufen hinunter. Im Keller ist es pechschwarz, nur durch das kleine Fenster ganz oben an der Wand wirft der Mond einen schmalen Lichtstreifen auf den Boden.

Vorsichtig laufe ich über den Teppich in das Eckzimmer, in dem Mama ihre Näharbeiten verrichtet. Darin ist ein großer, breiter Holztisch, auf dem in der Ecke die weiße Nähmaschine matt leuchtet. Die gegenüberliegende Wand wird vollständig von einem Schrank mit drei Reihen Schubladen eingenommen. Darin bewahrt sie ihre Stoffe und Garne und andere Nähutensilien auf.

Annalie und ich betreten dieses Zimmer nie. Von klein auf wussten wir, dass es Mamas privates Arbeitszimmer ist. Wenn sie darin ist, macht sie für gewöhnlich die Tür zu. Dann hört man nur das gleichmäßige Surren der Nähmaschine.

Ich öffne eine der unteren Schubladen und leuchte mit dem Handy hinein. Lauter Garnrollen sind darin. In einer anderen Schublade sind verschiedene Ballen mit Baumwollstoffen. In einer Schublade ist eine Blechdose, und als ich sie schüttele, höre ich Knöpfe darin rappeln. Ich arbeite mich weiter nach oben vor. Schließlich finde ich in einer Schublade eine Packung weiße Teelichte und Streichhölzer. Eine Taschenlampe rollt herum.

Ich öffne die Schublade darüber, um zu gucken, ob es noch mehr Taschenlampen oder vielleicht Kerzen gibt. Diese Schublade ist voller Papier. Nein, keine Papiere. Fotos. Ich leuchte hinein. Die Fotos sind verblichen, die Ecken abgestoßen. Ich nehme den Stapel heraus. Verständnislos starre ich darauf. Auf dem obersten Bild ist Mama mit einem Baby im Arm, und neben ihr steht ein großer rothaariger Mann und strahlt in die Kamera. Mama trägt eine altmodische weiße Bluse mit Knöpfen und einen langen Jeansrock. Ich drehe das Foto um. Darauf steht das Jahr meiner Geburt. Das Baby bin ich. Und der Mann ist natürlich mein Vater.

Zitternd gehe ich den Stapel durch.

Da sind frühe Bilder von meiner Mutter und meinem Vater, bevor es uns gab. Bilder, die direkt nach Annalies Geburt entstanden sind. Bilder von Annalie und mir und meinem Vater grinsend am Strand, lachend. Ich fahre leicht mit dem Finger über die Fotos, voller Angst, sie könnten in meinen Händen zerfallen. Ich fühle noch einmal über den Boden der Schublade, aber bis auf den Staub ist sie leer.

Annalie ruft die Treppe herunter: „Wir haben wieder Strom! Wir brauchen keine Kerzen mehr!"

Eine Weile bleibe ich mit den Fotos in den steifen Händen sitzen, unfähig aufzustehen. Soll ich sie wieder zurücklegen? Ich starre meinen Vater an. Er sieht anders aus, als ich ihn in Erinnerung habe, aber meine Erinnerung ist sehr vage.

Langsam mache ich die Schublade zu, ohne die Fotos zurückzulegen. Mein Herz steht still.

Eine Erinnerung in groben Pinselstrichen –
Ich bin mit Mama, Dad und Baby Annalie im Park. Es ist ein warmer Sommertag, aber Mamas größte Sorge ist immer, ihre Kinder könnten sich erkälten, deshalb ist Annalie so dick eingepackt, dass man nur ihr rundes Gesichtchen sieht, eine helle Haarsträhne lugt oben heraus. Sie hatte als Kind so helle Haare und so blaue Augen, dass sie aussah wie eine Weiße. Mama wurde regelmäßig für das Kindermädchen gehalten. Sie sitzt mit Annalie auf einer Decke, und Annalie quengelt.

Ich bin gerade drei Jahre alt und habe keine Lust, mit Mama und dem Baby herumzusitzen, deshalb geht Dad mit mir zum Teich. Alles ist verschwommen, Empfindungen, Klänge und Farben überlagern sich. Und was für Farben. Das Kehrbild des Himmels als fleckiges Blau im Teich, die roten und lila Tupfen der Chrysanthemen, weiße und gelbe wilde Gänseblümchen und das Grün, endloses Maigrün, Jagdgrün, Lindgrün, Smaragdgrün rauschen über die Leinwand meines Blickfelds.

Auf dem Teich schwimmen Seerosenblätter und rosa Blüten. „Seerose", sagt mein Vater und zeigt auf das Wasser. „Die Blumen heißen Seerosen."

Am anderen Ufer watscheln runde, wohlgenährte Enten entlang. „Ente!", rufe ich und laufe mit meinen kleinen Pummelbeinen los. Ich vertraue darauf, dass die, die mich lieb haben und auf mich aufpassen, immer in meiner Nähe sind. Ich laufe, laufe, laufe, laufe …

Das Lachen meines Vaters verhallt hinter mir.

Bevor ich bei den Enten bin, fangen sie an zu quaken und mit den Flügeln zu schlagen. Sie jagen auseinander. Federn fliegen. Das Ufer ist matschig. Ich rutsche mit meinem kleinen Fuß aus und falle hin. In dem Sekundenbruchteil bevor ich im Wasser lande, drehe ich mich panisch um. Ich sehe die roten Haare meines Vaters in der Sonne leuchten, er aber schaut nicht zu mir, er ist mir nicht gefolgt. Er geht in die andere Richtung, zu Mama und Annalie. Er sieht nicht zu mir hin.

Ich lande im Teich und bekomme Wasser in die Nase. Gebe keinen Mucks von mir, so erschrocken bin ich.

Das Entscheidende ist, dass ich sein Gesicht nicht sehen kann. Und sosehr ich mich auch anstrenge, ich kann es aus meiner bruchstückhaften Erinnerung nicht hervorholen, denn er ist von mir abgewendet.

In Gedanken schreie ich: Warum bist du mir nicht nachgelaufen, Dad? Warum hast du nichts gesehen?

Doch mein dreijähriges Ich, eingeschlossen in einer erstarrten Vergangenheit, bleibt jedes Mal stumm.

Ich gehe nach oben. Das gelbe Küchenlicht scheint mir grell in die Augen, und ich blinzele. Mama sitzt mit einer Tasse Tee in den Händen am Tisch. Annalie kramt in dem Schrank mit den Knabbereien.

Ich lege die Fotos sanft vor Mama auf den Tisch. Ich sage nichts.

„Was ist das?", fragt sie.

„Dad", sage ich.

Annalie lässt die Chipstüte fallen, die sie gerade in der Hand hat. Knisternd fällt sie zu Boden. „Was?"

„Fotos von Dad." Ich schaue immer noch Mama an, die nicht antwortet. Sie streicht sich eine Haarsträhne hinters Ohr und presst die Lippen zusammen. Ich starre sie so intensiv an, dass es mich nicht wundern würde, wenn mein Blick sich in Laserstrahlen verwandeln und ihr in die Stirn brennen würde.

Annalie kommt zögernd zum Tisch und blättert durch die Fotos. Mama hält sie nicht davon ab, sie rührt sich nicht.

„Warum hast du uns die Bilder nicht gezeigt?", frage ich. „Ich dachte, du hättest alle weggeworfen. Du hast sie aufbewahrt und es uns nie erzählt?"

„Er ist nicht in unserem Leben", sagt sie nur. „Er ist weg."

„Er ist ein Teil von uns!", brülle ich zornig. „Du kannst so was nicht einfach für uns entscheiden. Weißt du, wo er ist? Was verheimlichst du uns noch alles?"

Mama steht auf. „Er kommt nicht zurück", sagt sie. „Schreien nützt nichts." Ohne ein weiteres Wort geht sie aus der Küche.

Annalie sagt nichts. Sie legt die Fotos auf den Tisch und schüttelt den Kopf.

„Und du?", frage ich.

Sie feuert einen Blick auf mich ab. „Du bist jetzt aber nicht wütend auf mich." Sie geht ebenfalls aus der Küche. Die Fotos liegen immer noch auf dem Tisch.

Ich denke darüber nach, dass niemand in dieser Familie je über irgendwas reden will. Und dass meine Entscheidungen immer von Mamas Ansichten gefärbt sind, während ich ihre Entscheidungen nicht färben kann. Ich platze fast vor Wut.

Am Montag bei der Arbeit sind die dunklen Ringe unter meinen Augen unübersehbar. Der Concealer fühlt sich fettig auf meiner Haut an. Ich nippe an meinem Kaffee, vor lauter Schlafmangel ist mir leicht übel. Am liebsten wäre ich gar nicht zur Arbeit gekommen.

Rajiv verspätet sich um eine halbe Stunde, ungewöhnlich für ihn. Er sieht auch müde aus. „Guten Morgen", sagt er.

„Hi. Du siehst schrecklich aus", sage ich leichthin.

„Der erste Tag nach einem langen Wochenende, und schon versprühst du wieder deinen Charme." Sein Ton ist schärfer als gewöhnlich.

Er setzt sich an seinen Computer und blättert aggressiv in dem Kalender auf seinem Schreibtisch. „Unser Grillabend war schön."

Ich bin gereizt und kann nichts dagegen tun. Meine Nerven sind zum Zerreißen gespannt. In der Nacht vom vierten Juli hätte ich schreien mögen, stattdessen musste ich meinen Zorn runterschlucken und mit den Fotos nach oben gehen. Ich habe sie ganz hinten in meinen Wandschrank gepackt, damit Mama sie nicht zurückholen kann. Im Bett habe ich mich hin und her gewälzt, immer wieder blitzten Bilder von meinem Vater vor meinen Augen auf.

Mit meiner Frage, ob sie weiß, wo er ist, wollte ich Mama nur ärgern. Ich wusste, dass sie es nicht weiß. Ich wusste, dass er nicht zurückkommt und dass er, wenn er wirklich mit seiner Familie hätte zusammen sein wollen, einen Weg zu uns zurück gefunden hätte. Mein Vater hat uns aus freien Stücken verlassen, und Mama hat versucht uns zu schützen. Aber sie war in dem Moment da und er nicht, also hat sie meine Wut abbekommen.

Und jetzt bekommt Rajiv sie ab.

Er sitzt neben mir und ich merke, dass er schlechte Laune hat. Rajiv hat selten schlechte Laune, aber wenn, dann drückt sich das in eisigem Schweigen aus. Er kann es nicht leiden, wenn man ihn darauf anspricht, er schmollt lieber. Bei mir ist es genau andersherum. Ich brülle rum und verlange, dass das Problem auf der Stelle geklärt wird. Am schlimmsten haben wir uns immer dann gestritten, wenn ich ihn gegen seinen Willen aus seinem Schmollwinkel gelockt habe. Ich weiß genau, welche Knöpfe ich bei ihm drücken muss.

„Warum hast du mich zum Grillen eingeladen?", platze ich heraus. „Sollte das irgendeine schräge Racheaktion für den Abschlussball sein?"

Er sieht mich verständnislos an, dann wischt er es mit einem Stirnrunzeln beiseite. „Jeder normale Mensch würde sich über eine Einladung zu einem Grillabend freuen. Ehrlich gesagt wäre es unter den Umständen doch mehr als großzügig von meiner Mutter gewesen, doch willkommen zu heißen."

Es verschafft mir eine unangenehme Befriedigung, ihn zu provozieren, eine Ablenkung von meiner eigenen Enttäuschung.

„Was denkst du eigentlich, was das hier ist?", frage ich angriffslustig. „Das mit uns beiden, meine ich."

„Ich weiß nicht. Aber du wirst es mir bestimmt gleich verraten."

Ich würde ihm gern von den Fotos von meinem Vater erzählen. Ich würde gern sagen, dass ich Angst habe, wir könnten wieder die gleichen Fehler machen. Ich habe Angst vor dem Widerstand unserer Familien und dass ich vielleicht immer noch nicht den Mut habe, mich gegen sie zu stellen. Ich glaube, ich packe das nicht, wenn mein Herz ein zweites Mal bricht. Doch ich sage nichts von alledem, denn wenn sich eines nicht geändert hat, dann das: Ich kann immer noch nicht sagen, was ich sagen will.

Hätte ich mehr kämpfen sollen? Daran glauben sollen, dass Mama ihre Meinung schon ändern würde, wenn wir lange genug zusammen wären? Sind wir jetzt älter? Klüger? Meine Gedanken kreisen endlos um dieselben Fragen.

„Das geht alles so schnell. Ich hab nicht damit gerechnet. In deiner Nähe werde ich immer unvernünftig", sage ich schließlich und wende mich ab.

„Findest du es unvernünftig, mit mir zusammen zu sein?" Seine Stimme ist hart. „Du hast mir gesagt, du wärst nie über mich hinweggekommen. Du bist zu mir gekommen. Und dann in mein Bett. Du tust so, als hätte ich dich mit einer Art Masterplan wieder in meine Fänge gelockt. Ich hatte diesen Job vor dir, klar? Du bist einfach wieder in mein Leben geknallt, und du hast noch nicht mal ..." Er hält inne und schüttelt den Kopf. „Vergiss es. Vergiss es einfach."

„Was?"

„Nichts."

„Sag schon."

„Bei dir geht es immer nur um dich."

Das ist wie eine Ohrfeige, genau so etwas könnte auch Annalie sagen, wenn sie mich verletzen will. Ich setze mich auf. „Du hast keinen Grund, so gemein zu mir zu sein."

„Ach nein? Erinnerst du dich noch an die Deadline für mein Stipendium?"

„Was?"

„Professor Schierholtz? Der du eine Mail schreiben wolltest? Meine Deadline ist genau heute."

Es fühlt sich an, als hätte mir jemand kaltes Wasser in den Nacken geschüttet. Ich habe es vergessen. Über der Geschichte mit dem Überwachungsvideo und dann über den Fotos von meinem Vater ist alles andere in den Hintergrund gerückt. „Das tut mir leid. Aber du hast mich auch nicht daran erinnert", sage ich schwach.

„Immer wenn ich dich um einen Gefallen bitte, muss ich dich noch mal daran erinnern, aber musstest du mich je an irgendwas erinnern, was ich für dich tun sollte? An die anderen Sachen auf deiner To-do-Liste denkst du ja auch, ohne dass dich jemand erinnert." Er funkelt mich an. „Ich hätte dich letzte Woche daran erinnert, als ich dich zum Grillen eingeladen habe, aber als du Nein gesagt hast, hatte ich keine Lust mehr, dich um einen Gefallen zu bitten. Aber keine Sorge. Ich habe einen anderen Weg gefunden. Ich will dir sowieso nichts schuldig sein."

Der letzte Satz tut besonders weh. „Es tut mir so leid", sage ich. „Wirklich. Ich habs vergessen. Das wollte ich nicht."

Er schnaubt verächtlich.

„Es war doch nur ein Grillabend", sage ich sanft. Doch ich merke, wie ich in ein Loch rutsche, das ich mir selbst gegraben habe, und ich habe Angst, dass ich nicht wieder herauskomme.

Er sieht so wütend aus. „Ich wollte es dir erzählen. Vor dem Grillen. Ich hatte das Gefühl, dass ich es dir endlich sagen müsste. Aber bevor ich wusste, wo wir stehen, war irgendwie nie der richtige Moment dafür. Dann dachte ich, ich wüsste es, aber ich hab mich wohl getäuscht."

„Wovon redest du?"

Er atmet tief durch. „Meine Mutter hatte einen Hirntumor, sie wurde vor ein paar Monaten operiert. Deshalb bin ich diesen

Sommer hier, um mich nach der OP um sie zu kümmern. Es geht ihr jetzt ganz gut, aber das Wochenende war schlimm, weil ihr die ganze Zeit schwindelig und übel war." Seine Worte fallen in meinen Schoß wie schwere Steine.

Ich kann nichts sagen. Alles steht kopf. „Mein Gott."

„Ja, wir haben es im April erfahren. Es ging alles ganz schnell. Wie gesagt, jetzt geht es ihr einigermaßen. Das heißt, sie hat keinen Krebs mehr, aber sie leidet noch unter den Nachwirkungen der OP."

Ich finde nicht die richtigen Worte. Ohne groß darüber nachzudenken, nehme ich ihn in die Arme. Einen Moment lang hält er mich fest, so wie früher, doch er lässt mich zu schnell wieder los.

„Du kannst also beruhigt sein", sagt er. „Es war nicht mein Plan, dich in diesem Sommer zurückzugewinnen."

„Rajiv ..."

Er winkt ab.

Ich versuche es noch mal. „Warum hast du es mir nicht erzählt?"

„Ich weiß es nicht, Margaret." Er klingt resigniert. Er fährt so schnell aus der Haut, aber ebenso schnell legt sich seine Wut auch wieder und hinterlässt nichts als Enttäuschung. „Du erzählst mir auch nicht alles. Warum sollte ich dir so etwas anvertrauen? Du gibst mir keinen Grund dafür."

Ich schließe die Augen.

„Du fragst mich, was das mit uns ist. Die Wahrheit ist, dass ich dich geliebt habe – vielleicht liebe ich dich sogar immer noch. Aber im Moment mag ich dich nicht besonders, du stößt mich immer wieder weg, und ich bin es leid, zu versuchen, dich zu mir zu ziehen. Du hast gewonnen. Wie immer."

Ich muss hier raus. Wenn ich bleibe, weine ich, und ich darf nicht vor Rajiv weinen. Abrupt stehe ich auf und stopfe meine Sachen in die Tasche. „Ich muss los. Sag den anderen, ich nehme mir heute frei."

Er nickt. „Es tut mir leid", sagt er noch, als ich hinausstürme.

15
ANNALIE

Als Margaret und Rajiv zusammenkamen, brauchte mir niemand zu sagen, dass Mama nichts davon erfahren durfte. Margaret und ich waren unter einem Dach aufgewachsen, mit der gleichen unergründlichen Lücke, die unser Vater hinterlassen hatte, und der gleichen unerschütterlichen Gegenwart einer Mutter, deren Autorität niemals angezweifelt werden durfte. Wir könnten kaum unterschiedlicher sein, doch in mancher Hinsicht verstehen wir uns ohne Worte.

Ich behielt das Geheimnis für mich, bis ich mich eines Tages verplapperte, und dann ging alles zu Bruch. Margaret und ich waren uns schon vorher nicht nah gewesen, aber dadurch wurde die Kluft zwischen uns noch größer.

Ehrlich gesagt konnte ich noch nie gut ein Geheimnis für mich behalten. Ich gehöre zu den Menschen, die der Versuchung, ein Geheimnis zu teilen, einfach nicht widerstehen können. Dem kurzen Kick, jemanden ins Vertrauen zu ziehen. Violet ist jedes Mal genervt, wenn ich die Belanglosigkeiten, die sie mir erzählt, nicht für mich behalten kann. „Genauso gut könnte ich es laut in die Menge brüllen", sagt sie immer.

Aber dieses Geheimnis von Thom – das ist eine andere Nummer. Ich muss die ganze Zeit daran denken. Abends vor dem Einschlafen hallt es in meinem Kopf wider. Morgens beim Aufwachen steigt es mir dröhnend ins Bewusstsein.

Wenn ich es verrate, wissen er und seine Kumpels, dass ich es war. Aber wenn ich es nicht verrate, wie kann ich dann noch in den Spiegel sehen? Ich hasse Thom dafür, dass er mir dieses Wissen aufgebürdet hat. Ich hasse ihn dafür, dass er alles zwischen uns verändert und unsere Beziehung beschmutzt hat. Ich kann ihn nicht mehr so sehen wie früher, er ist nicht mehr derselbe für mich.

Immer wenn wir uns treffen, schaut er mich prüfend an. Und es kommt mir so vor, als ob ich nicht nur dieses Geheimnis vor der Welt verberge, sondern gleichzeitig meine Gefühle vor Thom. Wir sprechen nicht darüber. Das Thema wird nie erwähnt. Aber es steht bei allem, was wir miteinander machen, zwischen uns. Jedes Mal, wenn er meine Hand nimmt. Jedes Mal, wenn er mich küsst. Immer spüre ich das Gewicht seiner Erwartung.

Was ist, wenn ich es verrate?

Was ist, wenn ich es niemals verrate?

Tag und Nacht spielen diese beiden Fragen Pingpong in meinem Kopf.

Vor lauter Schuldgefühlen erfinde ich Ausreden, um mich nicht mit ihm treffen zu müssen. Als wir das letzte Mal allein bei ihm zu Hause waren, sind wir einander noch näher gekommen, aber für mich ist es jetzt unvorstellbar, mit ihm zu schlafen.

Immer häufiger fragt er mich in seinen Nachrichten, wo ich bin und was ich mache. Dann schreibe ich, ich müsste Überstunden in der Bäckerei machen. Die Pausen zwischen unseren Nachrichten sind bedeutungsschwerer als die Nachrichten selbst. Es ist mir egal, ob er mir glaubt, ich will nur Zeit bis zum nächsten Treffen gewinnen.

Ich frage mich, ob wir uns wohl trennen. Das will ich nicht.

Oder? Habe ich nicht ewig davon geträumt, mit ihm zusammen zu sein? Aber jetzt. Was fange ich jetzt mit diesem Wissen an? Solange wir zusammen sind, habe ich einen stichhaltigen Grund, die Sache für mich zu behalten. Habe ich den immer noch, wenn wir kein Paar mehr sind? Und natürlich zerbreche ich mir den Kopf darüber, was für ein Mensch ich wäre, wenn ich so ein brisantes Geheimnis nach der Trennung lüften würde. Das grenzt schon an Erpressung. Das Geheimnis bindet uns aneinander wie ein unsichtbares Netz, das stärker ist als unsere Gefühle.

Ich frage mich, ob sich mit der Zeit alles, was zwischen uns ist, auflöst, sodass nur noch das Geheimnis übrig bleibt und unsere Beziehung schließlich ganz verschlingt, bis wir und das Geheimnis eins sind.

Vorerst bin ich jedenfalls nicht bereit es jemandem zu erzählen. Besonders schwer ist es, vor Daniel und Violet so zu tun, als wäre alles in bester Ordnung.

„Ein Burger mit Pommes und ein Schoko-Mint-Milchshake", sage ich zu der Kellnerin, bevor ich mich zu Daniel drehe. „Du musst unbedingt einen Milchshake nehmen. Das ist die Spezialität des Ladens."

„Okay, ah, für mich das Gleiche, bitte. Aber ich nehme nicht Schoko-Mint, sondern …" – Daniel schaut mit zusammengekniffenen Augen auf die glänzend laminierte Speisekarte – „Oreo." Er sieht mich an. „Ich sterbe vor Hunger, ich hab heute Abend noch gar nichts gegessen. Ich hoffe, das lohnt sich hier."

„Vertrau mir", sagt Violet. „Es lohnt sich definitiv. Wir können dich nicht nach New York oder England oder wohin auch immer lassen, ohne dass du hier gegessen hast."

„Und noch eine Extraportion Pommes", füge ich sicherheitshalber hinzu, bevor die Kellnerin in die Küche verschwindet. „Die Pommes sind ganz dünn geschnitten", erkläre ich. „Die sind im Nu aufgefuttert."

Es ist neun Uhr, und wir sind bei Steak 'n Shake, es ist Daniels Premiere in einem Diner im mittleren Westen. Daniel, Violet und ich – noch vor zwei Monaten hätte ich es für ausgeschlossen gehalten, dass wir in dieser Konstellation einen Samstagabend verbringen würden.

Es ist das erste Mal, dass die beiden sich treffen. Ich hatte Angst davor, dass es krampfig werden könnte, aber da hatte ich unterschätzt, wie entspannt Violet mit allen möglichen Leuten umgehen kann. Sie füllt jede Gesprächspause. Erzählt, dass sie letztes Jahr mit ihrer Familie in Europa war, Abaeze war auch dabei (undenkbar, dass ein Junge je so sehr zu meiner Familie dazugehören könnte). Sie weiß genau, wie man ein Gespräch in Gang bringt. Und dann stellt sich heraus, dass Violet und Daniel beide dieselbe Serie gucken (die mich nie interessiert hat) und alle Theorien darüber lesen, die online im Umlauf sind, und plötzlich ist es so, als würden sie sich schon ewig kennen.

Daniel blüht im Gespräch mit Violet richtig auf, und ich muss lächeln. Er sieht glücklich aus – das glatte Gegenteil von damals, als wir uns das erste Mal trafen und er missmutig in der Bäckerei herumschlich. Er sieht mich an und grinst noch breiter.

„Ich freu mich so, dich endlich kennenzulernen", sagt Violet. „Ich weiß ja, dass meine liebste Annalie viel Zeit mit dir in der Bäckerei verbringt."

„Violet", warne ich sie. „Du redest wie meine Mutter."

„Nein, nein", sagt Daniel feierlich. „Sie hat ganz recht. Es ist wichtig, dass wir uns kennenlernen. Annalie redet andauernd von dir. Und ich muss ja die Freunde meiner Freunde kennenlernen."

„Freunde?", frage ich und ziehe eine Augenbraue hoch.

„Genau. Das mit dem ‚locker' lassen wir jetzt mal."

„Wow, wie ernst. Schluss mit locker, was?", necke ich ihn, und ich merke, dass ich mich auf gefährliches Terrain begebe. Und er scheint nur zu gern mitzuspielen.

Violet schaut zwischen uns hin und her. „Hui", sagt sie. „Soll ich euch vielleicht lieber allein lassen?"

„Hör auf", sage ich. Aber ich spüre schon, wie meine Wangen anfangen zu glühen. Und Daniel nimmt sein Wasserglas und trinkt wie jemand, der nach zehn Tagen aus der Wüste gerettet worden ist.

Zum Glück gehen wir dann zu anderen Themen über, und Daniel und ich versuchen uns nicht zu oft und auch nicht zu selten anzusehen. Gar nicht so einfach, einen guten Mittelweg zu finden. Er beißt in seinen Burger und kaut andächtig. Wir beobachten ihn, während er sich ein paar Pommes nimmt und schließlich einen Schluck von seinem Milchshake trinkt. Gespannt warten wir auf sein Urteil.

„Das ist sehr überzeugend", verkündet er. „Ich bin dankbar für die Erfahrung. Und dafür, dass du mich seit fünf Uhr zwanzigmal daran erinnert hast, nichts zu essen."

„Jetzt musst du zugeben, dass ich recht hatte."

„Ja, du hattest recht."

„Tut mir leid, das war meine Schuld", sagt Violet. „Meine Schicht bei Target ging heute länger. Aber zu meiner Verteidigung kann ich sagen, dass das Essen im Diner abends wirklich besser schmeckt. Ins Diner geht man abends, oder?"

„Auf jeden Fall", sage ich.

„Genieß es", sagt sie. „Vielleicht kriegst du so was auch in New York, aber es ist nicht dasselbe."

Ich lache. „Woher willst du das wissen, Violet? Du warst doch noch nie in New York!"

„Ich bleibe dabei. Außerdem kann Daniel ja nächsten Sommer wiederkommen und sagen, ob ich recht hatte oder nicht."

Er zuckt verhalten die Achseln.

„Du kommst doch wieder, oder?", fragt sie. „Ich meine, dein Opa ist ja hier. Und ihr habt euch wieder vertragen."

„Ehrlich gesagt weiß ich es nicht", sagt er. „Er scheint jedenfalls nicht so großen Wert darauf zu legen, dass ich noch mal komme. Wir werden sehen."

Das macht mich traurig, obwohl ich keinen Grund dafür habe. In einem Jahr wird er einfach eine nette Erinnerung sein.

„Das heißt, wir müssen noch öfter hier essen gehen, weil ich nicht weiß, ob ich danach noch mal hierherkomme. Aber um mal etwas Positives zu sagen – ich hatte diesen Sommer nicht die schlechteste Gesellschaft."

„Glaubst du echt nicht, dass dein Vater und dein Opa sich wieder vertragen?"

Er schüttelt den Kopf. „Schwer zu sagen. Sie sind beide richtige Sturköpfe, und schließlich hatten sie über zwanzig Jahre lang keinen Kontakt. Vielleicht erinnern sie sich nicht einmal mehr daran, wie es zu dem Zerwürfnis kam, aber jetzt ist es fast so etwas wie ein Glaubenssatz."

„Also, ich versteh das nicht", sagt Violet. „Ich schreie meine Mutter tagtäglich an. Wirklich tagtäglich. Und meine Mutter ruft meine Oma auf den Philippinen jeden Sonntag an, und die Hälfte der Zeit schreien sie sich an. Und jeden Montagabend ruft sie meine Tante in Houston an, und da geht es genauso. Aber fünf Minuten nach dem Geschrei ist alles wieder vergessen. Jedenfalls bei den Frauen in meiner Familie. Mein Vater schreit sowieso nie. Jedenfalls kann ich mir nicht vorstellen, dass irgendwer in meiner Familie so nachtragend wäre."

Violets Familie ist riesig – ganz anders als meine. „Ich glaube, ich versteh das schon. Meine Eltern hatten ja offensichtlich einen so riesigen Streit, dass mein Vater gegangen ist, und jetzt ist er immer noch weg."

Beide starren mich an.

„Hey, super Stimmungskiller!" Violet kichert leise, aber sie tätschelt mir den Arm. Wir sprechen nie darüber, aber ihre Familie weiß es natürlich, und um die Feiertage herum laden sie uns deshalb immer zum Essen ein.

„Das wusste ich nicht", sagt Daniel erschrocken.

„Ja, mein Vater hat uns verlassen, als ich drei war." Ich zucke mit den Schultern und versuche den Eindruck zu erwecken, als ob ich es leichtnähme. Das tue ich auch, ehrlich. Etwas, was man nie wirklich erlebt hat, kann man schlecht vermissen. Trotzdem ist es immer ein komisches Gefühl, wenn das Thema aufkommt. Als wäre ich aus Versehen an einen blauen Fleck gekommen, den ich schon lange vergessen hatte. „Ich kann mich überhaupt nicht an ihn erinnern, ehrlich."

Er stößt einen Pfiff aus. „Und du hast nie wieder von ihm gehört?"

„Nee. Ich hab keine Ahnung, ob er noch lebt und ob er eine neue Familie hat." Ich frage mich, ob Mama das weiß. Die Gedanken meiner Mutter dazu sind mir ein Rätsel. Sie hat zu allem eine Meinung, außer zu meinem Vater. Wenn die Sprache auf ihn kommt, ist Mama ein stiller, schwarzer Ozean. Margaret hat ein bisschen was von ihr. Diese Art, dichtzumachen, um nur ja keine Schwäche zu zeigen. Ich bin genau das Gegenteil. Mein Gesicht ist wie ein offenes Buch. Das ist einer der Gründe, weshalb ich Thom aus dem Weg gehe. Ich weiß nicht so genau, was er mir ansehen würde. Ich habe Angst davor, das herauszufinden.

Das ist auch ein Grund, weshalb ich Violet nichts erzählt habe. Ein weiterer Grund ist, dass Violet schnurstracks zur Polizei marschieren würde.

„Meine Mutter findet, dass man immer nach vorn schauen sollte. Sie spricht nie darüber. Und wir sind ja ganz gut geraten", sage ich.

„Weitgehend", scherzt Violet.

„Angenommen, du würdest erfahren, dass dein Vater noch lebt und irgendwo in Florida oder so wohnt, würdest du dann Kontakt mit ihm aufnehmen wollen?"

Ich denke darüber nach. „Ganz ehrlich? Ich glaub, eher nicht."

„Warum nicht?"

Ich rutsche unbehaglich auf dem Stuhl herum. „Ich weiß nicht, ob ich mein Leben so auf den Kopf stellen will. Ich würde lieber so tun, als gäbe es ihn nicht. Was würde das jetzt noch ändern?"

„Annalie ist ein pragmatischer Typ", sagt Violet.

„Das ist nicht das Schlechteste", sagt Daniel.

„Manchmal muss man sie ein bisschen anschubsen, damit sie etwas tut, wovor sie Angst hat." Mit funkelnden Augen schaut Violet zwischen Daniel und mir hin und her. Ich spüre, dass ihr etwas auf der Zunge liegt, was mich im Boden versinken lassen würde, auch wenn es „zu meinem eigenen Besten" wäre, deshalb wechsele ich schnell das Thema.

Ich erzähle von dem bevorstehenden Stadtfest, auf dem einige Wettbewerbe veranstaltet werden sollen, unter anderem ein Backwettbewerb. Viele Restaurants und Läden haben Stände und verkaufen ihre Gerichte.

Bakersfield beteiligt sich normalerweise nicht daran. Er mag keine Menschenmengen und keine „Besoffenen", wie er sagt. Es ist ein Fest für Familien, aber es gibt auch jede Menge Bier, und mit der Ausweiskontrolle nehmen sie es nicht so genau.

Ich möchte Bakersfield gern überreden, sich für einen Stand anzumelden, um den ich mich dann kümmern würde. „Nur so eine Idee." Ich zucke die Achseln, aber mein Herz klopft schneller. Die Vorstellung, an einem Wettbewerb teilzunehmen, ist aufregend und beängstigend zugleich. Ich habe noch nie etwas Selbstgebackenes unter meinem Namen angeboten.

„Mach das unbedingt." Violet haut auf den Tisch. „Ich war immer schon der Meinung, dass du Bäckerin werden solltest. Ernsthaft. Auch wenn du glaubst, dass deine Mutter dich umbringt."

„Würde sie. Mama lässt nur drei Berufe gelten: Rechtsanwältin, Ärztin und Ingenieurin. Wenigstens bis zum Schulabschluss muss ich überleben."

„Aber an dem Wettbewerb kannst du doch wohl teilnehmen", sagt Daniel. „Das kann sie dir nicht verbieten."

Er tauscht einen Blick mit Violet.

„Wir sind uns jedenfalls einig", sagt sie.

„Okay, okay, ich machs", sage ich lächelnd. „Aber du musst deinen Opa überreden, Daniel."

„Abgemacht", sagt er entschlossen. „Aber ich glaube gar nicht, dass ich ihn groß überreden muss. Kuchen verkaufen, ohne was mit den Kunden zu tun zu haben? Er wird begeistert sein! Das wird mein einziger guter Vorschlag in diesem Sommer."

Dann reden wir über Daniels Studium und er erzählt, wie er sich die Zeit in New York vorstellt.

„Moment mal", sagt Violet, als ihr Handy klingt, und holt es aus der Handtasche. „Abaeze ruft auf FaceTime an. Willst du auch Hallo sagen?"

„Unbedingt", sagt Daniel.

Abaezes Gesicht erscheint auf dem Display. „Hi Süße. Oh! So viele Leute", sagt er überrascht.

Violet wackelt vor der Kamera mit dem Finger. „Hi. Das ist aber spät!" Sie dreht sich zu uns. „In Nigeria ist es sechs Stunden später", erklärt sie.

Ich beuge mich vor. „Hi, Abaeze! Wir sind gerade im Steak 'n Shake."

„Mmmh", macht er. „Das fehlt mir. Trinkt einen Erdnussbutter-Cup-Milchshake für mich mit."

„Mach ich", sagt Violet mit Nachdruck, und wir lachen.

„Stellst du mir Annalies neuen Freund vor? Wo ist Thom?"

„Das ist Daniel", sage ich etwas übereilt und übergehe die zweite Frage. „Wir arbeiten zusammen in der Bäckerei. Er ist Bakersfields Enkel."

„Schön, dich kennenzulernen", sagt Daniel. „Ich habe schon viel von dir gehört."

„Hoffentlich nur Gutes!"

„Was sonst?", sagt Violet mit gespielter Empörung.

„Schade, dass du nicht dabei bist", sage ich.

„Finde ich auch. Aber ehe du dichs versiehst, ist der Sommer rum", sagt er. Das ist wahr, und es ist erfreulich und schrecklich zugleich.

Wir quatschen noch eine Weile mit Abaeze. Es ist so schön, zu diesem Kreis zu gehören, über Abaezes Geschichten von seiner Oma zu lachen und mal eine Weile Pause von meinen inneren Kämpfen zu haben. In dieser Gruppe fühle ich mich so wohl, und ich würde am liebsten für immer mit ihnen hierbleiben und die Welt da draußen mit all ihren Problemen ausblenden.

Nach einer Stunde im Diner muss Violet gehen, weil sie ihrer Mutter versprochen hat, spätestens um halb elf zu Hause zu sein. Obwohl Mama so streng ist, haben Ausgehzeiten sie nie interessiert, ganz im Gegensatz zu Violets Eltern. „Dann verlasse ich euch mal", sagt sie und zwinkert mir total auffällig zu. Ich bete, dass Daniel es nicht gesehen hat. „Du fährst Daniel dann nach Hause, oder?"

„Hm-mm", mache ich.

Violet umarmt uns beide zum Abschied – bei Daniel muss sie sich auf die Zehenspitzen stellen, weil er so groß ist und sie so klein –, dann rauscht sie zur Tür hinaus.

Da warens nur noch zwei. Obwohl Daniel mit mir hergefahren ist und das völlig normal war, ist die Situation nach dem Abendessen und Violets nicht ganz so subtilen Andeutungen etwas verkrampft. Jetzt steht mir die gemeinsame Heimfahrt, die kaum zehn Minuten dauert, fast bevor. Zwei Menschen nachts allein in einem Auto, da könnte alles Mögliche passieren. Wie sollen wir uns nachher voneinander verabschieden?

Da höre ich eine vertraute Stimme vom Eingang des Diners und erstarre.

„Mann, hab ich einen Hunger.« Eine Gruppe kommt herein.

Am liebsten würde ich weglaufen, mich verstecken oder aus

dem Klofenster flüchten, doch ich bin auf meinem Stuhl wie festgewachsen. Bevor ich mich abwenden oder verschwinden kann, haben sie mich schon entdeckt.

„Annalie!", ruft Jeremy durch das Lokal. Hinter ihm taucht Thom auf, seine sandfarbenen Haare sind ein bisschen zerzaust. In seinem Gesicht zuckt es kurz. Wahrscheinlich gehen ihm all meine Nachrichten durch den Kopf, mit denen ich ein Wiedersehen verschoben habe. Dann kommt er herüber.

Daniel dreht sich um, und da erkennt Thom ihn. Er schaut von Daniel zu mir, dann wieder zu Daniel.

„Hi, Leute", sagt er. „Ist ja ein Ding, dass wir uns hier treffen."
Ich schlucke. „Hi Thom." Seine Augen funkeln, doch er unterdrückt seinen Ärger, nur die Lippen sind vielleicht etwas schmal geworden. Zu dritt scharen sie sich um uns.

„Daniel, oder?", sagt Mike. „Wir haben uns in der Bäckerei gesehen. Du bist Bakersfields Enkel." Er klingt ganz aufgeräumt.

„Was macht ihr beide hier?", fragt Thom.

„Violet ist gerade gegangen", sage ich. Es klingt schuldbewusst, und ich bin wütend auf mich selbst. Es ist offensichtlich, dass Thom mir nicht glaubt.

„Aha." Thom schaut immer noch zwischen Daniel und mir hin und her, er weiß nicht, was er davon halten soll. Dann guckt er zu Mike. Kurz denke ich, er ist vielleicht nervös, aber dann dämmert es mir. Er denkt, ich hätte es Daniel verraten. Das macht ihm Sorgen. Ich habe keine Ahnung, ob es Mike klar ist, dass ich Bescheid weiß. Man merkt ihm nichts an, er wirkt wie immer. Er ist auf jeden Fall ein besserer Schauspieler als Thom. Wenn ich nicht Bescheid wüsste, würde ich ihm die Sache mit dem Garagentor niemals zutrauen.

Man kann wohl nie wissen, was jemand tut, wenn keiner zuguckt.

Eine ganze Weile sagt niemand etwas. Von Daniel kommt auch nichts, es scheint ihn jedenfalls nicht zu beunruhigen, dass wir so umzingelt sind.

„Schön, dich zu sehen", sagt Thom schließlich. „Bist du am Wochenende da?"

Ich kann ihm unmöglich vor allen einen Korb geben. Ich habe am Wochenende nichts vor, und mir fällt spontan keine überzeugende Ausrede ein. Sein Blick ist jetzt wieder weich, fast flehend, sein Ton zaghaft. Ich kann nicht Nein sagen. „Ja, ich hab Zeit."

Er lächelt erleichtert. „Okay, gut. Dann sehen wir uns."

„Ja."

Er beugt sich vor, und erst als er nur noch wenige Zentimeter von meinem Gesicht entfernt ist, kapiere ich, dass er mich küssen will. Unwillkürlich zucke ich zurück, ein kleines bisschen nur. Seine Lippen treffen meine trotzdem, aber ich sehe ihm an, dass er es gemerkt hat. Und alle sehen uns an. Ich denke an unser erstes Date und wie Thom auf der Bühne stand und mich vor allen angeschaut hat. Damals war es ein Gefühl, als würde ich leuchten. Jetzt fühle ich mich einfach nur klein.

Einer nach dem anderen drehen die Jungs sich um und suchen sich einen Tisch. Mike wartet ein paar Sekunden und sagt dann: „Ich gebe nächste Woche eine Party bei mir zu Hause. Meine Eltern sind verreist. Komm doch vorbei." Er schaut großmütig zu Daniel. „Du auch. Ich seid beide eingeladen." Nach einer kurzen Pause zwinkert er mir zu. „Ich will ja nicht angeben, aber das wird ziemlich geil. Vielleicht die Party des Sommers." Er winkt leicht und geht, ohne unsere Antwort abzuwarten.

Ich sehe ihm nach und denke, dass er keine Antwort braucht, denn in seiner Welt würde niemand eine Einladung zu seiner Party ausschlagen. Okay, ganz exklusiv waren seine Partys nie. Man durfte Freunde mitbringen, und niemand wurde weggeschickt. Aber es ist ein Unterschied, ob man sich nur an jemanden dranhängt oder ob man von Mike persönlich eingeladen wird. Und bis jetzt war ich noch nie eingeladen.

Vor drei Monaten, nein, vor drei Wochen noch, wäre ich vor Freude ausgeflippt. Jetzt ist mir mulmig zumute.

Daniel und ich bleiben schweigend zurück und versuchen eine Bedienung heranzuwinken, um zu zahlen. Ich will nur noch hier raus, aber es dauert ewig. Hoffentlich fragt er mich nicht, warum ich mich so komisch benehme. Zum Glück sagt er nichts.

Endlich kommt die Rechnung, und er legt das Trinkgeld dazu. Fast geschafft.

Da kommt Thom noch mal zu uns an den Tisch, und mein Magen krampft sich zusammen. Er sieht ängstlich und angespannt aus. Irgendwas muss passiert sein.

„Hey", sagt er. „Können wir kurz reden?" Sein Blick huscht zu Daniel. „Allein?"

„Klar. Was gibts?" Noch während ich frage, stehe ich auf und folge ihm nach draußen.

„Bin gleich wieder da", sage ich leise zu Daniel. Er sieht besorgt aus, bleibt jedoch sitzen.

Wir gehen hinaus und um die Ecke, wo uns niemand sehen kann.

„Was ist?" Ich merke, wie angestrengt es klingt, aber ich kann es nicht ändern.

Er nimmt sein Handy und hält mir das Display unter die Nase.

„Das wurde vor ein paar Stunden getwittert. Ich hab es gesehen, weil der Hashtag trendet. Der wird von allen aus der Schule retweetet. Hast du das gewusst?"

Ich nehme ihm das Handy aus der Hand. Es ist Margarets Username, sie hat ein Video gepostet. Sofort weiß ich, was sie getan hat. Jetzt bricht alles über mir zusammen.

„O Mann, wie kann man sich so dämlich anstellen." Thom schüttelt den Kopf. „Die Trikots." Er sieht mich an. „Du hast sie sofort erkannt."

„Ja, na klar, weil ich sie schon mal gesehen hatte und wir drüber gesprochen haben. Aber es sind ganz gewöhnliche Fußballtrikots", sage ich verzweifelt. Ich will so gern glauben, was ich sage, während ich mich gleichzeitig frage, wieso *ich* versuche, *ihn* zu beruhigen. „Man kann gar nicht erkennen, was hinten draufsteht, und ihre Gesichter sieht man auch nicht. Wie soll jemand darauf kommen, dass sie es sind?"

„Das geht jetzt überall rum. Irgendwer wird sie erkennen." Er redet lauter. „Verdammte Scheiße."

„Ich wusste nicht, dass sie das vorhatte. Ich schwöre, ich hatte keine Ahnung. Ich wusste, dass sie es der Polizei übergeben hat, aber nicht, dass sie es veröffentlichen wollte." Aber ich hätte es mir denken können. Das war doch klar.

„Wir müssen das stoppen", sagt er.

Es war zu erwarten, dass er das sagen würde. Ich weiß, was er damit meint. Dass ich Margaret überreden soll, das Video wieder runterzunehmen. Aber da kennt er meine Schwester schlecht. Ich bin unendlich enttäuscht.

Dabei wollte ich es ja eigentlich so, ich wollte keinen Aufruhr, ich wollte es geheim halten. Das habe ich ihm versprochen. Und doch fühle ich mich verraten, weil Thom gar kein Problem damit hat, dass es unser Haus war und dass ich von seinen Freuden als „Schlitzauge" bezeichnet wurde. Die ganze Zeit geht es nur darum, Mike und Brayden zu decken.

Thom scheint meinen inneren Konflikt zu ahnen, denn sofort guckt er schuldbewusst. „Es tut mir leid. Du weißt, dass ich das auch schrecklich finde. Das will ich gar nicht bestreiten. Aber wir haben ja besprochen, warum wir nichts verraten dürfen." Er stöhnt. „Wenn du da doch bloß nicht mit reingezogen worden wärst."

„Na ja, ich wurde da mit reingezogen, weil Mike und Brayden es auf mich abgesehen hatten", sage ich knapp.

„So war das nicht."

„Wie war es dann? Warum sagst du es mir nicht? Denn das weiß ich ja immer noch nicht. Was haben sie gegen mich?"

Er nimmt meine Hände. „Annalie. Annalie. Sie haben nichts gegen dich. Lass uns darüber nicht streiten, okay? Am liebsten würde ich die Zeit zurückdrehen und ihnen sagen, dass sie Arschlöcher sind, und zwar noch bevor sie das getan haben." Sein Blick ist flehend. „Bitte hilf uns. Ich weiß nicht, was ich machen soll."

„Ich weiß nicht, ob ich ... so weitermachen kann."

„Annalie, bitte."

Ich möchte ihn nicht ansehen, aber er hält immer noch meine Hände fest, deshalb tue ich es doch. Er hat Angst. Richtig Angst, wie ich es bei ihm noch nie erlebt habe. Gegen meinen Willen tut er mir leid. In diesem Gefühlswirrwarr ist ein Wunsch übermächtig: Ich will das Ganze beenden, damit es nicht weiter schwelen kann.

„Okay", sage ich. „Du kannst das Video ja einfach melden. Als

Spam, als beleidigend oder was auch immer. Es ist ein rassistischer Ausdruck darin zu sehen. Wenn das genügend Leute machen, nehmen sie es bestimmt runter."

Er drückt meine Hände. Er wartet auf mehr, als wollte er den letzten Tropfen aus einer Zitrone herauspressen.

„Ich sage Margaret nichts." Es fühlt sich an wie ein weiterer Verrat an mir selber. Aber ich habe meine Schwester ja schon einmal angelogen. Beim zweiten Mal zählt es nicht als neue Lüge.

Erleichtert atmet er auf. „Danke."

Ich bin müde. Ich will nach Hause. Und ich glaube, ich kann jetzt nicht weiter mit ihm reden und ihm immer mehr versprechen.

Er lässt meine Hände los. „Es wird alles wieder gut", versichert er mir. „Und zwischen uns wird es wieder so, wie es war." Doch das ist eine Illusion. Tief drin weiß ich, dass es zwischen uns nie wieder so werden kann, wie es war, aber wenigstens für den Moment will ich ihm glauben, denn wenn ich es nicht tue, weiß ich nicht, wie es überhaupt mit uns weitergehen soll.

16
MARGARET

Die Tür unten knallt so laut zu, dass es bis in mein Zimmer schallt. Mama ist beim Bibelkreis mit gemeinsamem Abendessen in der Kirche. Sie würde die Tür auch nicht so knallen.

„Margaret!", ruft meine Schwester von unten. Sie stampft die Treppe hoch wie früher, als sie acht war und sauer, weil ich sie zu Hause sitzen gelassen hatte, um mit den Nachbarskindern zu spielen.

Sie macht meine Tür auf und füllt den Türrahmen mit ihrer Wut aus.

„Hi", sage ich. Ich bin ruhig und leer. Ich habe mich heute nach der Arbeit im Auto ausgeweint, jetzt habe ich keine Tränen mehr. Als ich nach Hause kam, war ich von einer Hoffnungslosigkeit erfüllt, in der man zu unbesonnenen Handlungen neigt.

Ich wusste, was ich zu tun hatte. Ich habe das Video getwittert und zugesehen, wie die Retweets und Likes immer mehr wurden.

Ich habe rein gar nichts empfunden.

„Warum hast du das gemacht?" Ihr Gesicht ist rot und verweint.

„Ich hab das Video gefunden, ich kann damit machen, was ich will."

„Im Ernst? Mehr hast du dazu nicht zu sagen?"

„Nein."

„Was ist mit dir los?", fragt sie. „Warum musst du so sein?"

„Ich weiß nicht, wovon du sprichst." Erst war ich ganz cool, aber als sie mich anschreit, gerät mein Blut in Wallung. „Ich verstehe gar nicht, was *du* für ein Problem mit dieser ganzen Sache hast."

„Darüber haben wir doch schon tausendmal gesprochen."

„Stimmt. Und es nervt mich, dass du nicht mal ein kleines bisschen Rückgrat zeigen kannst. Tut mir leid, wenn jetzt deine Chance dahin ist, Homecoming Queen zu werden."

Sie zuckt zurück, als hätte ich sie geschlagen. „Du kannst so ein Miststück sein."

Ich drehe ihr den Rücken zu. „Komisch, dass dir das jetzt erst auffällt."

Sie verschwindet durch den Flur in ihr Zimmer und knallt die Tür zu. Das Licht brennt bis tief in die Nacht, aber sie kommt nicht noch einmal heraus.

Als ich am nächsten Morgen zur Arbeit gehe, fürchte ich mich vor der Begegnung mit Rajiv. Ich weiß nicht, wie ich den restlichen Sommer überstehen soll.

Aber er ist noch nicht da. Ich setze mich mit meinem Kaffee an meinen Platz. Ohne ihn ist es so still in unserem Büro. Ein paar Wochen lang kann ich einfach freundlich sein, sage ich mir. Wir können zusammenarbeiten, ohne Freunde zu sein. Das machen andere auch.

Doch die Vorstellung, neben Rajiv zu sitzen und so zu tun, als würden wir uns nicht kennen, macht mich unsagbar traurig.

Ich trinke meinen Kaffee aus und mache mir noch eine Tasse. Ich setze mich an den Rechner und checke meine E-Mails. Ich habe eine Mail von der Beschwerdestelle von Twitter. Ich öffne sie und lese:

Hallo,
wir haben eine Beschwerde über den Inhalt Ihres Tweets ID-234892388493 erhalten.

In Ihrem Tweet war ein Video zu sehen, das Hass schürende Bilder enthält, was gegen die Regeln von Twitter verstößt. Wir haben die Beschwerde überprüft und die Vorwürfe bestätigt gefunden und das Video daher entfernt.
Mit freundlichen Grüßen
Twitter

Sofort logge ich mich in meinen Account ein. Ich habe dreiundzwanzig DMs. Mein Tweet ist mit einer Nachricht versehen, in der steht, dass das Video entfernt wurde, weil die Richtlinien von Twitter verletzt worden seien. Doch auch ohne Video wurde der Beitrag über hunderttausendmal retweetet. Ich klicke auf einige der Antworten. Manche stammen von Leuten aus der Highschool, andere von Leuten, die ich gar nicht kenne.

Alle sind sich einig, dass die Täter so aussehen, als wären sie noch auf der Highschool oder jedenfalls in dem Alter. Carol, die mit mir zur Schule gegangen ist, schreibt, es sei ekelhaft, dass jemand so etwas macht. Aber es gibt auch andere Kommentare.

Kommentare von Leuten, die genervt sind, die mir vorwerfen, ich wollte hiermit wohl meine fünf Minuten Ruhm verlängern, nachdem der Zeitungsartikel jetzt niemanden mehr interessiert, und fragen, wieso ich mit dem Video nicht einfach zur Polizei ginge.

Einige schreiben, die Sache sei jetzt sieben Wochen her, wieso ich mich immer noch aufrege.

Andere schreiben, ich sei bekanntermaßen nachtragend, und

auf dem Video könne man doch sehen, dass es nur ein dummer Streich war. *Als hätten wir keine anderen Probleme auf der Welt*, heißt es in einem Tweet.

Ich scrolle weiter runter und finde immer mehr Tweets, in denen es heißt, ich wolle ein paar harmlosen Jungs das Leben zerstören, und ein Typ von der Schule schreibt *So macht sie das doch immer – erinnert ihr euch noch an das Foto mit dem Maskottchen?*

Ich schaue in meine DMs, und die sind durchgängig schlimmer als alle Retweets. Viel, viel schlimmer.

Ich kann das nicht mehr lesen. Am liebsten würde ich mich übergeben.

Ich höre Annalie schon sagen: *Was hast du denn erwartet?*

Rajiv ist immer noch nicht da. Ich kann mir nicht schon wieder freinehmen. Ich schließe den Browser und atme ein paarmal tief durch. Dann gehe ich zum Fenster und mache es auf, frische Luft weht herein. Ich setze mich in den großen bequemen Sessel in der Ecke und versuche mich wieder zu fassen. So darf er mich nicht sehen. Erstens weil ich nicht weiß, ob ich es packen würde, wenn er mich trösten will, und zweitens weil ich nicht weiß, ob ich es packen würde, wenn er mich nicht trösten will. Beides wäre unerträglich.

Langsam gehe ich wieder zu meinem Platz, checke die Mails und öffne die Dokumente, in denen ich Zitate überprüfen soll. Es ist schon fast zehn, und Rajiv ist immer noch nicht da. Ich habe seine Nummer. Ich überlege, ob ich ihm schreiben soll, aber ich kann nicht. Wie absurd, dass ich Annalie vorgeworfen habe, sie hätte kein Rückgrat. Das könnte man auch über mich sagen.

Es klopft an der Tür. Jack Fisher steckt den Kopf herein. „Hallo", sagt er.

„Guten Morgen. Was gibts?"

Er kommt herein und schließt leise die Tür. „Ich wollte Ihnen nur sagen, dass Rajiv gestern gekündigt hat. Er kommt nicht mehr."

Sofort fühle ich mich schuldig. „Was? Ist das Ihr Ernst?"

„Leider ja. Er hat angeboten, noch zwei Wochen zu bleiben, aber ich habe ihm gesagt, wenn er sofort gehen möchte, ist das in Ordnung."

„Hat er einen Grund genannt? Ist es wegen mir?" Das ist mir einfach so herausgerutscht.

Jack sieht mich verständnislos an. „Ihretwegen? Du meine Güte, nein. Natürlich nicht. Er sagte, es hätte familiäre Gründe. Sie werden verstehen, dass ich Ihnen keine Einzelheiten erzählen kann."

„Ja, klar", murmele ich beschämt.

„Na ja, ich wollte es Ihnen nur mitteilen, für den Fall, dass er es Ihnen nicht gesagt hat, denn jetzt werden Sie den restlichen Sommer allein hier sein. Wir geben uns Mühe, Ihr Arbeitspensum nicht zu verdoppeln." Er grinst.

„Okay. Verstehe." Ich fühle mich hohl.

Als er gegangen ist, lehne ich mich zurück. Kein Rajiv für den Rest des Sommers? Mir dämmert, dass ich ihn gestern hier im Büro womöglich zum letzten Mal gesehen habe. Was hätte ich noch für einen Vorwand, ihm wieder zu begegnen?

Es ist wohl die ultimative Ironie, dass er mir jetzt das Gleiche antun kann, was ich ihm angetan habe.

17
ANNALIE

Ich sitze bei Violet auf dem Sofa und lehne während der Werbeunterbrechung den Kopf zurück. Diesmal gucken wir unsere Dessert-Show bei ihr, weil ich auf keinen Fall zusammen mit Margaret zu Hause sein will. Inzwischen haben alle das Video gesehen, aber niemand hat irgendwelche Hinweise geliefert.

Wenn ich nicht schlafen kann, ertappe ich mich, wie ich darauf hoffe, dass jemand anders sie erkennt und der Polizei meldet. Dann müsste ich das nicht tun, und Thom und ich könnten unbeschadet davonkommen.

Aber was bedeutet das jetzt noch, „unbeschadet"? Können wir das überhaupt sein?

„Ich hab über das Video nachgedacht", sage ich zu Violet, als die Sendung zu Ende ist. Ich brauche ihr nicht zu erklären, von welchem Video ich rede. Sie weiß sofort Bescheid.

Sie schaut mich an. „Ja?"

„Wenn Margaret nun recht hat? Wenn es doch jemand ist, den wir kennen?"

„Ich hab immer gesagt, dass sie wahrscheinlich recht hat. Hat sie irgendwas Neues gehört?"

Ich schüttele den Kopf. Mein Mund ist trocken.

„Ich gucke es mir immer wieder an und versuche irgendwelche Details zu erkennen", sagt sie nachdenklich. „Ich möchte es wirklich wissen."

„Echt?"

„Ja, logisch." Sie dreht sich zu mir. „Wieso fragst du?"

„Wäre es nicht noch schlimmer, wenn du sie erkennst und es welche sind, die wir kennen?" Ich versuche es möglichst unbeteiligt zu sagen.

„Würdest du lieber ahnungslos mit Leuten abhängen, die dir so etwas angetan haben?"

„Wenn du es wüsstest, würdest du sie anzeigen? Selbst wenn es Leute wären, die du magst?"

„Was ist das für eine Frage?", sagt sie. „Das war ein Verbrechen, Annalie. Ich würde niemanden mehr mögen, der so was getan hat. Natürlich würde ich sie anzeigen."

Sie sieht mich erwartungsvoll an.

Ich wende den Blick ab. Am liebsten würde ich mich im Schatten verkriechen. Das schlechte Gewissen nagt an mir. „Ich auch", lüge ich zur Wand.

Ein Nachrichtenwagen steht vor unserem Haus und blockiert die Einfahrt. „Margaret!", brülle ich nach oben, wo sie sich verkrochen hat. „Deine Groupies sind da! Ich muss zur Arbeit fahren. Kannst du dafür sorgen, dass sie verschwinden?"

Ich warte eine Weile, doch es rührt sich nichts. Sie ist so ätzend.

Die letzten Tage waren die Hölle. Obwohl das Video nur etwa zwölf Stunden online war, hat es das Interesse an dem Fall wieder angekurbelt. Das hier ist viel schlimmer als die Sache mit dem Foto vom Maskottchen oder den Qipaos. Die Stadt kennt kein anderes Thema mehr. Ich habe alle meine Accounts auf privat gestellt, nur meine Follower lasse ich drin. Trotzdem bekomme ich Nachrichten der übelsten Sorte.

Und dann sind die Reporter gekommen. Nicht nur von der *Gazette* hier bei uns, sondern auch von überregionalen Blättern. Seit es auf Twitter war, kommen Anrufe von BuzzFeed und CNN. Es ist unglaublich, dass sich alle so dafür interessieren. Es gibt Artikel darüber, wie in den verschiedenen Bundesstaaten ein Hassverbrechen definiert wird. Ausführliche Kommentare über die Zunahme rassistischer Feindseligkeiten gegen Amerikaner asiatischer Herkunft. Und Margaret, die das alles losgetreten hat, lässt sich nicht blicken.

Das sieht ihr gar nicht ähnlich. Ich hätte erwartet, dass sie draußen ist und routiniert Interviews gibt, aber meistens taucht sie nicht auf. Sie geht zur Arbeit und kommt nach Hause, ohne mit irgendwem zu sprechen. Mama ärgert sich über das Aufsehen, aber wenn Margaret nach Hause kommt, schüttelt sie nur den Kopf, als ob sie ihre Tochter gar nicht mehr kennen würde. Es verschafft mir eine ekelhafte Befriedigung, dass Mamas Enttäuschung sich wie eine Staubschicht über Margaret legt. Aber allzu schadenfroh bin ich nicht, denn Margaret wirkt traurig und nicht wie sie selbst. Weil Margaret unfähig ist, für irgendetwas um Verzeihung zu bitten, rechne ich auch nicht damit.

Meine Beziehung mit Thom ist inzwischen wie eine Gitarrensaite kurz vor dem Zerreißen. Seit das Video online gegangen ist, habe ich ihn nicht mehr gesehen. Es ist auch keine Nachricht mehr von ihm gekommen, und ich würde jetzt sowieso nicht mit ihm reden wollen. Vielleicht schreibt er mir nicht, damit es keinerlei schriftlichen Beweis gibt.

Ich frage mich, ob er Angst vor einer Trennung hat, weil er denkt, dann würde ich das Geheimnis ausplaudern. Aber ich werde mich nie trauen, ihn danach zu fragen.

Mein Wagen steht in der Einfahrt. Ich gehe aus dem Haus, und sofort kommt eine Frau mit einem Notizblock auf mich zu.

„Sie wollen bestimmt mit meiner Schwester Margaret sprechen", sage ich anstelle einer Begrüßung. „Sie ist drinnen." Es ist mir egal, dass ich sie den Wölfen zum Fraß vorwerfe.

„Dann sind Sie Annalie?", fragt die Frau. Sie hat die Haare zu einem straffen Knoten gebunden und trägt dunkle Skinny Jeans.

„Ja." Ich klimpere mit den Schlüsseln, genervt, auch nur meinen Namen bestätigen zu müssen.

„Bei Ihnen zu Hause antwortet niemand auf Anrufe oder Textnachrichten."

„Keine Antwort ist auch eine Antwort, oder?" Ich gehe an ihr vorbei und schließe mein Auto auf. „Können Sie bitte den Wagen wegfahren? Ich muss los."

„Natürlich", sagt sie. „Dann möchten Sie keinen Kommentar zu der Tat abgeben? Oder zu dem Video?"

„Ich hab das Video nicht gepostet."

„Stimmt. Aber Sie haben es gesehen."

Ich nicke knapp.

„Glauben Sie, es war ein rassistisch motiviertes Hassverbrechen oder ein missglückter Streich, wie manche sagen?"

Ich verharre mit der Hand am Türgriff. Ein Feuer lodert in meiner Brust auf. Das waren auch Thoms Worte, aber Mike und Brayden habe ich nie gefragt. Selbst wenn ich sie fragen würde und sie es mir sagten, weiß ich nicht, ob der Grund für mich überhaupt eine Rolle spielen würde. Die eigentliche Frage ist doch, warum das alle von mir wissen wollen, als wüsste ich die Antwort darauf. Als würde die Antwort irgendetwas ändern.

Die Frau wartet immer noch.

Einen kurzen Moment lang würde ich ihr am liebsten erzählen, wer es war. Das könnte ich jetzt machen. Es wäre das Richtige. Violet und Margaret würden es tun, vielleicht jeder, der auch nur einen Funken Mut hat. Ich schaue kurz zur Garage und denke an die rote Schrift, an die Verzweiflung und Ohnmacht, als ich es sah.

Das Blut schießt mir in den Kopf, die Worte wollen raus.

Aber ich habe immer noch Angst.

Nicht jetzt, sage ich mir. Das ist nicht der Moment für hastige Entscheidungen.

Die Frau sieht mich an.

Ich denke an Thom und seinen flehenden Blick. Der Schwung verlässt mich, ich fühle mich ausgehöhlt und erschöpft. „Ich würde nie jemandem mit einer rassistischen Beleidigung einen Streich spielen", sage ich schließlich. „Aber vielleicht kapiere ich den Witz einfach nicht." Ich setze mich auf den Fahrersitz und knalle die Tür zu.

Ich biege auf die Straße ein und versichere mich mit einem Blick in den Rückspiegel, dass sie mir nicht folgt. Mein Herz hämmert. Zum ersten Mal möchte ich hier nicht mehr leben. Ich möchte immer weiterfahren, bis ich die Stadtgrenze hinter mir lasse. Bis mich niemand mehr finden kann.

„Erdbeertörtchen, Vanille-Zitronen-Tartes, Pekan-Toffee-Teilchen, Schoko-Mandel-Kuchen mit Amarettocreme und Blaubeer-Eclairs. Das ist unser Programm für heute?" Bakersfield bindet sich die Schürze um und knackt mit den Fingern. Wir arbeiten an der Vorauswahl für den Backwettbewerb.

Nur in der Küche, inmitten meiner liebsten Düfte und Delikatessen, fühle ich mich noch sicher, hier dringt die Außenwelt nicht ein.

Bakersfield war erst nicht so begeistert von meiner Idee, an dem Wettbewerb teilzunehmen, aber Daniel und ich haben ihn überredet. Ich habe es auf die emotionale Tour versucht, und Daniel hat ihm vorgerechnet, wie viel Gewinn wir mit der Teilnahme machen könnten, basierend auf den Bilanzen anderer Geschäfte, die in den vergangenen Jahren teilgenommen haben. Als Bakersfield die Zahlen sah, war klar, dass er nachgeben würde.

Im Eingang hängt das Schild mit der Aufschrift *Geschlossen*. Die Küche hat sich in eine Fertigungsstraße mit Stationen für verschiedene Tätigkeiten verwandelt. Bis zum Abend müssen wir von jedem Rezept eine Fuhre backen, um jedes einzelne verkosten und eine endgültige Entscheidung treffen zu können. Einen besseren Arbeitstag kann ich mir gar nicht vorstellen.

„Na, dann wollen wir mal, was?" Bakersfield klatscht in die Hände.

Ich will gerade Butter aus dem Kühlschrank holen, als die Küchentür aufgeht.

„Hi", sagt Daniel nervös. Wenn Bakersfield nicht da ist, kommt er oft hier rein, um zu lesen, zu quatschen oder Kaffee zu trinken, aber es ist lange her, dass wir drei im selben Raum waren. Sofort fühlt es sich an, als wären wir zu viele.

„Brauchst du irgendwas?", fragt Bakersfield.

„Hm, nein", sagt Daniel. „Ich dachte, ich könnte vielleicht ... helfen?" Es ist irgendwie lustig, wie verschüchtert er bei seinem Opa wirkt. Ich lächele ihm aufmunternd zu.

„Du hast keine Ahnung vom Backen", sagt Bakersfield.

„Ich weiß. Ich dachte, ich könnte mit anderen Sachen helfen.

Mit den niederen Tätigkeiten. Ihr sagt mir einfach, was ich machen soll."

Bakersfield starrt ihn an, als überlegte er, ob das ein Scherz sein soll.

„Ich gebe mir Mühe", sagt Daniel leise. „Mein Vater hatte für die Bäckerei nichts übrig, aber ich schon. Deshalb bin ich hier. Ich gebe mir echt Mühe."

Bakersfield schluckt, sein Adamsapfel bewegt sich auf und ab. „Na gut", sagt er noch ruppiger als gewöhnlich, doch ich glaube, er will nur seine Stimme unter Kontrolle behalten. „Einverstanden. Aber du tust, was Annalie dir sagt. Und steh nicht im Weg rum."

„Das schaffe ich", sagt Daniel. Das Eis fängt an zu tauen. Er schaut zu mir rüber und hält verstohlen den Daumen hoch. Grinsend wende ich mich wieder zum Standmixer.

Sechs Stunden später haben wir uns um die Theke in der Mitte der Küche versammelt, darauf steht ein Sortiment verschiedener Kuchen für die entscheidende Geschmacksprobe. Letzte Woche haben wir jeden der Kuchen mit verschiedenen Zutaten und Mengenverhältnissen ausprobiert. Jetzt kommt die Auswahl der Besten. Ein wahres Fest für meine Geschmacksknospen.

Meine Gelenke knirschen vom langen Stehen. Ein ausgedehntes Nickerchen würde mir jetzt guttun. Man sollte meinen, dass Bakersfield völlig erledigt wäre, aber er wirkt sogar noch energiegeladener als heute Morgen.

Daniel hat im Gegensatz zu seinem Opa und mir keine Schürze umgebunden, und jetzt ist sein T-Shirt voller Mehl, aber das stört ihn nicht. Er strahlt.

Nachdem wir alles durchprobiert haben, stellen wir uns in einer Reihe auf und betrachten die Reste. „Und?", frage ich. „Was meinst du?" Ich habe mich schon entschieden, aber ich behalte meine Meinung für mich.

„Sie sind alle super", sagt Daniel. „Du könntest mit jedem davon teilnehmen."

„Aber welcher schmeckt dir am besten?"

Er zuckt die Achseln. „Sie sind alle gut!"

„Das hilft mir nicht weiter", sage ich. Ich schaue zu Bakersfield.

„Das Vanille-Zitronen-Törtchen", verkündet er. „Das ist es."

Unwillkürlich muss ich lächeln. „Das mag ich auch am liebsten. Ich glaube, die echte Vanille bringts."

„Sehr gute Arbeit", sagt er. Das seltene Lob lässt mich glühen. „Das wird ein Spaß." Er gibt Daniel einen Klaps auf die Schulter.

Daniel zuckt erst zusammen, dann entspannt er sich. „Ja, bestimmt."

„Und wisst ihr, was noch ein Spaß wird?", sagt Bakersfield. „Wenn man jetzt einfach Schluss macht und den Abwasch denen mit den gesünderen Knien überlässt."

„Och nee!", protestiere ich. „Das ist ungerecht!"

„Wenn du erst mal in meinem Alter bist, findest du das mehr als gerecht. Du darfst meine Küche benutzen, aber dafür musst du den Abwasch machen." Er kichert und bleibt noch eine Weile an der Tür stehen. „Einen schönen Abend noch."

Wir warten, bis die Tür ins Schloss fällt.

„Hey! Das war gar nicht übel!", sage ich. „Ihr habt euch die ganze Zeit kein einziges Mal gestritten!"

Daniel schüttelt lachend den Kopf. „Unglaublich. Der Weg zu seinem Herzen führt wohl doch durch die Küche. Ich könnte dich umarmen. Ohne dich hätte ich das nie geschafft."

Ich gehe zur Spüle und wasche mir die Hände. „Du könntest mich zum Dank hier übernachten lassen, damit ich nicht nach Hause gehen und den ganzen Rummel um meine Familie ertragen muss."

„So schlimm?"

„Hast du mal ins Internet geguckt?"

„Ich versuche mich davon fernzuhalten. Ich bin da ein bisschen altmodisch."

„Bleib so. Das Internet ist eine Jauchegrube. Meinst du, ich kann im letzten Schuljahr auf ein Internat oder so wechseln?" Ich sage es halb im Scherz, um mich selbst etwas aufzuheitern.

„Bis dahin hat sich das wieder gelegt."

Er weiß nicht, was ich weiß. Nämlich dass es sich nicht wieder legt, vorausgesetzt Thom und seine Freunde bleiben auf der Schule und lösen sich nicht einfach in Luft auf. Bei dem Gedanken fängt mein Herz an zu rasen. Ich kann nicht noch ein Jahr in dieser Anspannung leben.

„Außerdem", sagt Daniel, „würden wir dich nie in der Bäckerei auf dem Fußboden schlafen lassen. Mein Großvater würde dir das Gästebett überlassen, und ich würde das Sofa nehmen. Klare Rangfolge, du verstehst." Er lächelt.

„Du machst Witze, aber ich bin fast geneigt, das Angebot anzunehmen."

„Das ist absolut kein Witz. Außer dass ich nicht weiß, was Thom davon halten würde", sagt er leichthin.

Ich werde rot und drehe mich um, damit er es nicht sieht. Ich sollte nicht so viel Zeit mit Daniel verbringen, während die Geschichte mit Thom so ... ungeklärt ist. Aber hier ist wirklich der beste Ort, denn zu Hause ist es nicht auszuhalten. Und es macht mich auf flüchtige, unkomplizierte Weise glücklich, Zeit mit Daniel zu verbringen. Eine gute Ablenkung, die sich von selbst erledigen wird, wenn er nach New York geht.

„Lass uns nicht darüber reden", sage ich. „Erzähl mir was Erfreuliches."

„Bald bist du mit der Schule fertig und kannst hingehen, wo du willst."

„Bald ist noch ein ganzes Jahr hin", erinnere ich ihn. „Und ich hab noch gar keine Ahnung, wo ich hinwill. Ich bin nicht so ein Genie wie du oder Margaret."

Sein Blick wird weich. „Sag das nicht immer. Du bist sehr intelligent. Wohin möchtest du denn gehen? Die ganze Welt steht dir offen."

„Ich weiß nicht. Ehrlich gesagt reisen wir in unserer Familie nicht so viel. Ich war noch nie in Europa. Noch nicht mal in New York. Als ich klein war, waren wir einmal in Kalifornien. In Disneyland. Aber ich kann mich kaum noch daran erinnern." Achselzuckend drehe ich mich um und mache den Ofen sauber. „Ich kann mir kaum vorstellen, von hier wegzugehen. Hast du keine Angst davor, von zu Hause wegzugehen, in eine Stadt, wo du niemanden kennst?"

„Nein, ich finde das spannend."

„Ja, klar. Du bist ja auch hierhergekommen. Das ist schon ziemlich anders als bei dir zu Hause."

„Allerdings."

„Und wie lautet dein Urteil?"

Er lächelt. „Es ist besser als erwartet. Aber meine Erwartungen waren auch sehr niedrig."

„Dann würdest du wiederkommen?"

„Also, ich weiß nicht, ob ich so weit gehen würde." Ich schnaube entrüstet und schubse ihn gegen die Schulter. Er lacht. „Ich bin jedenfalls froh, dass ich diesen Sommer hergekommen bin. Und vielleicht kommt mein Vater ja auch eines Tages. Jetzt übertreibe ich vielleicht, aber nichts ist unmöglich."

„Ich hoffe, das stimmt."

„Und ich bin froh, dass ich dich kennengelernt habe."

Ich sehe ihn an. Ich schlucke. Mein Körper scheint sich zu verselbstständigen. Daniel steht ganz nah vor mir, und ich will einerseits, dass er noch näher kommt, und andererseits, dass er weiter weg geht. Wenn er näher kommt, kann ich für nichts garantieren. Ich rette mich zum Kühlschrank. Ich wage Daniel nicht anzusehen. Ich öffne den Kühlschrank, die kalte Luft strömt mir ins Gesicht, was mich in die Realität zurückholt.

Er sagt nichts und ich auch nicht. Die Spannung zwischen uns ist wie ein straff gespanntes Gummiband. Ich warte darauf, dass es reißt.

Daniel bedeutet mir schließlich nichts. Ich kann einfach nur gut mit ihm reden, und in einem Jahr denke ich gar nicht mehr an ihn. Das sage ich mir wieder und wieder, aber ich weiß, dass es nicht stimmt. So einfach ist die Wahrheit nicht. Und was weiß ich überhaupt von der Wahrheit?

Immer wieder denke ich an Thom und seinen flehenden Blick, als er mich bat, das Geheimnis für mich zu behalten. In dem Moment hatte ich das Gefühl, nichts anderes sagen zu können. Als wäre ich machtlos gegenüber seiner Bitte. Ich habe nicht weitergedacht. Habe nicht darüber nachgedacht, wie schwierig es wäre, ihn Tag für Tag mit diesem Wissen zu sehen und niemandem etwas zu verraten.

Ich dachte, ich würde das schaffen. Das Geheimnis für mich behalten. Aber ich fühle mich so einsam – eine Einsamkeit, die mich ganz umhüllt und von der Welt entfernt.

Plötzlich taucht aus dem Nichts eine Erinnerung auf, von der ich nicht einmal wusste, dass ich sie hatte. Ich denke an Mamas vergebliche Versuche, Margaret und mir die chinesische Schrift beizubringen, als wir klein waren. Sie fing damit an, nachdem unser Vater weggegangen war, vielleicht dachte sie, das würde uns stärken, die Lücke füllen, die er hinterlassen hatte. Blume, Auto, Familie, Pferd. Jeden Tag zehn Wörter, jeden Tag zehnmal. Ich hatte noch nicht mal Englisch schreiben gelernt, bevor Mama mir die chinesische Schrift beibringen wollte. Sie bestand darauf, bis ich acht war. Dann wurde ihr klar, dass wir nie genug lernen würden, wenn wir außer ihr niemanden hatten, bei dem wir das Gelernte anwenden konnten. Uns Chinesisch beizubringen war, wie ein Sieb mit Wasser zu füllen.

Die meisten Wörter kann ich nicht lesen. Nur ein paar. Jedes dritte Wort in einem Kinderbuch. Aber ich erinnere mich an das Wort für „Geheimnis": 秘密. Zwei Schriftzeichen, die gleich ausgesprochen, jedoch unterschiedlich geschrieben werden. Aber beide enthalten das Zeichen für „Herz". Ein Geheimnis gleich zwei Herzen.

Jetzt, wo ich hier in der warmen Küche sitze, allein mit einem Jungen, der mir nichts bedeuten dürfte, kommt es mir albern vor, an diese alte Geschichte zu denken.

Aber es gibt niemanden, dem ich es erzählen könnte und der es für sich behalten würde – weder Margaret noch Mama, nicht mal Violet.

Also erzähle ich es Daniel.

18
MARGARET

Als ich damals nach New York gezogen bin, dachte ich, ich hätte endlich den richtigen Ort für mich gefunden. Hier konnte ich sein, wer ich wollte, ich konnte mir meine Gruppe suchen, konnte das trügerische Gefühl haben, dazuzugehören, das ich in der Schule nie hatte. Ich genoss es, in Cafés zu gehen und das Gewirr von Leuten um mich herum zu beobachten, mich als Teil dieses großen Mosaiks zu fühlen. Aber es zeigte sich, dass ich nur von einer Stadt in eine andere gezogen war. Der Umzug nach New York machte mich nicht automatisch kontaktfreudiger oder sonst irgendwie anders. An dem neuen Ort war ich immer noch ich, nur dass ich dort von ganz vielen Leuten umgeben war, die mich daran erinnerten, dass ich allein war.

Jetzt meldet sich dieses altbekannte Gefühl wieder. Mein Posteingang ist voll von Presseanfragen. Meine Social-Media-Accounts sind voller Nachrichten, die ich nicht lesen will. Meine Arbeitstage sind vollgepackt mit Aufgaben der Anwälte in der Kanzlei. Aber alle, die mir wichtig sind, habe ich vertrieben.

Ich habe Rajiv geschrieben und gefragt, wie es ihm geht, doch er hat nicht geantwortet. Ich hab es wohl nicht anders verdient.

Zu Hause bleibe ich die meiste Zeit in meinem Zimmer, ich lese und versuche das Internet so weit wie möglich zu meiden. Ein Sender in Chicago möchte ein Interview mit mir machen. Ich sage zu, denn ich habe im Moment nicht viel anderes zu tun. Ich will eigentlich nicht, aber ich habe das Gefühl, dass ich die Sache jetzt durchziehen muss.

Annalie streitet nicht mehr mit mir, sie ignoriert mich stattdessen. Mama sieht mich an, als wünschte sie, ich wäre nie zurückgekommen.

Ich wünschte selbst, ich wäre nie zurückgekommen.

Aber die Zeit hier ist fast vorbei. Ich habe mein Flugticket gebucht und bin bald wieder am College. Ich bin bereit, all das hier hinter mir zu lassen. Ich kann einfach eine Einsamkeit gegen eine andere tauschen – der Ortswechsel macht es ein wenig erträglicher.

Meine Schwester wartet unten auf mich. Wir haben nur einmal miteinander gesprochen, und zwar über das Geburtstagsgeschenk für Mama. Normalerweise schenken wir uns in unserer Familie nichts, aber wir sind uns einig, dass Mama ein hartes Jahr hatte. Sie hat ein Geschenk verdient und auch, dass ihre Töchter sich nicht gegenseitig umbringen.

Natürlich war es Annalies Idee. Ich schäme mich, dass ich nicht selbst darauf gekommen bin, aber sie ist diejenige, die sich immer Gedanken um die anderen macht.

Ich nehme meine Sachen und gehe mit ihr zur Garage. Wortlos steigen wir ins Auto, sie auf der Fahrerseite. Sie stellt einen Sender mit Countrymusik ein, obwohl sie weiß, dass ich das nicht leiden kann, aber ich sage nichts. Ich hoffe einfach, wir können die Sache so schnell wie möglich hinter uns bringen und wieder nach Hause fahren.

Mit heruntergelassenen Scheiben fahren wir die Hauptstraße runter zum Shoppingcenter. Ich schaue aus dem offenen Fenster und atme die Luft ein, die nach Gras und Sommer riecht. Dann schaue ich zu Annalie. Ihre Haut schimmert im Licht. Die Sonnenbrille sitzt perfekt in ihrem Gesicht.

Wir fahren auf den Parkplatz des Shoppingcenters und drehen drei Runden, ehe wir eine Lücke finden.

Mir wäre es lieber gewesen, wenn einfach eine von uns ein Geschenk besorgt hätte. Aber Mama ist nicht so leicht zu beschenken. Anders als die meisten Menschen findet sie nicht, dass der Gedanke zählt. Man muss ihr etwas schenken, was sie wirklich gebrauchen kann, sonst ist es schlimmer als nichts. Nein, Annalie und ich müssen zusammen losziehen und genau das Richtige aussuchen. Etwas, das Mama wirklich gefällt.

Ich liebe das Gefühl der klimatisierten Luft im Gesicht an einem heißen Tag. Wir gehen in eins der Kaufhäuser und dort schnurstracks in die Haushaltswarenabteilung. Ich denke an ein paar schöne Töpfe als Ersatz für die alten, abgestoßenen, die Mama benutzt. „Ich guck mal bei den Stoffen", sagt Annalie.

Ich kann mich nicht erinnern, dass meine Schwester und ich uns je nah gewesen wären oder etwas zusammen unternommen hätten. Filme über Schwestern sind mir völlig fremd, weil ich mir nicht vorstellen kann, mit Annalie über das Leben und Jungs zu quatschen. Als wir jünger waren, war sie ein nerviges Anhängsel, das ich nie dabeihaben wollte, bis sie mir eines Tages gar nicht mehr hinterhergelaufen ist, weil sie so ganz anders war als ich.

Du kannst mir alles erzählen, habe ich am vierten Juli zu ihr gesagt. Aber das stimmte nicht, nicht mal in dem Moment, als ich es sagte. Am letzten Schultag in der fünften Klasse, als ein Junge zu mir sagte, dass er mich nicht mag, oder später in der Highschool, wenn hinter meinem Rücken über mich gelästert wurde, oder als ich Absagen von den Colleges bekam. Nichts von alledem habe ich Annalie erzählt, ich habe nicht einmal vor ihr geweint. Warum sollte sie mir irgendwas anvertrauen?

Meine Schwester ist der Mensch auf dieser Welt, der am meisten mit mir gemeinsam hat, Blut und Erfahrungen, Hoffnungen und Ängste, aber aus unserer Kindheit erinnere ich mich vor allem daran, dass ich sie weggeschoben habe, bis eine Mauer zwischen uns entstanden ist. Jetzt ist die Mauer so hoch und so dick, dass ich nicht weiß, wie wir sie niederreißen sollten. Wahrscheinlich ist es zu spät.

Wir können nicht mal zusammen in ein Geschäft gehen und ein Geschenk für unsere Mutter aussuchen, ohne dass es unangenehm ist.

Ich fahre mit den Fingern über einen nagelneuen Wok, schwarz und glatt, mit lackiertem Holzgriff. Ich würde das mit uns gerne hinbiegen, aber wir können bestenfalls darauf hoffen, dass wir diesen Einkauf so schnell wie möglich hinter uns bringen.

Ich gehe hinüber zur Stoffabteilung, um Annalie zu suchen. Ich komme durch verschiedene Gänge, bis ich sie in der Abteilung für feine Bettwäsche finde. Sie redet mit ein paar weißen Mädchen aus der Schule, und erst denke ich, sie hat eine Gruppe von Freundinnen getroffen. Äußerlich passen sie zu ihr, Hotpants, braungebrannte Beine, sommerstrandgewellte Haare. Aber so richtig freundlich gucken sie nicht. Keine schaut zu mir herüber.

Eine sagt: „Du musst schon zugeben, dass sie maßlos übertreibt, wie immer. Sie wohnt ja nicht mal mehr hier."

Bevor sie mich entdecken können, tauche ich mit klopfendem Herzen im nächsten Gang ab. Ich mache mich auf den Messerstich gefasst – darauf, dass Annalie zustimmt, denn so sieht sie es ja auch. Doch sie sagt scharf: „Nein, Alexa, das muss ich überhaupt nicht zugeben. Willst du etwa sagen, du findest es nicht so schlimm, was passiert ist?"

„Natürlich nicht! Aber sie schlachtet es richtig aus. Das weißt du selber. Ich glaube, sie genießt das Aufsehen mehr, als sie sich über die Sache an sich selbst aufregt."

„Also meinst du, wir sollten es einfach vergessen?", fragt Annalie. „Warum sagst du so was überhaupt?"

„Meine Güte, jetzt reg dich mal ab. Sie gibt die ganze Zeit Interviews, als wären wir alle Rassisten, und macht einen Riesenaufstand auf Twitter. Niemand wurde verletzt. Warum bist du so sauer? Du bist doch sonst immer die Vernünftige von euch beiden."

„Tja, da habt ihr euch geirrt. Vielleicht sehe ich es ja genauso wie sie. Vielleicht finde ich, sie sollte den Vorfall ruhig aufbauschen, bis die Leute ihn ernst nehmen. Ihr tut das ja offenbar nicht."

„Reg dich mal ab, Annalie. Wir haben dich wohl an einem schlechten Tag erwischt", sagt eine andere. „Dann sehen wir uns bei Mike. Eigentlich wollten wir dich fragen, ob du vorher mit uns essen gehen willst, aber vielleicht lieber nicht. Nachher beleidigen wir dich noch aus Versehen." Ihre Kälte ist noch durchdringender als ihre Worte. „Kommt, wir gehen."

Jetzt trete ich in den Gang, weil ich denke, dass sie in die andere Richtung abgezogen sind, aber sie stehen direkt vor mir.

Für einen Moment sehen sie erschrocken aus, dann starren sie mich voller Verachtung an. „Wenn man vom Teufel spricht", sagt eine. Sie müssen mich noch aus meiner Zeit auf der Highschool kennen. Ohne ein weiteres Wort rauschen sie an mir vorbei. Der bissige Kommentar, den ich schon parat hatte, bleibt mir im Hals stecken.

Annalie und ich bleiben allein zurück. Ich bin wie erstarrt. Ihre Augen sind rot.

„Wer war das?", bringe ich heraus.

Sie schüttelt den Kopf. „Ich brauche deine Hilfe nicht. Halt dich einfach da raus." Dann rauscht auch sie an mir vorbei. Ich starre auf die Reihe blassblauer Bettlaken im Regal. Ich kann mich nicht bewegen.

Nachdem ich mich halbwegs gesammelt habe, gehe ich zu ihr in die Küchenabteilung, ich bin immer noch fassungslos. Die restliche Zeit im Kaufhaus zieht wie im Nebel an mir vorbei. Schließlich kaufen wir ein neues Wok-Set und gehen wortlos hinaus. Die Heimfahrt ist wie ein von Countrymusik befeuerter Albtraum. Obwohl es draußen über dreißig Grad sind, ist mir kalt. Ehe ich michs versehe, sind wir wieder zu Hause. Ich kann Annalie kaum ansehen.

„Ich packe das Geschenk am Wochenende ein, wenn Mama nicht da ist", sagt sie. „Im Keller haben wir noch Geschenkpapier."

„Meinst du echt? Das kann ich doch machen. Ich ... ich hab noch nicht viel beigetragen", sage ich. Es ist ein schwacher Versuch. Ich müsste sie um Verzeihung bitten. Die ganze Zeit sehe ich ihr Gesicht vor mir, wütend und verletzt, als diese Mädchen sagen, sie hätten Angst, sie aus Versehen zu beleidigen. Für mich wäre es einfacher, wenn sie alles auf mich geschoben hätte. Wenn sie nicht für mich Partei ergriffen hätte. Dann könnte ich sagen, dass ich ihr verzeihe. Jetzt muss ich sie um Verzeihung bitten. Und ich müsste auch Mama um Verzeihung bitten. Und Rajiv.

Da ist so vieles, was ich sagen müsste, aber ich finde nicht die richtigen Worte. Nachdem wir so viele Jahre nicht miteinander reden konnten, weiß ich nicht, wie ich ein Gespräch mit ihr anfangen soll.

„Nein", sagt sie. „Du machst genug." Sie hält inne, fummelt an den Schlüsseln in ihrer Handtasche herum und umklammert den Griff der Geschenktüte. „Bis später."

Als ich aufwache, regnet es, was im Sommer selten vorkommt. Normalerweise ist es klar, nur hin und wieder ein kleines Gewitter am Nachmittag, aber der heutige Tag ist von leisem grauen Regen erfüllt.

Ich fühle mich dumpf und missmutig. Ich bereue, dass ich für nächste Woche ein Interview zugesagt habe. Eigentlich will ich nur im Bett liegen, bis ich zurück nach New York muss.

Aber heute feiern wir *duanwujie*, das Drachenbootfest. Es gibt viel zu tun.

Mama hat uns nie die Bedeutung dieses Feiertags erklärt und auch nicht, was er mit Drachen und Booten zu tun hat. Wir kennen es nur als das Fest, an dem wir *zongzi* essen, klebrige, in Bambusblätter gewickelte gedämpfte Reisbälle, je nach Geschmack herzhaft oder süß.

Ich gehe runter, die Zähne noch ungeputzt, Schlaf in den Augen, die Haare in alle Richtungen abstehend. Mama ist schon in der Küche mit den Vorbereitungen beschäftigt. Immer ist sie schon in der Küche, wenn ich aufwache, ich kann mich kaum an eine Ausnahme erinnern.

Ich rieche den Reis und die süßen Datteln auf dem Herd.

Annalie ist nicht zu Hause, sie musste schon früh in die Bäckerei. Normalerweise macht sie die *zongzi* mit Mama. Ich kann nicht gut kochen. Bei mir brennt immer alles an.

„Guten Morgen, Schlafmütze", sagt Mama so fröhlich, wie sie die ganzen letzten Wochen nicht mit mir gesprochen hat. Ich lasse mich auf den Stuhl an der Theke sinken und reibe mir die Schläfen. Ich fühle mich wie verkatert, obwohl ich nichts getrunken habe. „Willst du mir heute helfen?"

„Okay", sage ich. Ich habe sowieso nichts anderes zu tun.

Ich denke nur daran, dass ich mit Rajiv reden möchte. Ich überlege, ihn anzurufen. Ich überlege, ihm einen Brief zu schreiben. Ich überlege, das alles zu tun, und sei es nur, damit er mich anschreit. Dann sage ich mir: Rajiv hat gekündigt, um mich nicht mehr sehen zu müssen. Ich glaube nicht, dass er etwas von mir hören will, und es wäre grausam, mich aufzudrängen.

Die Wahrheit ist, dass ich dich geliebt habe – vielleicht liebe ich dich sogar immer noch. Aber im Moment mag ich dich nicht besonders.

Seine Worte hallen nach. Ich würde sie gern wegwischen.

Ich stecke die Haare hoch und krempele die Ärmel bis zu den Ellbogen auf.

Mama schiebt mir eine Schüssel mit duftendem Klebreis und einen Stapel feuchter Bambusblätter hin. Sie setzt sich neben mich. Sie wirkt weich und nachgiebig.

„Hast du schon deinen Rückflug gebucht?"

„Ja."

„Okay." Sie nickt. „Der Sommer ist fast vorbei. Ging schnell."

„Hm-hmmm." Ich muss blinzeln, das Bedauern liegt wie ein Stein in meinem Bauch. Ich war den ganzen Sommer hier, und was ist dabei herausgekommen? Auf einmal tut es mir leid, dass ich nicht mehr Zeit mit meiner Mutter verbracht habe. Ihre Haare sind ein bisschen grauer als bei meinem Auszug vor einem Jahr. Ich sehe endlose Sommer in meiner Zukunft vor mir, gefüllt mit Praktika und Jobs, in denen ich es mir immer seltener werde leisten können, nach Hause zu kommen. Ich bin verletzlich, voller

Angst davor, erwachsen zu werden und mein Zuhause verlassen zu müssen. Dabei hab ich es schon verlassen.

„Bald gehst du zurück. Ist schwer, wieder Abschied zu nehmen." Als hätte sie meine Gedanken gehört. Sie lächelt mich traurig an.

Irgendetwas will sie mir sagen, aber anscheinend weiß sie nicht, wie. „Die habe ich immer mit deinen Großeltern gemacht", sagt sie und faltet die Bambusblätter um den Reisball herum zu einem Kegel. „Das war mein Lieblingsessen."

„Hast du sie auch mal mit Dad gemacht?"

Sie hält inne. Ich befürchte schon, dass ich sie verärgert und auch diesen Moment zerstört habe. Anscheinend kann ich Mama zurzeit nur unglücklich machen. „Ja", sagt sie schließlich. „Er konnte das nicht sehr gut. Er hat die Blätter zerbrochen." Sie verzieht den Mund zu einem halben Lächeln, als ob sie an etwas Schönes denkt.

Ich bin verblüfft. Sie scheint die Tür zu meiner Vergangenheit einen kleinen Spalt zu öffnen. Ich kann noch nicht hineinschauen, aber es gibt einen Hoffnungsschimmer.

„Welche mochte er am liebsten?" Ich muss sacht vorgehen, ganz behutsam.

„Die mit Wurst."

„Die mag ich auch am liebsten."

„Ich weiß." Sie schaut flüchtig zu mir. „Du bist in vielem wie er. Mehr als *meimei*."

Ich halte den Atem an und wage nicht zu schlucken.

„Es war schwerer für mich, dich zu verstehen. Jingling war so einfach, schon als Baby. Du wolltest immer weglaufen. Wenn ich sagte, du sollst an der Kreuzung meine Hand nehmen, bist du losgelaufen und hast dich nicht umgedreht. Ich musste hinter dir herlaufen."

Es kommt mir vor, als wollte sie, dass ich mich für etwas entschuldige, woran ich mich nicht mal erinnern kann. Doch sie redet weiter. „Als dein Vater gegangen ist, warst du wütend auf mich." Sie sagt es ganz nüchtern.

Das weiß ich sogar noch. Mit meinen fünf Jahren empfand ich einen so heftigen Groll gegen meine Mutter. Vielleicht, weil sie da war und ich meinen Zorn nicht gegen denjenigen richten konnte, den ich vermisste.

„Du hast mich so gehasst. Ich konnte es sehen."

„Ich war ein kleines Kind", sage ich. „Ich wusste es nicht besser. Wie konntest du mir das vorwerfen?"

Sie seufzt. „Habe ich nicht. Aber ich wollte nicht, dass meine Tochter immer so wütend ist. Ich habe die Fotos abgehängt, weil ich dachte, das hilft dir zu vergessen. Warum solltest du dich an ihn erinnern? Du warst so klein. Und er kommt nie zurück."

Ich schweige. Der Schmerz in meinem Herzen wächst und füllt den ganzen Raum aus. Ich sage das, was mich schon mein Leben lang quält und was ich noch nie ausgesprochen habe. „Ich dachte, du magst mich nicht, weil ich so bin wie er." Ganz klein – winzig – kommt das heraus.

„Du bist wie er", sagt sie, und ihr Blick ist weich und zärtlich. „Aber du bist auch du selbst. Das hab ich immer gewusst." Sie klopft mir auf die Schulter.

Ich denke daran, wie oft ich mir gewünscht habe, meine Mutter würde mich um Verzeihung bitten. Dafür, dass sie mich so oft zu etwas gedrängt hat, was ich nicht wollte. Dafür, dass sie in jedem Streit für Annalie Partei ergriffen hat, nur weil Annalie die

Jüngere war und es in der chinesischen Kultur eben so ist, dass das ältere Kind dem jüngeren nachgeben sollte. Dafür, dass sie schlecht über Rajiv gesprochen und gesagt hat, wir sollten nicht zusammen sein.

Mama wird mich nie um Verzeihung bitten. Nicht heute und nicht auf dem Sterbebett. Das weiß ich.

Doch wir schauen uns in die Augen, und ich sehe, es tut ihr leid, dass sie mich so alleingelassen und mir nichts von meiner Geschichte erzählt hat. Von meiner anderen Hälfte. Dem, was ich ohne ihre Hilfe nicht herausfinden konnte. Ich habe einen Kloß im Hals.

„Ich hätte dir von ihm erzählen sollen", sagt sie.

„Es ist nicht zu spät", antworte ich.

Sie nickt.

In meinem Innern löst sich etwas. Und ich fühle mich leichter.

Es ist nie zu spät, etwas zu verändern. Und es gibt Sachen, über die wir reden sollten. Über die wir schon vor langer Zeit hätten reden sollen. Ich schaue auf die warmen, duftenden *zongzi* in meinen Händen. „Ich muss dir etwas sagen."

„Was denn?"

„Es geht um Rajivs Mutter. Sie ist krank."

Mama zieht die Augenbrauen zusammen. „Krank? Woher weißt du das?"

„Er hat es mir auf der Arbeit erzählt. Sie hatte Krebs und erholt sich jetzt von der Operation."

„Dann hat sie das Schlimmste überstanden, das ist gut." Das Schweigen danach ist aufgeladen. „Wie geht es ihm?"

Ich schaue sie an. Ich weiß nicht, ob ich mich traue, noch mehr zu sagen. Aber ich wappne mich und sage es einfach. „Er macht eine schwere Zeit durch. Er ist über die Ferien nach Hause gekommen, damit er sich um sie kümmern konnte. Er ist ein guter Mensch."

Sie wendet den Blick ab. „Du magst ihn immer noch?"

„Ja, Mama", flüstere ich.

Eine Weile antwortet sie nicht. „Du bist unglücklich. Du gibst mir die Schuld", sagt sie rundheraus. Damit ist das Pulverfass, das zwischen uns steht, benannt. Es wartet nur darauf, angezündet zu werden.

„Wie soll ich dir nicht die Schuld geben? Du hast ihn total abgelehnt."

„Das hab ich nicht. Wieso sollte ich? Ich kenne ihn doch gar nicht."

„Du wolltest immer, dass wir uns trennen."

„Aiya." Sie klingt verärgert, der ganze gute Wille scheint verpufft. „Du hast entschieden, dich zu trennen. Ich habe dich zu nichts gezwungen."

So macht Mama es immer, wenn das Gespräch nicht in ihrem Sinn läuft, sie dreht den Spieß einfach um. Aber das lasse ich ihr nicht durchgehen. „Du hast doch immer wieder davon angefangen, dass wir ‚dunkle' Kinder kriegen würden und dass wir nur Nachteile hätten. Das hast du gesagt!" Ich zeige mit dem Finger auf sie. „Du hast gesagt, wenn ich mit ihm zusammenbleibe, redest du nie wieder mit mir."

„Ich wollte dich beschützen."

„Das war rassistisch."

Sie seufzt. „Wenn du so schreist, rede ich nicht mit dir."

Mir ist heiß, ich dampfe vor Wut. Normalerweise würde ich an dieser Stelle hinausstürmen und mich weigern, ihr weiter zu-

zuhören. Aber irgendetwas hält mich davon ab wegzulaufen. Ich muss bleiben. Ich muss da jetzt durch. Diesen Kampf muss ich ausfechten. „Du hattest unrecht." Ich denke daran, wie sie mich am Abend des Abschlussballs angeschrien hat, mich undankbar nannte, weil ich ihn über sie stellen wollte, als ginge es um ein Entweder-oder. „Ich hätte nicht auf dich hören sollen. Du hast mich kleingemacht."

Ich sehe sie an und rechne damit, dass sie mich anschreit und sagt, was für ein dummes, ungehorsames Kind ich bin. Doch sie nippt nur an ihrem Wasser, als wüsste sie nicht, was sie darauf sagen soll. Sie sieht vor allem müde aus. Schließlich schüttelt sie den Kopf. „Du bist immer noch so wütend auf mich. Du glaubst mir nicht, aber ich wollte dir helfen, das zu tun, was am besten für dich ist und dich am Ende glücklich macht. Aber heutzutage weiß ich nicht mehr, was richtig und was falsch ist. Meine Eltern haben mir beigebracht, auf die Älteren zu hören, aber ich habe nicht auf sie gehört und bin nach Amerika gegangen. Jetzt bin ich alt, aber ich fühle mich nicht weiser, wie ich immer gedacht hatte."

Sie ballt die Hand auf der Küchentheke zur Faust und sagt eine Weile nichts. „Ich hätte nicht sagen sollen, dass ich nie wieder mit dir rede. Du weißt, dass ich dich nie im Stich lasse, egal, was passiert."

Der Kloß in meinem Hals wird noch dicker. Ich sage nichts.

„Du hast dieses Haus verlassen. *Zhangdale*, du bist groß geworden. Du wirst deine eigenen Fehler machen. Und ich kann dich nicht davon abhalten."

„Rajiv war kein Fehler, Mama", sage ich leise. Und das glaube ich aus tiefstem Herzen. Ich habe es immer geglaubt. Ganz gleich, wie es jetzt weitergehen mag.

Jetzt ist Mama still.

„Mama, ich habe es dir nie erzählt."

„Was?"

„Erinnerst du dich noch an den Abschlussball? Als wir uns so schlimm gestritten haben?"

Sie nickt mit einem kleinen Ruck, als wollte sie nicht mehr daran denken.

„Ich sollte zu Rajiv kommen, weil seine Mutter mich zum Abendessen eingeladen hatte. Sie wollte mich besser kennenlernen. Ich bin nicht hingegangen." Obwohl wir unter uns sind, schäme ich mich in Grund und Boden. Ich denke daran, wie Rajiv mich immer wieder angerufen hat. An der Stelle seiner Mutter hätte ich mich danach auch nicht mehr gemocht. Und Rajiv hat es den Rest gegeben. „Ich bin nicht hingegangen. Deshalb haben wir uns getrennt."

„Sie hatte dich eingeladen?" Mama klingt überrascht.

Ich nicke.

Ihr Blick flackert und sie schaut weg.

Nach langer Pause nehmen ihre Hände die Arbeit wieder auf und ich denke schon, das Thema wäre für sie erledigt. Aber dann sagt sie: „Komm, wir machen diese *zongzi* fertig und bringen sie Rajivs Familie", und nimmt die Reisschüssel. „Für seine Mama. Mögen sie lieber süß oder mit Wurst?"

Ich kann es nicht glauben. Zwei Wunder an einem Tag. Es ist unfassbar. Aber jeden Tag passiert Unfassbares.

Ich glaube nicht, dass ich schon ihren Segen habe, doch näher könnte ich einem Sieg kaum kommen. Bestimmt ist unsere Diskussion noch nicht vorbei. Doch ausnahmsweise bin ich froh darüber, dass sie nicht vorbei ist. Das Entscheidende ist, dass da immerhin Raum zum Wachsen ist.

„Süß", sage ich schließlich. „Das ist eine gute Idee."

Wir arbeiten schnell und schweigend, bis wir einen ganzen Stapel *zongzi* haben. Mama gibt sie in den Dampfgarer. Wir räumen auf und waschen ab, das duftende Essen auf dem Herd.

Draußen fällt der Regen sacht und stetig gegen die Fenster und Dächer. Wir reden nicht, aber das ist auch nicht mehr nötig. Es fühlt sich so an, als könnten wir einander auch ohne Worte hören.

Ich glaube, es liegt Veränderung in der Luft. Für Mama und für mich.

Als ich die Schlüssel nehme und mich zum Gehen wende, klopft sie mir auf die Schulter. „Du bist nicht schwach", sagt sie. „Du bist stark. Stärker als ich." Ihre Hand ist warm, und ihre Worte dringen mir in die Knochen. Wenn man etwas zu lange mit sich herumträgt, kommt es vor, dass man gefühllos wird, den Schmerz nicht mehr spürt. Aber als ich jetzt aus der Küche gehe, verschwindet das Schuldgefühl langsam, das immer auf meinen Schultern gelastet hat. Erst jetzt, wo es weg ist, merke ich, wie schwer es war.

Mit einem Korb voll frischer *zongzi* fahre ich zu Rajiv. Es ist Nachmittag, und sein Haus liegt still im Regen. Ich sehe niemanden am Fenster, kein Auto in der Einfahrt. Als ich das letzte Mal hier war, habe ich nicht auf die Einzelheiten draußen geachtet. Ich hatte es zu eilig, in sein Schlafzimmer zu gelangen.

Sie haben den Vorgarten seit damals umgestaltet. Ein neues Beet erstreckt sich vom Garagentor bis zum Haus. Bunte Petunien stehen vor dem braunen Vinyl. Der kleine Fächerahorn, den wir auf den Streifen zwischen Gehweg und Straße gesetzt haben, ist ordentlich gewachsen. Er reckt die dunkelroten Blätter zum Himmel.

Ich war andauernd hier, wenn seine Eltern nicht da waren. So oft, dass es fast mein zweites Zuhause war. Wir haben unsere Hausaufgaben zusammen im Keller auf dem weichen verblichenen Sofa vor dem Fernseher gemacht. Die rot-weiße Katze, die sie hatten, Mishi, hat sich immer so gern auf meinen Schoß gesetzt. Sie mochte mich sogar lieber als Rajiv. Vielleicht lieber als jeden anderen. Ich frage mich, ob Mishi noch lebt. Sie war schon alt. Noch etwas, das mich traurig macht.

Bevor ich hergefahren bin, habe ich überlegt, was ich alles auf den Zettel schreiben könnte, den ich zu dem Essen dazulege. Ich wollte so vieles sagen: dass ich es bereue, ihn um Verzeihung bitte, eine regelrechte Aufarbeitung unserer Beziehung, zu der wir nie Gelegenheit hatten. Ich möchte Rajiv anrufen und stundenlang mit ihm reden, bis der Morgen dämmert, bis wir nichts mehr zu sagen wissen und noch darüber hinaus. Ich könnte ihm Seiten über Seiten schreiben – unsere Geschichte von Anfang bis Ende.

Schließlich schreibe ich nichts von alledem.

Ich schreibe nur *Es tut mir leid.*

Rajiv hat oft gesagt, ich hätte genug Worte für drei. Aber auch, dass er, was immer ich sage, genau weiß, wie es in meinem Herzen aussieht.

19
ANNALIE

Das Taxi setzt mich vor Mikes Haus ab. Ich kannte es bisher nicht, aber ich bin schon mal durch das Viertel gefahren und hatte eine ungefähre Vorstellung, was mich erwartet. Es ist ein beigefarbener Klotz mit ausladenden Seitenflügeln, wie drei Häuser in einem. Es ist hässlich, aber es stinkt vor Geld.

Ich hasse es, allein auf eine Party zu gehen.

Violet ist mit ihrer Familie im Urlaub.

Und Daniel meinte, ich solle nicht hingehen, aber ich muss.

Ich muss Thom sehen. Seit das Video nicht mehr auf Twitter ist, schreibt er mir andauernd, und wir hatten bisher kaum Zeit, miteinander zu reden. In meinem Innern tobt ein Chaos. Ich muss ihn sehen, und sei es nur, um mir über meine Gefühle klar zu werden. Ob es für uns eine Zukunft gibt. Ich hoffe es. Am Anfang hatte es etwas Großartiges und Glanzvolles, mit Thom zusammen zu sein, das alles andere überstrahlt hat.

Ich will wissen, ob davon noch etwas übrig ist.

Außerdem hat noch nie jemand eine Einladung zu Mike abgelehnt, und ich werde bestimmt nicht die Erste sein.

Als ich hereinkomme, riecht es so stark nach Bier, als hätte schon jemand etwas auf den Teppich gekippt. Wissen Mikes Eltern nicht, dass er hier Saufgelage veranstaltet, wenn sie weg sind, oder ist es ihnen egal? Wie sähe mein Leben aus, wenn es meiner Mutter egal wäre, ob ich unser Haus für Besäufnisse benutze?

Um die vierzig Leute tummeln sich schon in der Küche und lehnen im ersten Stock am Geländer der Galerie.

Thom, Mike und die anderen sehe ich nicht. Ich sehe auch Alexa, Joy und Christine nirgends, die neulich im Shoppingcenter so reizend zu mir waren. Früher dachte ich, sie wären ganz in Ordnung. In der Schule waren sie immer nett zu mir. Wir waren nicht befreundet, aber ich hatte auch nichts gegen sie. Sie gehören zu Thoms Freundeskreis.

Unglaublich, was manchmal aus den Menschen rauskommt, wenn man gar nicht damit rechnet. Sie haben mich nur kurz begrüßt, aber dann ging es gleich um das Video, und dann, na ja.

Tja. Wenn man eine Zwiebel schält, kommt die wahre Schärfe raus.

Ganz kurz hab ich mich da gefragt, ob sie Bescheid wissen, aber nein, sie haben keine Ahnung. Die Jungs haben es bestimmt niemandem erzählt. Ausnahmsweise waren sie so schlau, die Klappe zu halten.

Ich bin die Einzige, die es weiß. Das heißt ich und Daniel.

Die Küche hat Chromarmaturen und edle schlicht weiße Küchenschränke. Da steht Bier in einem Kühler und eine Bowleschale mit einer knallroten Flüssigkeit. „Das ist Jungle Juice. Ist mit Wodka. Ziemlich gut", sagt Katarina aus meinem Literaturkurs anstelle einer Begrüßung. „Hab dich hier noch nie gesehen."

Ich nehme mir einen Plastikbecher von einem Stapel auf der Theke und schenke mir ein, um etwas in der Hand zu haben. Meine Hände wissen sonst nicht, wohin, und flattern ungeschickt herum. „Hast du Thom gesehen?", frage ich.

Sie zuckt die Schultern. „Ich glaub, der ist oben. Ihr seid jetzt zusammen, oder?"

„Ja."

„Wie kam es dazu?"

Anscheinend gucke ich komisch, denn sie fügt schnell hinzu: „Ich meine nur so – ich hab euch in der Schule noch nie groß zusammen gesehen."

Jetzt zucke ich die Schultern. „Mein erster Ferienjob. Da hab ich ihn oft getroffen."

Apropos Ferienjob, plötzlich kommt ein Mädchen um die Ecke, das ich seit Wochen nicht gesehen habe. Audrey. Sie trägt einen schwarzen Samtrock mit einem geblümten Shirt und hat die rotgoldenen Haare zu einem gewollt unordentlichen Knoten hochgebunden.

Ich weiß, es ist blöd, aber ich wünschte, meine Haare würden nur halb so gut aussehen wie ihre. Meine sind vorn zu glatt und auch nicht fein genug für den lässigen Strandlook.

Es ist zu spät, um ihr aus dem Weg zu gehen, sie hat mich bereits entdeckt. Ihre Augenbrauen zucken überrascht nach oben, dann hat sie sich in der Gewalt. „Ah, du hier", sagt sie. „Du bist damals so plötzlich verschwunden." Eine etwas unangenehme Pause tritt ein. „Wie geht es dir?"

„Ganz gut."

„Ich hab gehört, dass du mit Thom zusammen bist. Das ist ja spannend, aber nicht ganz überraschend. Ich nehme an, deshalb bist du hier?"

„Vielleicht bin ich ja hier, weil ich cool bin, und nicht nur, weil ich Thoms Freundin bin." Das kommt schärfer heraus, als ich will.

Katarina guckt mich mit großen Augen an. Sie schaut kurz in ihren Becher, dann dreht sie sich um und flieht – schwups – vor unserer Unterhaltung.

Audrey hebt eine Hand. „Hey, hey."

„'tschuldigung", sage ich verlegen. „Das war wohl ein bisschen aggro."

„Ein bisschen? Mann. Ich wollte nur sagen, es passt, dass du hier bist."

„Na ja", sage ich, um das Gespräch zu retten, auch wenn es vielleicht vergebens ist. „Wenigstens stehe ich dir im Sprinkle Shoppe nicht mehr im Weg."

Sie starrt mich an. „Denkst du, ich hab was gegen dich oder so?"

„Nicht? Jedenfalls fandst du mich nicht gerade toll, als wir zusammen gearbeitet haben."

„Stimmt, weil du in allem so ungeschickt warst und mir damit das Leben schwer gemacht hast, aber bestimmt kannst du andere Sachen besser." Sie seufzt. „Deine Nachfolgerin ist jedenfalls noch unfähiger."

Ich lache überrascht. „Entschuldige, das war blöd von mir. Ich war ein bisschen vorschnell." Sie war mir vor allem deshalb unsympathisch, weil ich dachte, sie macht mir bei Thom Konkurrenz. Und vielleicht war das damals auch so. Aber jetzt, wo sie entspannt an der Theke lehnt, denke ich, dass ich sie vielleicht falsch eingeschätzt habe.

„Willst du vielleicht irgendwann wieder zurückkommen?"

„Ich glaub nicht, dass der Chef mich zurücknehmen würde, und außerdem arbeite ich jetzt bei Bakersfield in der Stadt."

„Echt?"

„Ja. Du musst mal vorbeikommen. Ob du es glaubst oder nicht, ich kann viel besser backen als Eiscreme portionieren."

Audrey grinst. „Das glaub ich sofort."

Ich fasse es nicht, dass Audrey und ich miteinander klarkommen. Ausgerechnet. Noch etwas, was ich zu Beginn der Ferien nie für möglich gehalten hätte.

„Ich war noch nie auf einer dieser Partys", gestehe ich.

„Da hast du nicht viel verpasst. Ich bleibe meist nicht lang und verziehe mich, bevor es ausartet und die Polizei wegen nächtlicher Ruhestörung gerufen wird."

„Wirklich?"

„Ja. Ich bewerbe mich im Herbst für die Colleges. Da kann ich mir keinen Ärger leisten."

Mike kommt zur Hintertür herein, er schleppt ein riesiges Bierfass aus Aluminium auf der Schulter. Ich sehe ihn zum ersten Mal seit dem Abend im Diner wieder, und sofort fühle ich mich unbehaglich, als gehörte ich nicht hierher. Er strahlt mich an. „Hi, Annalie! Freut mich, dass du kommen konntest! Thom trägt gerade ein paar Sachen rein."

Bisher war er immer nett zu mir. Ich beginne an mir selbst zu zweifeln. Ich schüttele den Kopf.

Audrey sieht mich betreten an. „Hey", sagt sie unsicher.

Ich reiße mich aus meinen Gedanken. „Hmm?"

„Es tut mir leid, was zu Beginn der Ferien passiert ist. Als du gekündigt hast."

Im ersten Moment weiß ich gar nicht, wovon sie redet, und ich muss mir meinen letzten Tag im Sprinkle Shoppe erst wieder in Erinnerung rufen. Ach ja. Ich nehme einen großen Schluck Bowle. Sie ist so schön knallrot. Der Geschmack ist süß und bitter zugleich.

„Haben sie schon jemanden in Verdacht? Hat sich durch das Video was ergeben? Ich hab mitbekommen, dass deine Schwester es getwittert hat."

Ich verziehe den Mund. „Nein."

Sie schüttelt den Kopf. „Schrecklich. Es tut mir echt leid."

„Schon okay", grummele ich.

„Ich kann immer noch nicht glauben, dass so was hier bei uns passiert."

„Wahrscheinlich nur ein paar dumme Jungs." Die Lüge fühlt sich schleimig an, klebrig auf meiner Zunge.

„Wahrscheinlich. Ich kann mir nicht vorstellen, dass es jemand war, den wir kennen."

Ich nicke, mir ist ganz elend. Ich trinke noch mehr Jungle Juice. Jetzt packt mich wieder das Bedürfnis, dieser Stadt zu entfliehen. Wie befreiend es sein muss, irgendwo zu sein, wo mich niemand kennt.

Endlich biegt Thom um die Ecke und sieht mich. Er kommt direkt auf mich zu, legt mir einen Arm um die Taille und gibt mir einen Kuss. Sein Blick ist warm und erfreut, keine Spur mehr von der Angst vom letzten Mal. „Hi A! Schön, dass du gekommen bist."

Er lächelt mich träge an – und er hat immer noch die schönsten Zähne der Welt. Er schaut über meinen Kopf hinweg zu den anderen. „Dieses Mädchen ist so toll." Ich freue mich über das Kompliment. Wenn ich geglaubt habe, ich bräuchte ihn nur zu sehen, um mir spontan darüber klar zu werden, was ich tun muss, war ich allerdings schiefgewickelt.

Die Horde, die Thom immer und überall umgibt, späht zu uns herüber.

„Du warst noch nie hier, oder?"

Ich schüttele den Kopf.

„Dann zeige ich dir erst mal das Haus." Er geht mit mir aus der Küche zurück in die Eingangshalle. Ich schaue über die Schulter zu Audrey, die mir zuzwinkert und einen Daumen hochhält. Mike und die anderen Jungs stellen in der Eingangshalle einen Beer-Pong-Tisch auf und füllen Becher mit Bier. Sie winken uns zu. „Komm", sagt Thom. Er führt mich in den hinteren Bereich. Dort ist ein Klavierzimmer (ein ganzes Zimmer nur für das Klavier), ein elegantes Esszimmer mit einem kristallenen Kronleuchter und einem Geschirrschrank aus weißem Holz (viel zu empfindlich, um in der Nähe einer großen Bierfass-Aktion zu stehen), ein Wohnzimmer und ein „Fernsehzimmer", was nur eine andere Bezeichnung für ein weiteres Wohnzimmer ist, wenn man bereits ein Wohnzimmer hat.

Der Garten hinter dem Haus ist umzäunt und tipptopp gepflegt. Wir gehen nach oben, wo ein paar Leute im Flur rumhängen. Thom legt mir eine Hand auf den Rücken. „Das Haus ist ja riesig", sage ich.

„Es ist schon ganz nett. Unten gibt es auch ein Heimkino – du musst mal herkommen, wenn nicht so viele Leute da sind. Mike lädt uns manchmal zu einem Filmabend ein."

Wir spähen in Mikes Zimmer. „Meinst du, wir dürfen das?"

Thom grinst. „Ja, klar." Er schaltet das Licht ein.

Zu meiner Überraschung sieht Mikes Zimmer tadellos aus. Ich weiß nicht, was ich erwartet habe, aber Thoms Zimmer ist ein richtiges Jungs-Zimmer: ein bisschen unordentlich, ungemachtes Bett, Klamotten auf dem Fußboden. Mikes Zimmer hat nichts von alldem. Thom hat Poster von Bands an den Wänden, die ich nicht kenne, weil ich nicht cool bin. Bei Mike hängen gerahmte Naturbilder. Im Bücherregal stehen *Harry Potter* und *Die Tribute von Panem* und windschiefe Tonskulpturen, offensichtlich aus der Grundschulzeit, selbst bemalt. Auf einem Sideboard im Shabby

Chic stehen ein paar alte, heißgeliebte Stofftiere nebeneinander. Mikes Zimmer ist irgendwie ... süß.

„Ich weiß. Es sieht aus wie das Zimmer einer alten Lady in *House and Garden.*"

Fast hätte ich losgeprustet. „Ich verspreche, mich nicht über ihn lustig zu machen. Ich werd mir jedenfalls Mühe geben."

„Brauchst du nicht. Machen wir auch nicht."

„Wir haben alle unsere Schwächen. Mein Zimmer sieht so aus, als ob jemand zwanghaft Kaninchen und alles Blaue sammelt."

„Kaninchen?" Er zieht eine Augenbraue hoch. Er war noch nie in meinem Zimmer.

„Keine echten."

„Okay, ich dachte schon, eine Karnickelschar hoppelt durch dein Zimmer."

„Als ich klein war, hab ich mir immer ein richtiges Kaninchen gewünscht, aber wir durften nie Haustiere haben. Deshalb hab ich einfach ganz viele Stoffkaninchen."

„Niedlich."

„Ich sollte sie wohl mal aussortieren. Mein Zimmer sieht aus, als wäre ich fünf." Eigentlich ist das egal, denn außer mir, Margaret, Mama und Violet sieht sowieso niemand mein Zimmer.

„Mach das nicht, ich will es sehen. Das ist süß." Er beugt sich zu mir. „Du bist süß."

Mein Herz flattert ein bisschen. Ich kann nichts dagegen tun. Er küsst mich, langsam und zärtlich. Er stützt sich über meiner Schulter gegen den Türrahmen und beugt sich vor. Mein Widerstand schmilzt dahin. Ich denke an unsere sonnengetränkten Nachmittage, bevor ich die schreckliche Wahrheit erfuhr, wie mein Herz immer gesummt hat, wenn wir zusammen waren. Ich lasse die Finger nach oben wandern, packe sein T-Shirt und ziehe ihn näher zu mir heran.

„Mit uns ist alles okay, oder?", flüstert er leise, ein ganzes Universum umgibt uns. „Ich muss nur wissen, dass mit uns alles okay ist. Sag, dass alles okay ist." Er hält meine Arme fester.

Ja, möchte ich sagen. *Alles okay. Lass uns von hier verschwinden und zusammen sein. Lass uns einfach vergessen, dass du je etwas gesagt hast.* Unsere Beziehung soll reibungslos und glücklich sein. Wenn ich so viel trinken könnte, dass ich den letzten Monat vergessen könnte, würde ich es tun, so sehr wünsche ich es mir.

„Warum magst du mich?", entfährt es mir, ehe ich mich zurückhalten kann.

„Du bist wunderschön", sagt er. „Ich weiß nicht, warum dir das noch niemand gesagt hat. Ich würde es dir am liebsten die ganze Zeit sagen. Du weißt gar nicht, wie hübsch du bist. Du bist witzig, ohne es zu wissen. Ich weiß nicht. Ich mag dich einfach. Ich mochte dich schon immer. Was willst du hören?"

Ich küsse ihn wieder, unterdrücke eine vage Enttäuschung. *Genau das will ich*, sage ich mir. Ich weiß nicht, ob ich so ganz überzeugt bin, aber es ist verführerisch einfach, Thom nachzugeben. Verführerisch einfach, die schlimmen Sachen zu vergessen.

Unten nimmt die Party so richtig an Fahrt auf, als der Rest der Fußballmannschaft auftaucht und noch mehr Hochprozentiges anschleppt. Ich weiß echt nicht, wo diese Leute den Alkohol herkriegen. Ich hätte nicht die geringste Ahnung, wie man es anstellt, Alkohol im Laden zu kaufen; hängt man einfach da rum und spricht jemand Älteres an? Oder besorgt man sich einen gefälschten Ausweis? Woher kriegt man einen gefälschten Ausweis?

Thom drängt mich an den Beer-Pong-Tisch, ich soll in seinem Team mitspielen. „Meinst du echt? Ich kann das aber nicht gut."

Er legt einen Arm um mich. „Beim Beer Pong geht es nicht darum, wer gewinnt oder verliert. Es geht darum zu trinken, was das Zeug hält. Aber keine Sorge. Ich bin super."

Wir spielen gegen Mike und Katarina, die uns abziehen, und ich trinke Unmengen Bier. Ich mag das Zeug gar nicht. Aber mitten in der dritten Runde fühle ich mich leicht und aufgedreht, als wäre ich sanft auf eine Wolke gehoben worden. Meine Wangen glühen, ich muss sie immer wieder anfassen. So viel habe ich noch nie getrunken. Das Bier schmeckt auch gar nicht mehr so eklig.

Das ist in Ordnung, sage ich mir. So könnte es sein, wenn ich zum Kreis der Beliebten gehören würde. Es ist ... ganz einfach.

Mir geht es wirklich super. Ich fühle mich selbstsicher. Ich lache über die Witze der anderen, und es ist mir egal, dass meine unteren Zähne ein bisschen schief sind, wenn ich zu breit lächele, oder dass ich beim Lachen schnaube. Einmal sehe ich, wie Alexa und ihre Freundinnen reinkommen und zu mir hersehen, und da schlängele ich mich einfach zu ihnen hindurch und quatsche mit ihnen, als wären wir seit Ewigkeiten befreundet. Ich denke nicht mehr darüber nach, ob andere mich liebenswert finden. *Ich finde mich liebenswert.*

Und ich versprühe Unmengen von Liebreiz, bis die Haustür aufgeht und Daniel dasteht.

Zögernd schaut er sich in dem Raum voller grölender betrunkener Amerikaner um. Er ist hier so fehl am Platz, dass es sich nicht real anfühlt. Entweder bin ich so betrunken, dass ich halluziniere, oder es ist so ein Traum, in dem man einen Film sieht und dann plötzlich selbst mit im Film ist. Bin ich im Film? Oder ist Daniel im Film?

Er sieht mich den Bruchteil einer Sekunde bevor Thom ihn sieht. Er ist so groß, dass alle ihm Platz machen, um ihn durchzulassen.

„Hi."

„Wie bist du hergekommen?", frage ich.

„Ich hab auch Apps auf meinem Handy."

„Ach ja."

Daniel wird nie unsicher, ganz gleich, wo er ist, Thom dagegen wohl. Doch nach einer kleinen Weile hat Thom sich von der Überraschung erholt. „Schön, dass du gekommen bist."

„Danke, finde ich auch."

Ich schwanke ein bisschen und frage mich, ob ich jetzt diejenige bin, die Nachrichten zwischen den beiden hin- und herschickt, weil es zu weird für sie ist, direkt miteinander zu sprechen. Sie scheinen aus verschiedenen Welten zu kommen, zu unterschiedlich, um auch nur irgendwie miteinander zu kommunizieren. Und in gewisser Weise ist das wirklich so.

Daniel ist entspannt und gleichzeitig auf der Hut. Thom ist schon ein bisschen betrunken, genau wie ich. „Willst du mitspielen?", frage ich Daniel.

„Eigentlich wollte ich mit dir reden."

Ich schiebe ihn zum Tisch, was ein bisschen so ist, als wollte ich eine Mauer schieben, aber er gibt nach. „Erst wird gespielt."

„Mit dir?"

„Mit Thom." Ich komme mir kühn vor. Thom zuckt die Achseln und reicht Daniel einen Tischtennisball. Ich stehe am Rand, nuckele an einer Flasche und schaue zu. Mike stellt sich zu mir. Sein Gesicht ist leicht gerötet, der Blick glasig.

Daniel hat ein super Ballgefühl. Möglicherweise hilft ihm auch der Umstand, dass die anderen Teilnehmer betrunken sind und er so nüchtern wie ein neugeborenes Kalb. Er und Thom gewinnen mühelos, worüber Thom sich gar nicht so freut, aber ich klatsche Daniel ab.

„Okay, kann ich dich jetzt mal kurz entführen?"

„Noch mal, noch mal!", rufe ich. „Ich will spielen!"

„Ich glaube, mir reichts."

„Komm schon", mischt Mike sich von der Seitenlinie ein. „Du kannst A nicht einfach so entführen."

„Genau", sage ich kämpferisch. Thom ist der Einzige, der mich A nennt. Aus Mikes Mund klingt es seltsam. Aber ich lasse mich davon nur kurz irritieren. „Noch mal."

Hilflos und gleichzeitig genervt schaut Daniel zwischen uns dreien hin und her. Dann seufzt er. „Na gut."

Ich juchze, vermutlich viel lauter als beabsichtigt. Ich packe ihn am Arm. „Du bist in meiner Mannschaft."

Thom verzieht sich mit Mike auf die andere Seite des Tisches. Selbst durch den warmen Schleier der Benommenheit spüre ich von beiden Seiten eine kalte Brise. Irgendwo im Hinterkopf denke ich: Im nüchternen Tageslicht morgen früh wird das übel aussehen. Aber jetzt bleibt mir nichts anderes übrig, als es hinter mich zu bringen.

Ich trinke einen großen Schluck und schaue zu Daniel. „Kanns losgehen?"

Er nickt.

Thom und Mike sind gut. Und ich bin so miserabel, als hätte

ich überhaupt kein räumliches Vorstellungsvermögen. Aber Daniel ist so gut, dass es völlig egal ist, wie schlecht ich bin. Mit einer Ausnahme trifft er jedes Mal völlig lässig, ohne auch nur eine Miene zu verziehen. Er wirft mit fast schon chirurgischer Präzision.

Es dauert nicht lange, da haben wir gewonnen, obwohl ich keine Punkte hole.

„O Mann, okay, der hats echt drauf. Noch eine Runde", ruft Mike von der anderen Seite des Tisches.

„Nein", sagt Daniel entschieden. Er hat jetzt endgültig genug von Beer Pong. „Jemand anders kann für mich weiterspielen."

„Aber wir haben gewonnen", protestiere ich.

Thom kommt zu uns herüber. „Das hat Spaß gemacht", sagt er gezwungen. Er schiebt sich näher zu mir heran und fasst mich am Arm.

„Ja, hat Spaß gemacht", sagt Daniel knapp. „Kann ich Annalie kurz ausleihen?"

„Ich bin kein Gegenstand, den man ausleihen kann", entgegne ich. Ich stehe buchstäblich zwischen den beiden.

„Wozu?", fragt Thom.

„Es geht um den Backwettbewerb. Das ist persönlich."

„Backwettbewerb?", fragt Thom verwirrt. Mir wird bewusst, dass ich ihm nichts davon erzählt habe, nicht mal nebenbei. Was sagt das über uns aus?

Daniel begreift es im selben Moment. Er lächelt zufrieden, und sofort habe ich ein schlechtes Gewissen. „Weiß er gar nichts davon?", sagt er zu mir.

„So wichtig ist es nun auch wieder nicht", murmele ich.

Thom lässt mich los. Er presst die Lippen aufeinander. „Na gut, von mir aus." Ohne ein weiteres Wort dreht er sich um und geht davon.

„Dein Freund mag mich nicht", sagt Daniel, nachdem Thom den Raum verlassen hat.

„Das stimmt nicht."

Er lacht. So langsam fällt er den anderen Gästen auf. Oder besser gesagt: Wir fallen ihnen auf. Ich ziehe Daniel am Arm. „Lass uns mal rausgehen. Ein bisschen an die Luft."

Wortlos folgt er mir zur Haustür hinaus. Die Nachbarschaft ist funkelnd und still. Es ist ein recht neues Viertel, die Bäume neben den Gehwegen sind noch jung. Über den Rasenflächen blinken die Glühwürmchen grün und gelb. Es ist ein schwüler Juliabend, und ohne die Klimaanlage klebt mir das T-Shirt sofort auf der Haut.

Als Kind habe ich diese Sommerabende geliebt. Margaret und ich haben mit den Nachbarskindern Verstecken im Dunkeln gespielt, sind unbeaufsichtigt auf dem Grundstück herumgerannt und durch Dornensträucher gekrabbelt. Wir haben uns die Wangen zur Tarnung mit Erde beschmiert und sind mit Kletten in den Haaren nach Hause gekommen. Bis zur Junior High sind die anderen Kinder nach und nach weggezogen, und wir verbrachten die Abende zunehmend im Haus. Der Zauber kam uns abhanden. Eine heftige Sehnsucht nach einfacheren Zeiten überkommt mich. Ich atme tief ein, den Duft von frisch gemähtem Gras und Sommerrauch.

Wie wir so zu zweit draußen stehen, fühle ich mich in meinen Shorts und dem Tanktop auf einmal nackt und ziemlich ernüchtert.

Ich lege die Hände auf die Hüften, um mich zu erden und

selbstbewusster zu wirken. „Und aus welchem Grund hast du mich nun wirklich rausgezerrt?"

Daniel tritt von einem Fuß auf den anderen und steckt die Hände in die Hosentaschen. „Es hat nichts mit dem Backwettbewerb zu tun", gesteht er.

Jetzt, wo wir allein sind, steigt Wut über dieses ganze Gespräch in mir auf. Darüber, dass er hergekommen ist. Dass er absichtlich den Eindruck erweckt hat, mir näherzustehen als Thom. „Ach so, du wolltest den Backwettbewerb also nur mal kurz ansprechen, damit ich vor meinem Freund blöd dastehe?"

„Was kann ich denn dafür?", sagt er. „Wenn du ihm nichts davon erzählst. Und wenn es sowieso nicht so wichtig ist, was regst du dich dann so auf?"

Er hat recht, aber ich bin sauer und muss es einfach an jemandem auslassen. Und an Thom kann ich es nicht auslassen.

„Das hast du mit Absicht gemacht."

„Nein!" Er schweigt kurz. „Annalie, warum kannst du mit ihm nicht über die Sachen reden, die dir wichtig sind?"

Die Frage ist wie ein Schlag ins Gesicht. Ich weiß darauf keine Antwort, deshalb weiche ich aus. „Warum bist du überhaupt gekommen?"

„Ich wollte sehen, ob es dir gut geht."

„Warum sollte es mir nicht gut gehen? Du tauchst einfach hier auf. Du hättest ja mal schreiben können."

„Hab ich doch. Aber du hast nicht geantwortet. Guck auf dein Handy."

Ich habe den ganzen Abend nicht draufgeguckt. „Na gut, egal. Ich war beschäftigt, ich hatte nämlich Spaß. Was ist daran verkehrt?"

Er sieht mich vielsagend an. „Hast du wirklich Spaß?"

„Ich hätte dir nicht erzählen sollen, wer das Wort auf unsere Garage gesprayt hat", sage ich. „Ich hatte einen schwachen Moment. Vergiss, was ich gesagt habe, und halt dich da raus."

„Du hättest es mir nicht erzählen sollen? Du solltest es allen erzählen. Du solltest zur Polizei gehen. Er und seine Freunde sind nicht in Ordnung."

Ich werde rot und versuche ruhig zu bleiben. „Es ist kompliziert, okay?" In Wahrheit sehe ich es so wie er, aber wenn ich in ihrer Nähe bin, fällt es mir so schwer, meine Meinung zu sagen. Zu erkennen, dass sie etwas Schlimmes getan haben, ist eine Sache, die Einzige zu sein, die sie anzeigen könnte, eine andere. Irgendwas schlägt mir auf den Magen, das schlechte Gewissen oder der Alkohol. Vielleicht auch beides.

„Ich weiß, dass das schwer ist, aber es ist das einzig Richtige."

„O Mann, ich wusste, dass es ein Fehler war, es dir zu erzählen. Ich dachte, du könntest mich verstehen und einfach zuhören. Stattdessen nervst du mich genauso wie Margaret."

Ich sehe, dass ich ihn getroffen habe, und sofort tut es mir leid. Aber der Alkohol macht mich kühn und rücksichtslos. Ich bin es leid, dass mir ständig alle sagen, was ich tun soll. Margaret. Alexa und ihre Gang. Daniel, der mir das Gefühl gibt, feige zu sein.

„Warum bist du überhaupt gekommen?", frage ich noch mal. „Nur, damit ich mich mies fühle? Denkst du, bloß weil du den ganzen Tag in der Bäckerei mit mir abhängst, bist du jetzt auch in meinem richtigen Leben dabei?"

Er macht einen Schritt auf mich zu. „Ich bin gekommen, weil ich dachte, du brauchst einen Freund."

„Ich hab genug Freunde", sage ich gehässig. Ich weiß, dass ich ihn verletze, aber ich will seine Worte jetzt nicht hören. Er sagt mir unangenehme Dinge, und er soll damit aufhören.

Ich sehe ihn herausfordernd an, und da erkenne ich plötzlich, weshalb er hier ist. Nicht, weil er mein Freund ist. Es leuchtet aus seinen weichen braunen Augen, die hinter den Brillengläsern groß und klar und voller Sorge um mich sind.

Ach so.

Seine Absichten sind eindeutig. Wie konnte ich das so lange übersehen?

Ich sage nichts. Wir sind zwei Statuen.

„Annalie", sagt er, und seine Stimme verrät alles. „Fuck." Er ist wütend auf sich selbst.

Der Aufruhr in meinem Inneren verstummt, wird so still wie nächtlicher Schnee. Ich stelle mir vor, in Daniels Armen geborgen zu sein, ich denke an sein helles Lachen. Ich ertappe mich dabei, dass ich mich in die Stratosphäre träume, ich fliege weit weg und auf einmal scheint alles möglich. Mir wird ganz schwindelig.

Doch wie immer zieht mich die Angst wie ein Fels zurück auf den Boden der Tatsachen. Angst ist etwas Handfestes. Sie hat mehr Substanz als flatterhafte Wünsche und versponnene Träume.

Ich habe Angst, das hier könnte alles verändern, in diesem Sommer, der schon zu viel Veränderung gebracht hat.

Wenn ich doch einfach seine Hand nehmen und mit ihm weglaufen könnte. Aber wo sollten wir hin? Wir sind in diesem Chaos hier gefangen. Alles, was uns ausmacht, ist mit den Trümmern von Thom und mir verwoben, mit der besprayten Garage ... und Daniel geht zum Ende des Sommers weg. Ich kann mein Leben jetzt nicht noch komplizierter machen.

Ich schüttele den Kopf.

Er streckt die Hände nach mir aus und ich weiche zurück.

„Bitte sag jetzt nichts, was sich nicht zurücknehmen lässt. Geh lieber nach Hause." Ich zittere. „Bitte."

Sein Gesichtsausdruck wird leer, er lässt die Schultern hängen. Zum ersten Mal kommt er mir zerbrechlich vor, zu kostbar, um verletzt zu werden, und doch habe ich es getan. Mein Kopf tut weh. In meinen Ohren dröhnt es.

„Tut mir leid", sagt er. „Dann geh ich jetzt."

Er geht, und ich bin allein. Ich lasse mich auf den Boden sinken, das Gras verschwimmt hinter meinen Tränen. Ich wollte, dass er geht, doch jetzt fühlt es sich wie die falsche Entscheidung an. Alles, was ich tue, fühlt sich falsch an.

Der silberne Toyota Camry hält am Straßenrand, wo ich warte. Ich spähe zum Seitenfenster hinein.

„Steig ein", sagt Margaret.

Unendlich dankbar setze ich mich auf den Beifahrersitz.

Sie zieht die Nase kraus. „Du hast eine Fahne. Wollen wir mal hoffen, dass Mama schon schläft." Die Uhr auf dem Armaturenbrett steht auf eins.

Ich fummele ein bisschen am Sicherheitsgurt, bis er einrastet. „Danke fürs Abholen." Mein Gesicht ist verquollen. Ich wollte nicht die ganze Fahrt im Taxi vor einem Fremden weinen. Aber jetzt habe ich mich einigermaßen im Griff.

Margaret hat ihre getupfte Schlafanzughose an, ein Tanktop und pinkfarbene Flipflops von Old Navy. Gähnend klopft sie sich mit den Fingern auf den Mund. „Gut, dass ich noch wach war und das Telefon gehört hab. Was ist passiert?"

Wir fahren los. Ich schaue zu dem Haus, das hinter uns langsam kleiner wird, es ist immer noch erleuchtet, das leise Hämmern der Musik dringt nach draußen. Ich hab mich von Thom nicht verabschiedet. Bin einfach gegangen. Ob er sich fragt, wo ich hin bin? Mein Handy ist dunkel und stumm. Mein Magen ist in Aufruhr, und ich weiß nicht, ob das vom Alkohol kommt oder vom Gefühlsbeben.

„Na ja, das Übliche. Ich war mit meinem Freund da. Und ein anderer Junge ist aufgetaucht, um mir seine Liebe zu gestehen. Ich wusste einfach nicht, wie ich damit umgehen soll." Ich sage es leichthin und mit ironischem Unterton. Ich bringe sogar ein kleines Kichern zustande.

„Du glühst", sagt sie. Das liegt auf jeden Fall am Alkohol. „Du bist echt knallrot. In dieser Hinsicht hast du wohl Mamas Gene erwischt. Siehst du, du bist auch eine typische Chinesin." Wenn Mama ein Glas Wein trinkt, wird sie so rot wie die Nase von Rudolph dem Rentier. Obwohl Margaret mir schon öfter vorgeworfen hat, ich würde mir vieles nicht so zu Herzen nehmen wie sie, weil ich nicht chinesisch aussehe, trifft ihre Bemerkung mich überraschend hart. Nur weil ich nicht immer genauso reagiere wie sie, heißt das noch lange nicht, dass ich nicht chinesisch wäre. Ich drehe mich zum Fenster und verstumme.

Margaret schaut kurz zu mir herüber, während wir durch die leeren nächtlichen Straßen fahren, hier und da werfen die Straßenlaternen gelbes Licht auf den Asphalt. „Und, haben sie sich um deine Hand duelliert oder so?"

Ich sehe sie nicht an. „Nicht direkt. Den, der mir seine Liebe gestehen wollte, habe ich weggeschickt. Und dann hab ich dich angerufen, ohne noch mal reinzugehen und mich zu verabschieden. Mein Gott, ich bin so chaotisch. Ich hab alles kaputtgemacht."

„Wieso? Nur weil du keinen von beiden erwählt hast?", fragt sie ungläubig. „Klar, es ist eine große Tragödie, nicht dein Freund zu sein, aber ich denke, dass zwei quasi erwachsene Männer damit schon fertigwerden. Man muss sich nicht unbedingt einen Mann aussuchen, weißt du."

Ich seufze. „Wie empathisch du mal wieder bist."

„Von wem sonst kriegst du die liebevolle Strenge, die du brauchst?"

„Von Mama? Und Violet? Praktisch von allen in meinem Leben. Wo ist die Liebe ohne Strenge? Dafür bräuchte ich jemanden."

„Ich verstehe immer noch nicht so ganz, wo das Problem liegt. Willst du einen von beiden? Oder keinen? Beides ist möglich."

„Ich möchte niemandem wehtun. Ich möchte einfach die richtige Entscheidung treffen." Ich rutsche tiefer in den Sitz und stöhne.

„Okay, bitte kotz mir nicht ins Auto. Wir sind gleich da."

„Das Auto gehört jetzt mir", murmele ich. „Du wohnst hier nicht mehr."

Wir biegen in die Einfahrt ein. Das Haus ist dunkel. Als ich mich aufsetze, gucke ich direkt auf das Garagentor, das jetzt schneeweiß ist, sogar weißer als bei unserem Einzug. Das haben sie wirklich gut hingekriegt. Den ganzen Dreck überstrichen.

Bevor ich reingehe, muss ich noch ganz lange auf das Garagentor gucken. Man kann überhaupt nicht mehr erkennen, dass es verunstaltet war.

Nachdem Margaret mich die Treppe hinaufmanövriert hat (im Dunkeln), ohne dass ich hingefallen bin oder jemanden geweckt habe, bringt sie mich ins Bett, als wäre ich fünf.

„Ich bin betrunken", sage ich.

„Hier." Sie reicht mir ein Glas Wasser. „Trink das aus, dann fülle ich es wieder auf und stelle es dir auf den Nachttisch für den Fall, dass du in der Nacht Durst kriegst." Dann holt sie den Papierkorb aus der Ecke und stellt ihn neben mein Bett.

Langsam trinke ich das Wasser. Ich bin benommen, aber kein bisschen müde. Margaret setzt sich auf den Bettrand und schaut sich um. „Du musst hier wirklich mal aufräumen."

„Mir gefällt es so."

Sie schnaubt und schiebt einen Plüschhasen mit dem Fuß weg. Sie schaut mich an. „Kommst du auch wirklich klar?"

Als wir klein waren, haben wir uns ein Zimmer geteilt. Wir hatten ein Doppelstockbett. Das war wohl eine der Kleinigkeiten, die Mama verändert hat, nachdem unser Vater gegangen war. Wir bekamen ein Stockbett. Jetzt fällt mir wieder ein, dass wir beide oben schlafen wollten und Margaret schließlich verzichtete. Bevor sie auf die Junior High wechselte, bekam sie ein eigenes Zimmer. Da war ich acht, und die erste Nacht allein war die einsamste meines Lebens.

„Kannst du heute Nacht hier schlafen?", frage ich wie ein ängstliches kleines Mädchen. Vielleicht bin ich das jetzt gerade ja auch.

Lange Zeit bleibt es still, und ich denke schon, sie sagt, ich soll nicht so ein Baby sein. Doch dann nimmt sie mir das halb volle Wasserglas aus der Hand und stellt es auf den Nachttisch. „Aber du musst mir versprechen, dass du mich nicht vollkotzt."

„Versprochen!"

„Na gut. Rutsch rüber."

Sie schwingt ihre Beine ins Bett und ich rücke auf die andere Seite. Sie macht es sich unter der Decke bequem. Meine uralte

Matratze, die an das Gewicht von zwei Personen nicht gewöhnt ist, sinkt leise meckernd ein. Margaret atmet ruhig und regelmäßig. Mir war bisher nicht aufgefallen, wie still, totenstill es normalerweise ist, wenn ich schlafen gehe. Es ist so natürlich, ihren Atem zu hören, dass ich mir kaum vorstellen kann, wie ich je ohne dieses Hintergrundgeräusch schlafen konnte.

Gerade als die Dunkelheit mir allmählich das Bewusstsein vernebelt, ändert sich ihr Atemrhythmus und sie flüstert: „Warum wolltest du eigentlich, dass ich dich von der Party weghole? Wovor hast du solche Angst?"

Wovor ich Angst habe? Die Liste ist lang und wächst stetig. Früher dachte ich, dass man, wenn man älter wird, keine Angst mehr kennt, als würde man sich eines Tages in einen Erwachsenen mit lauter Kreditkarten verwandeln und zack ist man mit einem Schlag wie von Zauberhand stark und weise, begreift, wie albern all die Ängste waren, und lebt sein Leben fortan selbstbewusst und sorgenfrei. Es ist niederschmetternd festzustellen, dass nichts davon zutrifft.

Vielleicht ist das ja der Tag, an dem man wirklich erwachsen wird. Der Tag, an dem einem dämmert, dass das Leben eines Erwachsenen genauso ist, nur mit der Gewissheit, dass die Angst niemals endet und dass es für manches keine Lösung gibt.

Ich habe Angst vor Spinnen, Redeangst und Angst vor Lochmustern (was sich Trypophobie nennt, wie ich aus dem Internet gelernt habe, es ist also keine Erfindung von mir). Das sind alles Sachen, die man notfalls vermeiden kann.

Es gibt aber auch Ängste, die man nicht so leicht vermeiden kann. So wie die Angst vor Einsamkeit, davor, nicht geliebt zu werden, oder andere dunkle Sachen, die man nicht mal laut aussprechen will vor lauter Paranoia, sie könnten eintreten. *Wuyazui*, sagt Mama immer warnend, wenn wir über schlimme Sachen reden. Wörtlich übersetzt heißt das „Rabenschnabel", aber es bedeutet, dass etwas Schlimmes vielleicht eintritt, wenn man es ausspricht.

„Ich weiß nicht, Margaret", flüstere ich schließlich. „Ich glaube, ich hab Angst, das Falsche zu tun. Mich für den Falschen zu entscheiden. Und dann hab ich es für immer verkackt."

„Normalerweise sind solche Entscheidungen nicht so weitreichend. Ziemlich unwahrscheinlich, dass du es für immer verkackst."

„Oder ich entscheide mich für etwas, und es ist verkehrt, und ich kann es nicht mehr rückgängig machen. Und dann bereue ich es für immer und ewig." Ich drehe mich zu ihr und sehe ihr Profil. Sie starrt an die Zimmerdecke. „Manchmal bin ich wie paralysiert. Und dann entscheide ich eben gar nichts."

Margaret blinzelt langsam und sagt nichts.

„Ich wünschte, irgendwer könnte mir einfach sagen, was ich machen soll. Mir immer helfen, genau das Richtige zu tun."

„Leider gibt es das nicht", sagt sie sanft.

Ich lache. „Ja, danke, dass du mich auf den Boden der Tatsachen zurückholst." Sie grinst. „Wovor hast du denn Angst?", frage ich neugierig. Ehrlich gesagt macht Margaret nie den Eindruck, als hätte sie vor irgendwas Angst. Halb erwarte ich, dass sie so etwas sagt. Doch ihre Antwort kommt wie aus der Pistole geschossen.

„Davor, ein schlechter Mensch zu sein. Eine Heuchlerin."

Das überrascht mich. „Wieso solltest ausgerechnet du ein schlechter Mensch sein? Du versuchst doch immer, das Richtige zu tun."

„Vor einer Woche hast du mich noch ein Miststück genannt", bemerkt sie trocken.

„Du weißt genau, dass ich das nicht so gemeint habe", sage ich verlegen.

„Ich versteh das schon. Ich denke nicht genug über die Gefühle anderer nach. Ich tue ihnen weh", flüstert sie.

Ich denke an unser altes Doppelstockbett und dass sie mir erlaubt hat, oben zu schlafen. Es war ihr nie egal, was mir wichtig ist. Ich betrachte ihr Profil im silbernen Licht, das von draußen hereinscheint. Meine Schwester, kleiner als ich immer denke, im Dunkeln. Einen flüchtigen Moment lang kommt es mir so vor, als wären unsere Ängste nicht wahr, zumindest nicht so wahr, wie wir sie darstellen.

Während des Schuljahrs spreche ich manchmal wochenlang nicht mit ihr, wir schreiben uns auch nur selten. Aber als ich sie zu Beginn der Ferien angerufen und gesagt habe, dass wir sie brauchen, hat sie sich sofort in den Flieger gesetzt. Und als ich sie auf der Party angerufen habe, stand sie exakt eine Viertelstunde später auf der Matte.

Was auch zwischen uns geschieht, ich weiß, dass Margaret immer für mich da ist, wenn ich sie brauche.

„Du bist ein guter Mensch", sage ich. „Ich kenne dich. Ganz egal, wie weit du wegziehst."

Eine lange Stille tritt ein. Ich frage mich, ob sie widerspricht. Sie raschelt mit der Decke und seufzt. „Danke", sagt sie und dreht sich auf die Seite. „Ich wäre gern mehr wie du."

Das verschlägt mir die Sprache. Wie ich? Ich bin feige und in allem, worauf es ankommt, nur durchschnittlich. Ich bin nicht mal die Heldin meiner eigenen Geschichte. Ich wäre immer gern wie Margaret gewesen – erfolgreich und selbstsicher. Ich glaube nicht, dass es so ganz stimmt, was sie sagt. „Ist dir schon mal der Gedanke gekommen, dass wir, wenn wir nur ein Mensch wären, perfekt wären?", platze ich heraus.

Das ändert die Stimmung schlagartig. Margaret prustet los, und ich bin ein bisschen beschämt und beleidigt, muss aber gegen meinen Willen grinsen. „Auf jeden Fall", sagt sie und wischt sich die Tränen aus den Augen. „Echt."

Schließlich döse ich mit Margarets Wärme neben mir weg und schlafe mit einem Lächeln ein.

„Sie haben sich den heißesten Tag des Jahres ausgesucht. Fast wäre es mir lieber, es würde regnen und das Ganze würde um eine Woche verschoben", murmelt Bakersfield und tupft sich die Stirn mit einem Taschentuch ab. Aus irgendeinem Grund haben alte Leute immer ein Taschentuch zur Hand, und einen Moment lang sehe ich eine Schublade mit weißen, bestickten Taschentüchern in seinem Schrank vor mir, von denen er jeden Tag eins in seine Tasche steckt.

„Immerhin verkaufen sie am Stand neben uns Eiskaffee", sage ich. „Eine sehr gute Idee von denen, die die Plätze verteilt haben." Ich fächele mir mit einem Flyer für den Markt Luft zu. Der Plastikbecher mit Eiskaffee, den ich mir heute Morgen gekauft habe, ist schon ganz schwitzig. Von Eiskaffee kann nicht mehr die Rede sein.

Unsere Backwaren sind hübsch verpackt auf dem Tisch angerichtet, hinten im Zelt stehen weitere Tabletts. Fast alle Kuchen sind von mir, und darauf bin ich stolz. Gestern habe ich von morgens bis abends gebacken und die Kuchen, nachdem sie abgekühlt waren, für den Transport verpackt. Ein köstlicher Duft hing den ganzen Tag in der Bäckerei. Ich habe absichtlich die Tür zur Küche offen gelassen in der Hoffnung, der Duft würde Daniel anlocken, aber ich habe ihn nicht zu Gesicht bekommen.

„Wo ist denn Ihr Enkel?", frage ich Bakersfield so beiläufig wie möglich, als könnte Daniel von mir aus auch in Tansania sein.

Bakersfield sieht mich durchdringend an. „Zu Hause. Er kommt später vorbei. Wieso? Schreib ihm doch einfach."

„War nur eine Frage", sage ich achselzuckend, doch ich überlege schon, wann er wohl kommt, und schaue mich um. Seit Mikes Party haben wir nicht miteinander gesprochen. Vielleicht will er ja auch gar nicht mehr mit mir reden – ich könnte es ihm nicht verdenken. Ich habe es nicht verdient, ihn wiederzusehen, aber die Vorstellung, dass er nach diesem Sommer abreist, hat etwas Endgültiges, und das tut weh.

Violet ist aus den Ferien zurück, sie kommt heute auch. Ich bin aufgeregt vor dem Wiedersehen. Es gibt so vieles, was ich ihr noch nicht erzählt habe, und ich muss ihr alles persönlich sagen. Aber ich weiß nicht, ob hier der richtige Ort dafür ist. Sie kommt ja, um zu sehen, welcher Kuchen den Wettbewerb gewinnt.

Ich habe die Vanille-Zitronen-Törtchen eingereicht, über die Bakersfield sagt, sie seien das Beste, was ich bisher gebacken habe. Ich finde das auch. Es gibt noch ein paar weitere Stände mit Backwaren – darunter einen mit Cupcakes und einen mit Pasteten, und ich habe mir vorgenommen, alles zu probieren. Aber ich bin zuversichtlich, was meine Törtchen angeht.

Trotz der Hitze wimmelt es von Besuchern. Links und rechts der Haupteinkaufsstraße sind die Zelte aufgebaut, die meisten schlicht weiß, doch ein paar farbenfrohe Zelte stechen heraus. Unseres ist weiß. Am Ende der Straße ist eine Bühne aufgebaut, auf der Livemusik quer durch alle Genres gespielt wird. Jetzt gerade tritt eine Bluegrass-Band auf, das Banjo erklingt fröhlich in der Menge.

Vorher haben Accidental Audio gespielt, doch ich bin nicht hingegangen. Ich hätte es nicht ertragen, die Jungs zu sehen und ihr übliches Geplänkel anzuhören, als wäre alles in bester Ordnung. Thom hat mir geschrieben und gefragt, wieso ich auf der Party ohne Abschied gegangen bin, aber ich habe nicht geantwortet. Ich weiß, dass ich mich aus dieser Beziehung nicht einfach davonstehlen kann, und am Ende wird die Konfrontation nur umso schlimmer sein. Aber was soll ich bloß sagen? Ich bin einfach noch nicht bereit, mit ihm zu reden. Und bei dem ganzen Durcheinander mit Daniel bin ich nicht in der Lage, mir zu überlegen, wie ich am besten mit Thom Schluss mache.

Bakersfield lässt sich auf einen Stuhl hinter mir sinken und trinkt laut glucksend eiskaltes Wasser aus der Flasche. Er grummelt etwas davon, wie sehr er es bereut, dass er sich hierzu hat überreden lassen, aber wir haben heute Vormittag schon so viel verkauft wie sonst an einem ganzen Wochenende, also kann er sich wirklich nicht beklagen.

„Hey", sagt jemand hinter mir. Es ist Daniel.

„Ah", sage ich schnell. „Hallo."

Bakersfield grunzt etwas zur Begrüßung. Dann herrscht Schweigen.

Es ist seltsam, ihn bei Tageslicht wiederzusehen, im Kopf das Bild von ihm, wie er niedergeschlagen und beschämt in der Dunkelheit verschwunden ist. Mein Herz zieht sich ein wenig zusammen.

Daniel lässt sich nichts anmerken. Er beherrscht das Pokerface viel besser als ich.

„Ich dreh mal eine Runde und gucke, ob ich einen Mittagssnack finde", sage ich, um das Schweigen zu brechen. Ich habe überhaupt keinen Hunger. „Soll ich dir was mitbringen? Kannst du mich vertreten?"

Es ist offensichtlich, dass ich flüchten will, aber Daniel nickt bloß. „Klar. Lass dir nur Zeit. Der Empanada-Stand ist gut. Ich hab mir da schon was geholt, bevor ich hergekommen bin."

„Okay. Ich bin bald wieder da." Schnell verschwinde ich im Getümmel und widerstehe der Versuchung, zurückzuschauen. Ich frage mich, ob er wohl den ganzen Nachmittag bleibt. Ziellos streife ich umher, Hauptsache, weg von unserem Stand. Obwohl Daniel mich jetzt auf keinen Fall mehr sehen kann, scheint sich sein Blick in meinen Rücken zu bohren.

Ich biege in eine Seitenstraße ein, wo weniger los ist. Hier ist die Standmiete billiger. Es gibt ein paar Schmuckstände und lokale Bierbrauer.

Da sehe ich Thom und seine Freunde, sie lachen und rufen. Als sie mich entdecken, winken sie mich zu sich, ehe ich abtauchen kann. Auf Braydens Gesicht meine ich kurz einen leicht zerknirschten Ausdruck zu erkennen. Alle halten Becher mit Bier in den Händen. Ich rieche die Mischung aus Alkohol und Schweiß von ihrem Auftritt heute Morgen.

„Da bist du ja", sagt Thom. Er reicht mir seinen Becher und legt mir einen Arm um die Taille, etwas zu fest. „Ich hab dich schon überall gesucht." Er fragt nicht, wieso ich nicht auf seine Nachrichten reagiert habe. Wahrscheinlich ist das hier nur eine Show für seine Kumpels. Er will nicht, dass wir vor ihnen streiten. Wir spielen das Liebespaar.

Okay, das kriege ich hin. Wir tun ja schon seit Langem so, als wäre alles in Ordnung. Mir dämmert, dass ich von Anfang an immer eine Show vor ihm abgezogen habe. Die coole Annalie, die keinen Stress macht, die zu ihm hält, ohne etwas von ihm zu verlangen. Traurig. Wenn ich mit ihm zusammen bin, weiß ich nicht mal mehr, wer ich überhaupt bin.

Aber jetzt ist es nur noch ein Tag. Wenn der Markt vorbei ist, habe ich Zeit, mit ihm zu sprechen. Morgen mache ich es.

„Kommst du mit uns, ein paar verschiedene Stände ausprobieren? Wir wollten uns gerade was zu essen holen, und dann vielleicht zu einer Bowlingbahn oder so."

„Klar. Was zu essen. Gute Idee", sage ich.

Ich folge ihnen aus der Seitenstraße hinaus zu den Essensständen und hoffe, dass wir Daniel nicht über den Weg laufen. Der Duft von Grillfleisch und gebuttertem Mais steigt uns in die Nase. Der Rauch von den Grills ringelt sich hoch in den klaren blauen Himmel.

Thom beugt sich zu mir herüber. „Was möchtest du?"

„Ich hab gehört, die Empanadas sollen gut sein."

„Okay." Wir gehen zum Empanada-Stand, und die anderen holen sich zwei Stände weiter Burger, sodass wir kurz allein sind. Ich bestelle eine Empanada mit Hühnchen und eine mit Mais und krame in meinen Taschen nach den losen Dollarscheinen, die ich dabeihabe.

„Ich mach das schon." Thom reicht einen Zwanziger hinüber und bestellt für sich zwei Empanadas mit Rindfleisch.

„Danke. Das war aber nicht nötig."

„Du bist meine Freundin. Ich möchte dich einladen", sagt er gut gelaunt, aber ich höre einen Unterton heraus, als wollte er betonen, dass ich ihm gehöre. Damit ich das bloß nicht vergesse.

Ich beiße in die Empanada, die vor Mais und Käse überquillt, und versuche Thom mit seiner besitzergreifenden Art in die Schranken zu weisen.

Jemand tippt mir auf die Schulter. Ich drehe mich um.

„Hmmm?"

„Da bist du ja." Es ist Violet.

„Hi! Oh, entschuldige. Ich bin voller Käse." Ich umarme sie vorsichtig mit abgespreizten Händen, damit ich ihre Kleider nicht mit Fett oder Krümeln beschmiere. Sie ist braun geworden und hat die Haare zu zwei Zöpfen geflochten. Sie hat tollen orangen Lidschatten aufgelegt, nach dem ich sie später unbedingt fragen muss. Sie hat mir gefehlt.

„Hi Thom", sagt sie um mich herum. „Wird langsam Zeit, dass wir uns mal kennenlernen, was?" Sie wirft mir einen Blick zu, und wieder habe ich ein schlechtes Gewissen. „Ich warte schon so lange darauf."

Ich winde mich innerlich, denn ich will eigentlich gar nicht mehr, dass Violet Thom kennenlernt. Nicht nach alldem. Doch sie deutet meine Miene falsch, was kein Wunder ist, denn sie hat schon den ganzen Sommer gebettelt, und ich habe ihn versteckt wie ein schmutziges Geheimnis. „Wenn du willst, kann ich auch wieder gehen."

„Nein, Quatsch", sage ich. „Echt nicht. Ich muss dir nachher noch was erzählen."

Thom zieht eine Augenbraue hoch. „Noch was erzählen? Worüber redet ihr Mädchen überhaupt?"

„Das hat nichts mit dir zu tun", sage ich mit Nachdruck. „Keine Sorge."

Als er versteht, was ich meine, ändert sich sein Gesichtsausdruck sofort.

„Hä, wovon redet ihr?", fragt Violet.

„Nichts", sagen wir wie aus einem Mund. Ich bin das Lügen so leid. Ich will meine beste Freundin nicht anlügen. Langsam vergiftet es mein Leben, dass ich Thom zuliebe dieses Geheimnis bewahre. Ich will nicht, dass alles den Bach runtergeht.

Betretenes Schweigen macht sich breit.

„Wie heißt du noch mal?", platzt Thom heraus.

Himmel hilf.

Violet macht einen Schritt zurück und guckt uns entgeistert an, als sie im selben Moment wie ich begreift, dass ich sie meinem Freund gegenüber kein einziges Mal erwähnt habe, dass ich nie vorhatte, sie einander vorzustellen. „Sie heißt Violet", sage ich. In unserem Jahrgang sind kaum mehr als hundert Leute. Ich kenne alle mit Namen, auch wenn ich mit einigen noch nie ein Wort gewechselt habe. Ich strecke die Hand nach ihr aus. „Hey", sage ich, aber es ist zu spät.

Sie schüttelt den Kopf. „Nein, nein, keine Sorge. Lass gut sein, ich hab schon verstanden." Sie tritt den Rückzug an.

Die anderen Jungs kommen mit ihren Burgern herüber. „Was ist los?", fragt Mike mit vollem Mund.

„Ich hab hier nichts verloren", sagt Violet mit feuchten Augen. „Tschüs." Und schneller als ich blinzeln kann, taucht sie in der Menge ab.

„Scheiße", murmele ich. Ich komme mir vor wie der letzte Arsch. „Ich muss gehen."

„Nein, warte, bleib", sagt Thom. „Warum lässt du mich immer so stehen? Bin ich dir nicht mehr wichtig?"

Ich schaue ihn an, sein schönes Gesicht, das ich jetzt so gut kenne und in dem sich Verwirrung und Frust spiegeln. Ich versuche mich an alles zu erinnern, was ich an ihm mag. An all die Jahre, die ich ihn angehimmelt habe. Die vielen Tagträume davon, Thoms Freundin zu sein. Und jetzt bin ich genau da, wo ich immer sein wollte, und will im Grunde nur weg.

Ich kann nicht so tun, als wüsste ich nicht, was für ein Mensch er ist. Ein Feigling. Jemand, der meinen Schmerz beiseitewischt, um seine Freunde zu schützen.

Ich könnte genauso sein. Oder ich kann ich selbst sein, mich für die Seite meines Wesens entscheiden, die ich verborgen habe, um ein Mädchen darzustellen, mit dem jemand wie Thom zusammen sein möchte.

„Ich will das nicht mehr." Die Worte, von denen ich nie gedacht habe, dass ich sie aussprechen würde, fallen wie Steine in einen spiegelglatten Teich.

Erst sagt er nichts. Dann: „Was?"

„Geh einfach", sage ich leise. „Ich möchte hier vor allen keine Szene machen." Die Jungs versuchen so zu gucken, als würden sie nicht zuhören. Was für ein Albtraum.

„Hey, nicht hier, okay?" Er schaut sich nervös um. „Komm. Lass uns allein reden." Er nimmt meine Hand, und obwohl ich nirgendwo mit ihm hingehen will, reiße ich mich nicht los. Wir schlängeln uns hinter ein paar Ständen durch in eine gepflasterte Gasse. Ich frage mich, wie es an unserem Stand aussieht. Ich muss bald mal wieder zurück.

Die leichte Brise von heute Morgen ist verschwunden. Die Gluthitze der Mittagszeit liegt reglos und schwer auf unseren Schultern. Zwischen den beiden Gebäuden ist über unseren Köpfen ein blauer Streifen zu sehen. Der Lärm des Stadtfests ist gedämpft. Hier ist niemand außer uns.

„Das kommt jetzt wirklich wie aus dem Nichts, A", flüstert er drängend. „Das kannst du nicht bringen, nicht so aus heiterem Himmel. Ich will darüber reden." Wie seltsam, dass es für ihn aus dem Nichts kommt, aber wahrscheinlich ist der Gedanke für mich nur deshalb altbekannt, weil ich ihn ständig im Kopf habe. Thom kommt mir so nah, das hat etwas Klaustrophobisches. Seine Hände auf meinen fühlen sich feucht und verzweifelt an.

„Es tut mir leid", sage ich. „Ich glaube einfach nicht, dass wir einander guttun. Nach allem, was passiert ist und was ich weiß."

Thom will meine Hände weiter festhalten, und ich versuche sie wegzuziehen. Aber er lässt mich nicht. Sein Griff ist eisern, als wäre er ein Ertrinkender und ich der Rettungsring.

Da sehe ich aus dem Augenwinkel Mike in die Gasse kommen. Er ist uns gefolgt. Die anderen sind nirgends zu sehen.

„Ich muss jetzt gehen. Thom ... Thom ... lass mich los!" Er lässt mich los und ich stolpere rückwärts.

„Okay, okay", sagt er. „Das tut mir echt leid. Das wollte ich nicht. Es tut mir leid. Lass uns jetzt keinen Blödsinn machen. Was hältst du davon, wenn du zurückgehst und mich heute Abend anrufst? Okay?"

So verzweifelt habe ich ihn noch nie erlebt. Fast tut er mir leid. Aber ich rufe ihn heute Abend ganz bestimmt nicht an. Ich rufe ihn nie mehr an.

Nach einer Weile scheint mein Schweigen bei ihm anzukommen.

Er tauscht einen Blick mit Mike, als ob sie eine stumme Verabredung treffen.

Mike macht einen Schritt auf mich zu. „A", sagt er ernst. „Wir müssen reden."

„Wir? Wieso das denn?"

Er spricht langsam, als wollte er sichergehen, dass ich ihn verstehe. So wie manche Leute mit Mama reden, wenn sie denken, dass sie kein Englisch versteht. „Thom hat mir gesagt, dass er es dir erzählt hat. Das mit eurer Garage."

Wie in Zeitlupe dringen seine Worte zu mir durch. Erst sehe ich nur, wie sich sein Mund bewegt, und höre seine Worte wie eine Reihe von Tönen, ohne Bedeutung. Es dauert einen Moment, bis die Bedeutung hinterherkommt, als würden die Worte in Lichtgeschwindigkeit reisen, während ihr Sinn in Schallgeschwindigkeit folgt.

„Du hättest es ihr nicht sagen sollen, Mann", sagt Mike. „Ich hab dir doch gesagt, du sollst nichts sagen."

„Ich wollte meine Freundin nicht anlügen", sagt Thom schroff. Er sieht mich an. „Ich wollte nicht, dass es so kommt."

Ich schüttele den Kopf, ich zittere am ganzen Körper. Ich möchte das alles verstehen. „Wolltest du mit mir zusammen sein, weil du dachtest, nur so kannst du mich zum Schweigen bringen?"

„Nein! Natürlich nicht!"

„Warum dann?"

Thom hebt verzweifelt die Hände. „Weil ich dich mochte! Das hier ist keine gigantische Verschwörung. Ich war mit dir zusammen, weil ich dich mochte. Weil ich dich mag. Du hast es herausbekommen und das hat alles versaut, aber das war ja nicht so geplant."

Ich weiß nicht, ob ich vor Wut zittere oder vor Traurigkeit. Ich nehme meine Gefühle nur als riesige Welle wahr, die mich immer wieder überspült. „Nicht ich hab es versaut, weil ich es herausbekommen habe. Ihr habt es versaut, weil ihr es getan habt." Ich gucke Mike an, der die Stirn gerunzelt hat. „Warum? Warum habt ihr das getan?", frage ich ihn.

Seine Miene ist gleichgültig, er verzieht nur leicht den Mund. Mir fällt erst jetzt auf, wie unangenehm ich das finde. „Es war ein Fehler, Annalie. Wir waren betrunken. Das gebe ich zu. Du weißt, dass wir dumme Sachen machen, wenn wir betrunken sind." Thom nickt schweigend.

Wir waren betrunken, wir waren betrunken. Ich sehe den grellroten Schriftzug an unserem Garagentor vor mir, den Klecks in der Ecke des ersten Buchstabens, als hätte der Sprayer erst zu fest auf den Druckknopf gedrückt. Die Feindseligkeit dahinter. Woher kommt die? Vom Alkohol? Ist sie immer da, irgendwo tief vergraben, und der Alkohol holt sie nur an die Oberfläche? Kann man es wirklich aufs Saufen schieben?

Mike redet immer noch, die Stimme ruhig und beherrscht. Es klingt alles schlüssig. Glaubwürdig. Ein netter Junge. So ein Junge, auf den die Öffentlichkeit schaut und sagt: *Mach ihm nicht das Leben kaputt. Mach ihm nicht das Sportstipendium kaputt, nur wegen so einem dummen Spruch.* „... waren zufällig in der Gegend ... hatte nichts mit dir zu tun."

Diese Bemerkung sticht heraus. Der Rest ist wie Radiorauschen, denn seine Argumente sind läppisch, und nichts, was er sagt, kann die Tat erklären. „Moment mal", sage ich scharf. „Wie meinst du das, es hatte nichts mit mir zu tun? Wie kann das nichts mit mir zu tun haben?"

„Wir dachten an Margaret und ihre Nervereien in der Schule", sagt er entschuldigend. „Ich weiß, dass du auch da wohnst, aber du bist anders."

„Inwiefern bin ich anders?"

„Du siehst ja nicht mal asiatisch aus. Du brauchst dir das nicht anzuziehen."

Wie oft habe ich das schon zu hören bekommen. Von Mrs Maples. Von Bakersfield, der mich für weiß hält, während er Violet als asiatisch erkennt. Ich denke an die vielen Male, als Mama für mein Kindermädchen gehalten wurde, und wie ich den Mund gehalten habe, als Li Bin geärgert wurde. Ich habe nicht widersprochen, mich manchmal sogar dahinter versteckt. Für Margaret schien klar zu sein, dass ich ihren Schmerz nicht nachempfinden kann.

Ich habe es mein Leben lang zu hören bekommen, aber die Art, wie Mike es jetzt sagt, als wäre es ein Segen, keine Beleidigung, verletzt mich. Verstört mich zutiefst. Gibt mir das Gefühl, unter meiner Haut unsichtbar zu sein.

Und das will ich nicht mehr. Ich will gesehen werden.

„Ich bin chinesisch", sage ich, aber er hört mir schon nicht mehr zu, sieht mich nicht mehr an.

Er leiert nur die Worte herunter, die er sich für diesen Moment zurechtgelegt hat. „Die Geschichte ist Monate her. Wir wollen nur … wir wollen, dass du das Ganze nüchtern betrachtest. Du willst mit Thom Schluss machen, und das geht mich nichts an, okay? Aber lass es jetzt nicht an den Falschen aus."

„An den Falschen?"

„Pass auf." Er reibt sich den Nacken. „Das Ganze ist nicht so einfach. Und ich will da nicht reingezogen werden. Aber du hast mich verstanden, oder? Dass ich mir Sorgen mache, was du jetzt vorhast? Ich hätte sonst nicht davon angefangen. Ich weiß, dass das eine Sache zwischen dir und Thom ist."

Wie lächerlich. Zwischen mir und Thom. Das geht doch ganz klar uns vier an. Mehr noch, es geht auch Margaret etwas an. Und

Mama. Und Daniel. Und alle Chinesen und Chinesinnen in dieser Stadt, vielleicht sogar alle Ostasiaten. Im Grunde geht es alle etwas an, die als anders wahrgenommen werden.

Thom steht abseits, als würde er sich am liebsten raushalten – als würde er am liebsten gar nichts mit alldem zu tun haben.

„Du willst, dass ich es niemandem sage." Die Worte hinterlassen einen bitteren Nachgeschmack.

„Ich will dir nicht vorschreiben, was du zu tun und zu lassen hast", sagt Mike. „Mir geht es nur darum, dass du jetzt nichts Unvernünftiges machst. Nicht, dass ich dich für unvernünftig halte. Ich meine nur, dass wir aus Wut oder so manchmal Dinge tun, die wir nicht so meinen. Tu nichts, was du nicht so meinst."

„Aber du willst, dass ich es niemandem sage. Was ihr getan habt. Du und Brayden." Ich werde lauter. Es erschreckt mich, wie die Wut durch meine Adern rauscht. Ich kann kaum atmen. Unter meinen Rippen sitzt ein Stein, den ich nicht wegbekomme. „Das war ein Hassverbrechen, weißt du", sage ich so beiläufig wie treffsicher.

Mikes Blick wird ausdruckslos, und er schiebt die Lippen vor. Erst jetzt fällt mir auf, dass er ganz schmale Lippen hat, die er zu einem Schmollmund verzieht, wenn er seinen Willen nicht bekommt. „Ich glaube nicht, dass du weißt, wovon du da redest."

„Ich glaube, wir wissen beide sehr gut, wovon ich rede." Meine Wut macht mir jetzt regelrecht Angst. Ich wusste nicht, dass ich zu solcher Wut fähig bin. Sie sitzt so tief, dass ich befürchte, ich könnte davon etwas zurückbehalten, wie ein Tattoo. Allmählich verstehe ich, warum Margaret so besessen davon ist, die Täter zu finden. Ich kann ihren unerbittlichen Zorn nachempfinden.

Ich weiß jetzt, was es heißt, jemanden zu hassen.

„Du kennst uns doch, A", sagt Mike leise. „Du weißt, wie wir sind. Wir sind doch keine Rassisten."

Das Gleiche hat Thom zu mir gesagt. Sie sind keine Rassisten. Das will heutzutage keiner sein, ein Rassist. Aber ich weiß nicht, wie ich Rassisten von Leuten unterscheiden soll, die, sobald sie besoffen sind, rassistische Beleidigungen verbreiten. Falls es da einen Unterschied gibt, habe ich die Bedeutung des Wortes Rassist vielleicht noch nicht ganz verstanden.

Allein das Wort ist mir unangenehm. Es ist so krass, so anklagend. Aber Mike und Brayden – sie sind nicht vor dem Wort „Schlitzaugen" zurückgeschreckt. Sie haben es riesengroß auf unser Garagentor gesprayt. Während ich schon ein Problem mit dem Wort Rassist habe.

Absurd.

„Okay, Mike. Klar." Ich lache klirrend. „Leg dir ruhig alles so zurecht, wie es dir passt. Und ich tue das, was mir passt."

„Komm, Alter, lass uns gehen. Das hat doch nichts mit der Trennung zu tun. Lass gut sein", sagt Thom zu Mike. „Annalie, wir können später darüber reden. Es tut mir leid. Ich wollte das Ganze nicht so aufblasen."

Mike rührt sich nicht. Er kneift die Augen zusammen. „Ich kann dir nicht vorschreiben, was du zu tun hast. Aber ich kann dir sagen, wie es laufen wird. Du machst mit Thom Schluss, und direkt danach lässt du einen Haufen Anschuldigungen los. Denkst du, dass dir irgendjemand glaubt?"

„Ich hab Beweise."

„Gar nichts hast du. Und mein Vater kennt zig Anwälte. In der Schule bist du unten durch. Und keiner wird dir glauben, da kannst du Gift drauf nehmen. Dein Wort gegen meins."

„Du bist ein rassistisches Arschloch."

„Und du bist eine dumme Fotze." Normalerweise würde ich vor diesen Worten zurückzucken, aber bei Mike überrascht mich gar nichts mehr. Ich bin eiskalt, obwohl es hier draußen brütend heiß ist.

„Mike!", ruft Thom.

Mike funkelt mich an. Er kommt auf mich zu, Thom bleibt zurück. Ich weiß nicht, was Mike vorhat. Ich weiche zurück, doch er kommt näher. Ich werde von Angst gepackt. Hau ab, ruft mein Gehirn. Aber ich kann nicht. Die Botschaft erreicht meinen Körper nicht.

Da kommt hinter Mike jemand in die Gasse.

„Was ist hier los?"

Daniel. Er schaut zwischen mir auf der einen Seite und Mike und Thom auf der anderen Seite hin und her. Mikes Körpersprache, Nacken angriffslustig vorgebeugt, vorgerecktes Kinn, bestimmt sieht Daniel die Angst in meinem Blick. Ich kann nichts verbergen. Pokerface hab ich einfach nicht drauf.

Wie hat er uns gefunden?

Mike taxiert Daniel mit seinen gut eins neunzig kurz. Er guckt verächtlich, wagt sich jedoch nicht näher. Dann lässt er die Schultern sinken. „Daniel, oder?", sagt er. Er versucht sich zu beruhigen, was ihm nach ein paar Sekunden auch tatsächlich gelingt. Seine Haare sehen immer noch aus wie frisch gekämmt. Ich wirke bestimmt ziemlich hysterisch. Mir dämmert, dass Mike recht damit haben könnte, wem die Leute glauben werden.

„Schön, dich zu sehen, *Kumpel*", spottet er mit pseudobritischem Akzent. „Viel Spaß noch auf dem Stadtfest, ihr zwei. Denk an meine Worte, A. Glaub nicht, wir hätten nicht mitgekriegt, was zwischen dir und deinem neuen Freund hier abgeht. Wie praktisch, dass er grad hier war, um dich zu retten, was?"

Die Botschaft ist eindeutig: Ich bin eine treulose Schlampe, die Thom und seine Freunde reinreißen will.

Daniel und ich schauen ihnen nach, als sie gehen. Thom blickt mich kein einziges Mal an. Wir stehen da, bis sie nicht mehr zu sehen sind.

„Violet hat gesagt, ich soll dich suchen gehen", sagt Daniel.

Ich bin erschöpft. Und ängstlich. Und wütend. Und traurig. Und alles Mögliche dazwischen. Ich fühle mich verloren und verraten und verkauft. Mike und seine Freunde – und ja, auch Thom – haben mir das Gefühl der Sicherheit in unserem Haus genommen. Ich dachte immer, ich gehöre hierher, doch von nun an werde ich mich immer fragen, wer das möglicherweise anders sieht.

Am liebsten möchte ich Daniel entgegenbrüllen, dass ich keinen Mann brauche, der für mich den Retter spielt, weil ich auf mich selbst aufpassen kann und keinen bestellt habe, und wieso bildet er sich überhaupt ein, dass ich ihn jetzt sehen will?

Und ich möchte ihm sagen, dass er nicht hätte auftauchen sollen, weil ich es sogar irgendwie gut gefunden hätte, wenn Mike mich geschlagen hätte, denn dann hätte ich wenigstens einen handfesten Beweis, und dann hätte ich gesehen, ob Thom, wenn es drauf ankommt, auch mal mich verteidigt und nicht bloß seinen rassistischen Freund. Ein kleines bisschen hoffe ich immer noch, dass Thom sich für mich entscheidet. Dafür, das Richtige zu tun, so schwer es auch ist. Aber letztlich hat Thom sich schon entschieden. Und zwar nicht für mich.

Und, noch wichtiger, ich hab mich nicht für ihn entschieden.

Ich möchte Daniel außerdem sagen, dass es mir leidtut und

dass ich ihn mag und wünschte, ich hätte meine Zeit nicht mit Thom vergeudet. Wenn ich ihm doch nur einen Bruchteil dessen erzählen könnte, was mir durch den Kopf geht. Aber ich weiß nicht, was ich sagen soll, und manchmal ist das auch ganz in Ordnung.

Vielleicht finden wir eines Tages die richtigen Worte, doch jetzt gerade steht er einfach nur mit mir in dieser Gasse, geschützt vor der Sonne. Im Dunkeln, aber nicht allein.

20
MARGARET

Ich sitze im Schatten von Mamas größtem Rosenstrauch in unserem Garten und lese, als Annalie zur Hintertür herausstürmt. Ihre Haare sind zerzaust. Ihre Augen sind feucht, als hätte sie geweint.

Sofort stehe ich auf. „Was ist los?" Ich weiß, dass sie auf dem Stadtfest war und am Backwettbewerb teilgenommen hat. „Wie ist der Wettbewerb gelaufen?"

Kurz wirkt sie überrascht, dann macht sie eine wegwerfende Handbewegung. „Ach so, das. Ja, ich hab gewonnen."

„Das ist ja toll!"

„Es geht nicht um den Backwettbewerb." Sie wird rot. „Ich muss dir was sagen."

„Annalie", sage ich langsam. Ihr Blick macht mir Angst. „Was ist passiert?"

Sie wippt auf den Fußballen, schlingt die Arme um ihre Schultern und blinzelt.

„Ist alles in Ordnung?"

„Ich weiß, wer unsere Garage besprayt hat", flüstert sie. Sie holt tief Luft. „Ich weiß es schon lange. Es tut mir leid."

Ich weiß nicht, was ich erwartet habe, aber ganz sicher nicht das. Ich antworte nicht. Sie kommt zu mir herüber und setzt sich zerknirscht vor mir ins Gras.

„Es waren zwei Jungs, die ich kenne", sagt sie bitter. „Aus der

Schule. Freunde von meinem Freund." Sie hält inne. „Exfreund, besser gesagt." Sie lacht hart auf.

„Das tut mir leid." Sie wirkt nicht gerade wie am Boden zerstört, aber bestimmt ist es ihre erste Trennung. Was für ein Ende. „Wie hast du es herausgefunden?"

„Ich wusste es, als ich ihre Trikots in dem Video gesehen hab. Und dann hab ich ihn darauf angesprochen. Eigentlich wollte ich es gar nicht wissen, aber er hat sofort zugegeben, dass es seine Freunde waren. Er hat mich gebeten, nichts zu verraten, und ich hab es ihm versprochen."

Sie sieht mich nicht an.

Ich mache die Augen zu. Ich wusste es. Ich wusste, dass es nicht irgendwelche x-beliebigen Fremden waren.

Ich dachte, wenn wir den Schuldigen fänden, würde ich eine Art Triumph empfinden. Ein erster Schritt auf dem Weg zur Gerechtigkeit. Doch ich empfinde nichts dergleichen. Schließlich waren es nur zwei Schuljungen. Ich bin enttäuscht und auch ein bisschen traurig darüber, dass Annalie sie kennt. Dumme Jungs, aus denen dumme Männer werden. Solche gibt es wie Sand am Meer, ich kenne diese Sorte. Typen, die sich betrinken und dich anmachen, und wenn du nicht mit ihnen ins Bett willst, werfen sie dir eine rassistische Bemerkung an den Kopf, weil es das Erste ist, was ihnen einfällt.

„Warum erzählst du es mir jetzt?"

Sie zuckt die Schultern. „Keine Ahnung, ich dachte mir, du solltest es erfahren. Falls du sie anzeigen willst oder so."

„Ich kenne sie nicht. Ich kann sie nicht anzeigen. Ich hab es ja nur von dir gehört." Ich beuge mich zu ihr herunter. „Es ist dein Job, etwas zu sagen, wenn du das willst."

Sie schüttelt den Kopf. „Ich dachte, du würdest ausflippen. Ich dachte, du wärst jetzt schon auf dem Weg zur Polizei."

„Ich auch", sage ich. „Aber du hast recht. Im Grunde lebe ich hier gar nicht mehr richtig. Es ist dein Zuhause. Dein Kampf. Und du hast versprochen, sie nicht zu verraten."

Sie schnaubt. „Also, das kümmert mich jetzt nun wirklich nicht mehr. Thom hatte doch tatsächlich Angst, dass ich mich von ihm trenne und es dann weitererzähle."

„Wow. Was für ein Mistkerl."

„Aber ich hab ihn die ganze Zeit in Schutz genommen und bis zum Schluss nichts gesagt. Es ist also auch meine Schuld." Ihre Augen sind feucht. Sie blinzelt und schweigt eine Weile. „Wenn ich erst jetzt mit dieser Anschuldigung um die Ecke komme, wirkt das wie eine billige Rache, oder?"

„Vielleicht. Trotzdem ist es die Wahrheit."

„Glaubst du, ich bin dann unten durch?", fragt sie ängstlich und rutscht unruhig hin und her.

Mein Beschützerinstinkt meldet sich. Die Highschool ist hart. Das vergesse ich manchmal, weil ich immer schon an das Leben danach gedacht habe, daran, hier rauszukommen. Annalie ist anders. Sie lebt im Augenblick. „Bei manchen vielleicht", sage ich vorsichtig. „Wenn du sie anzeigst."

Sie sieht mich lange an, halb ärgerlich, halb belustigt. „Mann, musst du immer die Wahrheit sagen?"

„Tut mir leid."

„Einer der Typen, die dabei waren, hat etwas gesagt, was mir nicht mehr aus dem Kopf will."

„Was denn?"

„Er hat gesagt, er hätte unser Haus wegen dir besprayt, und

ich müsste mir das nicht anziehen, weil ich nicht asiatisch aussehe." Sie sagt es mit unbewegter Miene, aber ich sehe, wie es sie verletzt. „Da ist mir erst bewusst geworden, dass du dich vor den Anfeindungen nie so verstecken konntest wie ich. Es tut mir leid, wenn ich nicht für dich eingetreten bin und die Dinge nicht so gesehen hab wie du. Es tut mir echt leid, Margaret."

Ich schüttele den Kopf. „Nein. Hör auf. Sag das nicht. Mir tut es leid, dass ich dir das Gefühl gegeben hab, du wärst nicht asiatisch genug. Du und ich, wir sind gleich. Aber natürlich darfst du immer anderer Meinung sein als ich."

Jetzt weint sie, und ich tue etwas, das ich schon ganz lange nicht mehr getan habe. Ich nehme sie in die Arme und halte sie, so fest ich kann. Ich habe sie so oft von mir weggestoßen, und jetzt wünsche ich mir ausnahmsweise, ich könnte sie bei mir behalten.

Als Annalies Schniefen leiser wird und schließlich verebbt, lasse ich sie los. Danach gibt es nichts mehr zu sagen. Wir bleiben noch eine Weile sitzen. Ich weiß nicht, was sie vorhat, aber so finster, wie sie guckt, kann ich es mir denken. Vielleicht stellt sie sich ihre letzten Tage in Frieden vor, bevor sie die Bombe hochgehen lässt. Ich denke daran, dass ich bald wieder ans College gehe und sie hier zurücklasse.

Es tut mir leid. Ich wäre lieber aus einem besseren Grund nach Hause gekommen. Ich frage mich, ob sie es wohl auch ein bisschen genießt, Einzelkind zu sein. So eine tolle große Schwester war ich ja wirklich nicht.

„Besuch mich doch mal in New York", sage ich schließlich. Es fühlt sich komisch an, das zu sagen. Ich habe meine Schwester noch nie zu irgendwas eingeladen, nicht mal ins Kino. Allein die Vorstellung, wie viele Stunden wir uns anschweigen würden, wenn sie mehrere Tage bei mir zu Besuch wäre. Was sollen wir miteinander reden? Was sollen wir machen? Ich rechne schon damit, dass sie mit einem Lachen darüber hinweggeht, mir einen freundlichen Korb verpasst.

Stattdessen sagt sie: „Echt? Du willst, dass ich komme?" Es klingt richtig hoffnungsvoll.

„Ja. Na klar will ich das."

„Das wär schön", sagt sie schüchtern. „Ich komme dich besuchen. Versprochen."

Und was mich am meisten überrascht – wie sehr ich mich freue. Ein Gefühl wie Blubberblasen in einer Wasserflasche, wie die aufgehende Sonne.

Ich rutsche auf meinem Stuhl herum, während die Reporterin ihre Notizen durchsieht und der Kameramann alles vorbereitet, um ein kurzes Stück über den Vorfall mit unserem Haus zu drehen. Die Reporterin arbeitet bei einem Sender in Chicago und ist extra dafür hergekommen. Wir haben unser Wohnzimmer für ein zehnminütiges Feature ausgeräumt, das auf der Website gepostet wird. Wir werden auch rausgehen, damit sie Aufnahmen von dem Garagentor machen können.

In zwei Wochen fliege ich zurück nach New York. Ich weiß, wer für das Verbrechen verantwortlich ist. Aber die Polizei weiß es nicht. Noch nicht.

Die Reporterin heißt Jenna Miles. Die glänzenden Haare fallen ihr in perfekt geföhnten Wellen über die Schultern. Ihre Lippen sind zartrosa geschminkt.

Meine Haare liegen heute nicht richtig, der Scheitel ist irgendwie verunglückt. Und bestimmt bekomme ich am linken Auge ein Gerstenkorn. Man sieht es noch nicht, doch ich spüre es schon unter der Haut.

Aber ich bin bereit. Ich habe mir genau überlegt, was ich sagen will. Das hier wird mein letztes Interview, und meine Schwester kann selbst entscheiden, ob sie weitermachen will. Dieser Sommer war kurz wie ein Wimpernschlag und zugleich unendlich lang. Zum ersten Mal widerstrebt es mir ein wenig, von hier wegzugehen.

Es ist über eine Woche her, seit ich Rajiv die *zongzi* gebracht habe. Ich habe nichts von ihm gehört, und auf der Arbeit kann ich niemanden fragen. Ich schreibe ihm nicht. Ich bitte ihn nicht, wieder mit mir zusammenzukommen. Er braucht mir nicht zu verzeihen. Das war der Sinn meiner Entschuldigung, da gibt es keinen Haken. Es gibt wirklich keinen, bis auf den, an dem ich hänge und der direkt zu seinem Herzen führt. Und davon muss ich mich selbst lösen, bevor ich nach New York zurückfliege. Wenn tausend Kilometer nicht ausreichen, dann weiß ich es auch nicht.

Jenna streicht sich die Haare hinters Ohr und nickt dem Kameramann zu. „Sind Sie bereit?", fragt sie mich.

Ich verschränke die Finger im Schoß. „Absolut."

Der Kameramann zählt herunter und legt los. Jenna spricht ein paar einleitende Sätze, dann stellt sie mir Fragen. Und ich antworte.

Ich erzähle, wie es ist, zu einer Gemeinschaft zu gehören und von einem Tag auf den anderen brutal gesagt zu bekommen, dass man „anders" ist. Wie es ist, Opfer von Rassismus zu werden und sich dann anhören zu müssen, dass es doch gar nicht richtig rassistisch war und man auch an die Gefühle der anderen denken müsse. Ich erkläre, dass man, wenn man asiatisch ist, nur gemocht wird, wenn man sich anpasst, und dass man jederzeit zum Sündenbock gemacht werden kann. Wie leicht man zwischendurch vergisst, dass man immer noch nicht dazugehört, und wie leicht man sich selbst im Zweifel von anderen People of Color abwendet. Man steht mit einem Fuß in der Tür zum Weißsein, aber man wird nie ganz reinkommen.

Ich rede immer weiter, und Jenna unterbricht mich nicht. Ich rede, bis mein Handy auf dem Tisch vibriert.

Erst ärgere ich mich über mich selbst, weil ich es nicht stumm geschaltet habe, dann sehe ich den Namen des Anrufers.

Rajiv.

Mein Mund klappt zu. In meinem Kopf ist nur noch Leere. Ich starre darauf, während es klingelt.

„Hey!", sagt Jenna. „Keine Sorge, das können wir rausschneiden."

Sofort schnappe ich mir das Handy. „Entschuldigung", sage ich. „Da muss ich drangehen." Ich laufe aus dem Zimmer und höre hinter mir Geraschel und Protest.

„Hallo?" Ich bin ein wenig außer Atem. Ich stehe im Bad und umklammere das Handy wie einen Rettungsanker.

„Margaret?" Ich höre seine Stimme leise am anderen Ende, leicht verstört, als hätte er nicht damit gerechnet, dass ich abhebe.

„Ja, ich bin's. Ich bin da."

„Ich weiß nicht, warum ich angerufen hab." Er spricht stockend. „Ich, hm, ich wollte wohl einfach mit jemandem sprechen, und du bist immer noch die Erste, die mir einfällt."

„Hey. Hey. Ist alles okay?"

Er hustet. „Ja. Es ist alles gut. Meine Mutter – sie hatte einen

Krampfanfall und wir sind im Krankenhaus, aber jetzt geht es ihr besser. Nur eine merkwürdige Nachwirkung, mit der wir nicht gerechnet hatten. Es geht ihr wieder gut. Es war nur beängstigend."

„Soll ich kommen?" Ich würde auf der Stelle ins Auto springen und Jenna im Wohnzimmer sitzen lassen.

„Nein. Natürlich nicht. Willst du, dass sie noch einen Anfall kriegt? Wenn du plötzlich im Krankenhaus auftauchen würdest, würde sie wahrscheinlich denken, sie ist in einem Paralleluniversum, so oft, wie du uns schon versetzt hast." Er lacht, seine Stimme klingt jetzt fester.

Gegen meinen Willen grinse ich ins Telefon.

„Aber danke für das Essen. Das haben wir noch am selben Tag aufgegessen. Ich hätte dir schreiben sollen. Störe ich dich bei irgendwas?"

„Nein", sage ich. „Überhaupt nicht."

„Du, ich muss jetzt Schluss machen, aber können wir uns in einer Stunde im Park treffen? Die lassen uns gleich wieder gehen. Ich will mich nur von dir verabschieden. Diesmal richtig."

All meine Hoffnungen in einem einzigen Augenblick zerschmettert. Aber trotzdem. Ich schließe die Augen. „Ich komme."

Der Stevenson Park erstreckt sich über fast einen halben Hektar, mit einem Pool, Tennisplätzen und einem Beachvolleyballplatz. Ausladende alte Eichen wölben sich mit ihren dunklen Ästen und ihren Blättern über Grashügel mit Grills und Picknicktischen. Es duftet wundervoll – ein tröstlicher, irgendwie erdiger Geruch, den ich mit zu Hause verbinde.

In dem Park gibt es einen Spielplatz, auf dem fast nie jemand ist. Er ist alt und verfallen. Für Kinder zu gefährlich. Vor allem, weil die Geräte aus rohem, splitterndem Holz sind. Die Stadt will ihn schon lange abreißen lassen und stattdessen bunte Plastikgeräte aufstellen, mit denen man sich nicht so leicht Klagen einhandelt, aber bis jetzt ist nichts passiert.

Immerhin haben sie schon große Schilder am Eingang aufgestellt, auf denen steht, dass der Spielplatz in einigen Wochen abgerissen wird. Sie machen also wirklich Ernst. Ich klettere die Leiter hoch, setze mich auf den Rand der Plattform, halte Ausschau und warte.

Bei schönem Wetter haben Rajiv und ich hier endlos viel Zeit verbracht. Der Eisladen ganz in der Nähe machte den Treffpunkt perfekt. Auf ein Eis im Park. Das war unsere Standardverabredung, so wie andere Pärchen essen gehen und dann ins Kino.

Wir haben diesen Park durch alle Jahreszeiten erlebt.

Ich warte bis nach sechs, was nichts Besonderes ist, denn ich bin immer pünktlich und Rajiv kommt immer zu spät. Ich beobachte einen Blauhäher, wie er in einem Ahorn herumhüpft. Ich versuche ruhig zu atmen. Wir müssen das mit Würde über die Bühne bringen, auch wenn ich nicht bereit bin, ihn gehen zu lassen. Wenigstens das muss ich hinkriegen.

Schließlich taucht er aus einer Baumgruppe auf. Er schlendert auf mich zu, die Hände in den Hosentaschen. Ich winke ein paarmal unsicher. Ich weiß nicht, ob ich über dieses Gespräch froh oder traurig sein soll. Er bleibt vor mir stehen. Wie ich so auf der Plattform sitze und mit den Beinen baumele und er vor mir steht, sind wir fast auf Augenhöhe. Er guckt mich finster an.

„Hi", sage ich. Mein Mund ist trocken. „Das mit deiner Mutter tut mir leid."

Sein Blick wird weicher. „Danke. Und danke, dass du drangegangen bist. Ich wollte dich zwar anrufen, bevor wir beide abreisen. Aber nicht unbedingt in so einer Situation."

„Du wolltest mich anrufen?"

„Ja." Er grinst. „Dachtest du, ich würde dich ghosten wie du mich beim Abschlussball? Einer von uns beiden ist der Reifere in der Beziehung."

„Sehr witzig."

„Der Witzigere bin ich auch."

Jetzt muss ich lachen, das schafft er immer bei mir, deshalb kann ich ihm nicht widersprechen.

„Siehst du?"

Lächelnd schüttele ich den Kopf.

Er zögert, dann legt er seine Hände auf die Plattform. Ich rutsche ein Stück zur Seite, er springt hoch und setzt sich neben mich.

„Ich habs wohl so richtig vermasselt, was?", sage ich leichthin. Es ist ein Versuchsballon, ich hoffe, dass er anders reagiert als erwartet.

Er sieht mich von der Seite an. „Ja, allerdings. Aber fairerweise muss man sagen, dass wir es hätten wissen müssen. Wegen der Horoskope. Wir stehen unter einem schlechten Stern, wir mussten einfach scheitern."

Es ist lustig gemeint, für mich ist es trotzdem niederschmetternd. Aber ich lasse mir nichts anmerken.

„Tja, und bald fliegst du wieder zurück. Ich gehe auch in ein paar Wochen wieder ans College. Ich wollte das nicht so stehen lassen, weißt du."

Ja, ich weiß. „Das war schlimmer als unsere Trennung."

„Das weiß ich nicht. Unsere Trennung war schon ziemlich

schlimm. Aber na ja, ich wollte es jedenfalls nicht so stehen lassen. Wir hatten mehr als drei gute Jahre. Ich dachte, wir würden nie wieder ein Wort miteinander reden, und dann tauchst du plötzlich bei Fisher & Johnson auf, und ich denke, das Universum will mich total verarschen, aber gleichzeitig ..." Er reibt sich die Stirn.

„Gleichzeitig dachte ich, vielleicht meint das Universum es ja gut mit mir. Es kann doch nicht sein, dass wir beide im selben Sommer zu Hause sind – vor allem du – und beide ein Praktikum in derselben Kanzlei machen. Das konnte unmöglich ein unbedeutender Zufall sein."

„Du dachtest, wir kommen wieder zusammen?"

„Ich weiß nicht", sagt er heftig. „Du nicht?"

Zum ersten Mal, seit wir nebeneinander auf der Plattform sitzen, die uns so vertraut ist, dass ich mich frage, ob das Holz sich an unsere Beine erinnert, sehen wir uns an. Rajivs tintenschwarze Augen sind so tief, wie ganz starker schwarzer Tee. „Doch", flüstere ich.

„Ich werde jetzt nicht behaupten, ich hätte nie aufgehört dich zu lieben oder so. Das hab ich. Aufgehört, dich zu lieben, meine ich. Mein erstes Jahr am College war super. Ich hab Freunde gefunden. Hab mich mit anderen Mädchen getroffen. Ich hab echt oft an dich gedacht, aber ich hatte nicht vor, dir ewig nachzuheulen. Ich war vollkommen über dich hinweg. So sehr, dass ich dachte, wir könnten uns eines Tages beim Jahrgangstreffen begegnen und auf eine nette, nostalgische Art über früher reden, so nach dem Motto ‚Ach, das waren doch schöne Zeiten', ohne uns gegenseitig fertigzumachen."

Tränen laufen mir aus den Augen und still übers Gesicht. Ich kann sie nicht wegwischen, ohne dass er meinen jämmerlichen

Zustand bemerkt. Ich hasse es zu weinen, aber in letzter Zeit passiert mir das andauernd. Als wäre bei mir diesen Sommer so was wie ein emotionaler Damm gebrochen, und jetzt dreht mein Körper als Gegenreaktion auf die jahrelange Selbstbeherrschung in jedem unpassenden Moment die Schleusen auf.

„Aber als ich dich am ersten Tag sah, hat mich das sofort wieder in unser letztes Highschool-Jahr zurückversetzt. Ich sah dich und ich wollte dich. Und ich hab dich so schnell wieder geliebt, dass ich gar nicht mehr wusste, weshalb wir uns getrennt hatten."

„Aber dann ist es dir wieder eingefallen."

„Dann ist es mir wieder eingefallen." Er sieht mich nicht an; wenn ich mich ruhig verhalte, merkt er wahrscheinlich nicht, dass ich weine.

„Es tut mir leid", sage ich, diesmal in sein Gesicht. „Ich wollte nicht zurückkommen und dir den Sommer verderben."

„Du hast mir nicht den Sommer verdorben. Ich dachte nur, wir hätten eine Chance, weißt du? Ich dachte, du willst vielleicht einen Neuanfang wagen. Damals haben wir so viel Ballast mit uns herumgeschleppt."

„Man kann nicht neu anfangen."

Er streicht sich die Haare aus dem Gesicht. „Warum konntest du nicht einfach mit mir über deine Mutter reden? Du hast kein einziges Mal mit mir darüber gesprochen. Ich hab nicht von dir erwartet, dass du einen Atomwaffenvertrag aushandelst. Ich hab von deiner Mutter keine Wunder erwartet. Aber du hast mich weggestoßen, dabei hätte ich doch derjenige sein müssen, dem du mehr vertraust als allen anderen. Wir hätten eine vereinte Front bilden können."

Er hat recht, natürlich. Ich dachte, ich würde ihn vor Mama beschützen und Mama vor ihm. Aber ich habe einfach nach Mamas Logik gehandelt und die Konfrontation vermieden.

Ich kann das Vergangene nicht ungeschehen machen, aber ich kann das Zweitbeste tun. Ich erzähle ihm, was Mama am Abend des Abschlussballs gesagt hat.

„Sie hat mich vor die Wahl gestellt", sage ich. „Zwischen dir und ihr." Ich ziehe die Knie an die Brust wie ein kleines Mädchen. „Ich hatte Angst, sie zu verlieren. Das war hart. Aber es war ein Fehler, dich einfach zu versetzen. Es war unfair dir und auch Mama gegenüber."

Er schüttelt den Kopf. „Ich war bereit, für uns zu kämpfen", sagt er. „Aber du hast mich einfach fallen gelassen. Das Komische ist, ich hab dich ja gerade dafür geliebt, dass du superschlau und taff warst, und ich wusste, dass du eines Tages wahrscheinlich Senatorin oder so was wirst, weil du, wenn du etwas wirklich willst, mit Herz und Kopf hundertprozentig dabei bist. Ich hab deine Energie geliebt und deinen Ehrgeiz. Ich fand es toll, dass du nie einen Rückzieher gemacht hast, und ich dachte, das würde sich auch auf mich erstrecken. Daran habe ich geglaubt, bis zum Schluss."

„Ich weiß. Wenn ich die Zeit zurückdrehen könnte, würde ich mich anders entscheiden. Ich würde mir die Schuhe anziehen und aus dem Haus gehen. Ich würde vor dem Abschlussball zu euch kommen, Zeit mit deiner Mutter verbringen. Mit euch zu Abend essen. Bei der Fotosession dabei sein. Ich würde versuchen, einen guten Eindruck zu machen. Ich würde mit dir zum Ball gehen. Würde deine Hand halten, dich mit nach Hause nehmen und Mama vorstellen, anstatt dich zu verstecken. Ich wünschte, ich hätte das damals gekonnt."

Aber man kann die Zeit nicht zurückdrehen. Man kann nicht einfach neu anfangen. Man kann jemanden nicht unbegrenzt von sich stoßen. Irgendwann kommt er nicht mehr zurück.

„Es tut mir so wahnsinnig leid", sage ich wieder. „Du musst mir nicht verzeihen. Ich wollte nur, dass du das weißt."

Er sieht mich eindringlich an, prüfend, als wollte er etwas entscheiden. Ich kann seine Miene nicht deuten. „Danke, dass du das gesagt hast. Ich wünschte auch, es wäre anders gelaufen."

Ich verberge die Enttäuschung, die ich bei seinen Worten empfinde. Nicht mehr und nicht weniger habe ich schließlich erwartet.

Er tippt mit seinem Schuh gegen meinen. „Ich bin froh, dass wir darüber gesprochen haben. Am Morgen danach war ich so wütend, dass ich nicht wusste, was ich tun sollte. Das ... hat geholfen."

„Das ist gut."

„Außerdem dachte ich mir, wir treffen uns und ich lade noch ein letztes Mal so richtig meine Gefühle bei dir ab. Das fandst du doch immer toll. Wenn ich alles vor dir ausgebreitet habe, während du ganz rational bliebst und nach einer Lösung gesucht hast. Immerhin hast du dich diesmal revanchiert."

Ich lache und wische mir die Tränen vom Gesicht. „Ja, das ist ein guter Abschied."

Die Luft strömt mir kühl ins Gesicht. Ich bin erschöpft, aber seltsamerweise auch ruhig. Alle Anspannung ist von uns gewichen, wir sind nur noch Rajiv und ich, wie ganz zu Anfang. Nebeneinander. Unsere langsamen Atemzüge gleichen sich einander an, während wir den letzten Hauch des Sommers betrachten, bevor wir diesen Zwischenstopp verlassen und jeweils in unser neues Leben zurückkehren. So bezaubernd war der orange Abendschein im Stevenson Park noch nie.

„Es ist schön hier", sage ich.

„Ja, echt."

„So werde ich uns in Erinnerung behalten. Nur das Gute."

Er dreht sich zu mir. „Ich finde ja, so richtig gut war es, als wir zusammen waren."

„Es war schon toll, oder? Hat sich gelohnt?"

„O ja. Zum Beispiel war es nicht übel, Stunden bei *Barnes and Noble* zu verbringen, einen Kaffee nach dem anderen zu schlürfen und Kreuzworträtsel zu lösen, während die Bedienung ganz stinkig wurde, weil wir dort jeden Samstag fünf Stunden am Stück abhingen."

Ich lächele.

„Oder wenn meine Eltern nicht da waren und du heimlich zu mir gekommen bist und in meinem Bett über deinen Hausaufgaben eingeschlafen bist. Du hast geschnarcht."

„Hab ich nicht!"

„O doch." Seine Hand krabbelt an meine heran. Ich tue so, als ob ich es nicht merke, doch da ist ein schmerzlicher Hoffnungskeim, der die harte Schale meines Herzens durchbricht.

„Es war schön, dass du dich bei mir entspannen konntest, sogar deine Haltung. Wenn keiner in der Nähe war, hast du die Schultern hängen lassen, und ich durfte es sehen." Seine Fingerspitzen sind bei meinen angelangt.

„Es ist schön, dass du dich nie änderst und mich trotzdem immer noch überraschen kannst", flüstert er.

Ich sage nichts. Die Vergangenheit lässt mich herumwirbeln. Die Gegenwart lässt mich abheben.

„Es ist schön, wie du innerhalb von zehn Minuten mein Herz eroberst, selbst wenn ich dich drei Wochen nicht gesehen habe.

Selbst wenn ich dich ein ganzes Jahr nicht gesehen habe. Ich glaube, du könntest noch nach einem ganzen Leben mein Herz erobern. Ich will nur, dass du dich für mich entscheidest, okay?"

„Okay."

Und jetzt ist keine Zeit, kein Raum mehr zwischen uns. Er streckt die Arme aus und ich lasse mich hineinfallen, seine Lippen auf meinen, seine Hände in meinem Haar und auf meiner Wange, sein überwältigender Duft, und in dem letzten kurzen Moment, in dem ich noch einen klaren Gedanken fassen kann, denke ich: Ja zu dem hier, Ja zu uns, Ja, Ja, und noch mal Ja.

Dies ist das Ende von unserem Ende.

Es ist der Anfang von unserem Anfang.

Und diesmal treffen wir unsere eigenen Entscheidungen.

21
ANNALIE

Am Ende nehme ich mir eins nach dem anderen vor.

Ich vertrage mich mit Violet.

Wir setzen uns unter einen Baum in ihrem Garten, um dem Tohuwabohu in ihrem Haus zu entkommen. „Ich kann einfach nicht glauben, dass du mir das nicht erzählt hast", sagt sie.

„Es tut mir leid. Ich hätte es dir sagen müssen. Ich wusste, wenn ich dich sehe, dann erzähle ich dir sofort alles. Aber ich war noch nicht so weit. Ich war so eine schlechte Freundin wegen diesem ganzen Schlamassel. Ich hatte einfach Angst."

„Wovor?"

„Davor, dass du mich verurteilst, weil ich es wusste und nichts unternommen hab. Und weil ich mit Thom zusammen war." Allein schon mein Verhalten Violet gegenüber hätte mir zeigen müssen, dass mit meiner Beziehung etwas ganz und gar nicht stimmen kann. Wenn ich mich mit Thom wohlgefühlt hätte, hätte ich ihn nicht vor meiner besten Freundin verstecken wollen. Jetzt erkenne ich das so deutlich.

„Nur dass das klar ist, natürlich verurteile ich dich dafür", sagt sie und grinst. „Nicht zu fassen, dass du ihn so lange angehimmelt hast, obwohl er so ein Riesenarsch ist."

Ich stupse sie gegen die Schulter.

„Aber ich würde dich nicht verurteilen, wenn du ihn nicht anzeigen willst."

„Echt nicht?" Ich ziehe eine Augenbraue hoch.

„Na ja, ein bisschen vielleicht schon. Aber nur, weil diese Typen, wenn du nichts sagst, einfach ihr Leben weiterleben können wie bisher, ohne irgendwelche Konsequenzen." Sie seufzt. „Darauf wird es wahrscheinlich so oder hinauslaufen. Aber du musst es wenigstens versuchen, oder?"

„Mach ich auch."

Sofort wird sie munter. „Echt?"

„Ich muss noch mit meiner Familie darüber reden, aber ja. Ich will es machen." Wenn ich es ausspreche, finde ich es doch ein bisschen gruselig. Ich werde mich wohl dran gewöhnen müssen.

„Sehr gut", sagt Violet. „Da bin ich froh."

„Bist du immer noch meine Freundin, wenn keiner mehr was mit mir zu tun haben will?"

Sie schnaubt empört. „Ich geh mit dir durch dick und dünn. Natürlich halte ich zu dir, ganz egal, was passiert. Selbst wenn du entschieden hättest, nichts zu tun." Sie grinst. „Obwohl, wie gesagt, insgeheim hätte ich dich ein bisschen verurteilt. Nur insgeheim! Unter uns. Als Freundin."

Ich muss lächeln. „Dann verzeihst du mir? Ich wollte Thom nicht vor dir verstecken, weil ich mich deinetwegen geschämt hätte. Ich hab mich seinetwegen geschämt."

Sie umarmt mich. „Da gibt es nichts zu verzeihen", sagt sie.

Eine kühle Brise streicht durch die Blätter. Es liegt schon eine Ahnung von Herbst darin. Das Licht wird weicher. Bald, allzu bald müssen wir wieder zur Schule. Margaret wird fort sein. Und Daniel. Aber ich habe immer noch Violet.

Ich verabschiede mich von Daniel.

Er reist schon früher ab. Er will sich noch mit seinen Eltern in Maine treffen und mit ihnen Urlaub machen, bevor das Studium losgeht.

Sein Opa und ich bringen ihn zum Bahnhof, von dort fährt er nach Chicago zum Flughafen. Der Zug hat Verspätung, und Bakersfield geht sich einen Kaffee holen.

Das ist wahrscheinlich unsere letzte Gelegenheit, allein zu sein. Verlegen stehen wir da und wissen nicht, wie wir die peinlichen Themen ansprechen sollen. Wenn das hier ein Film wäre, wären wir allein, ich würde ihm vor seiner Abreise meine Gefühle gestehen, und im letzten Moment würden wir uns küssen und uns schwören, dass die Entfernung kein Problem für uns ist. Aber das hier ist kein Film. Und ich weiß nicht, wo wir stehen.

Wir hätten darüber sprechen sollen, was wir einander bedeuten, aber auf dem Stadtfest haben sich die Ereignisse überschlagen, und dann …

Tja, dann ist uns die Zeit davongelaufen.

„Ich wünsch dir eine gute Reise", sage ich. „Maine muss echt schön sein."

„Das mag sein", sagt er. „Komischerweise finde ich es hier auch ziemlich nett. Ich habe wohl gelernt, unvoreingenommen zu sein. Und ich bin mir fast sicher, dass Maine nicht mithalten kann."

„Dann war mein Sommerprojekt ja wohl ein voller Erfolg", scherze ich. „Aber warum so skeptisch in Bezug auf Maine?"

Sein Blick sucht meinen. „Weil du nicht da bist."

Ich fühle mich, als hätte ich einen Heliumballon verschluckt.

Ich präge mir genau ein, wie er in diesem Moment aussieht. Leicht strubbeliges Haar für den ersten Zug frühmorgens. Langärmeliges steingraues Leinenhemd, der oberste Knopf offen. Der leichte Sonnenbrand auf dem Nasenrücken, den er sich auf dem Stadtfest in der Sonne des Mittleren Westens geholt hat. Das kantige Kinn und die breite Stirn.

„Ich will ...", setze ich an.

Die Glocke läutet zum Zeichen, dass der Zug in den Bahnhof einfährt.

„Jetzt gehts los", sagt Bakersfield hinter mir. Ich lasse die Hand sinken, die schon auf dem Weg zu Daniels Gesicht war. Ich spüre die Enttäuschung. Der Moment ist vorbei.

Daniel sieht mich noch einmal hilflos an. Ich schüttele kaum merklich den Kopf. Fahr nicht, möchte ich sagen. Bleib bei mir.

„Bis dann." Er sagt es wie ein Versprechen, während er zum Zug geht. „Das meine ich ernst."

Dann ist er verschwunden. Und ich bleibe mit Herzeleid zurück. Jetzt weiß ich, dass es das wirklich gibt.

Ich erzähle Mama die Wahrheit.

Bevor Margaret zurück nach New York fliegt, sitzt unsere kleine dreiköpfige Familie beim Abendessen zusammen am Tisch, und ich erzähle Mama, was ich weiß.

„Ich werde sie anzeigen", sage ich. Der schwache Lichtkreis der Deckenlampe hüllt uns ein. Ich sehe uns im Spiegel gegenüber. Wenn wir so zusammensitzen, ist unsere Familienähnlichkeit deutlicher denn je. Mama und Margaret haben schon immer gleich ausgesehen, aber ihr Gesicht ist auch mein Gesicht.

Mama seufzt. Ich warte darauf, dass sie mir sagt, ich soll es sein lassen. Dass sie ihre Liste von Gründen herunterleiert, weshalb wir einfach weitermachen sollten, wie wir es immer tun. Ihr Mantra. Ich warte darauf, dass sie enttäuscht ist. Aber sie sagt nur: „Bist du dir sicher?" Gleißende Überraschung durchfährt mich.

„Ich bin mir sicher."

Ängstlich huscht ihr Blick zwischen meiner Schwester und mir hin und her. Wieder steigt Wut in mir hoch, und der Wunsch, sie zu beschützen. Es ist so gemein, dass meine Mutter in ihrem eigenen Haus Angst haben muss. Ich schaue zu Margaret, und wir verstehen einander.

„Wenn du es nicht möchtest, lasse ich es sein", füge ich mit fester Stimme hinzu. Es gibt Wichtigeres.

Sie legt ihre Hand auf meine. „Deine Entscheidung", sagt sie. „Ich bin auf deiner Seite." Jetzt spricht sie chinesisch. „Meine Töchter, alle beide so erwachsen. Ich kann euch nicht mehr vorschreiben, was ihr tun sollt." In ihrem Ton schwingt eine Art Stolz mit, den ich bei ihr noch nie gehört habe.

„Aber versuchen wirst du es trotzdem", sagt Margaret trocken.

Wir lachen zusammen, und es schallt durchs ganze Haus. Ich verstaue diesen Moment mit uns dreien sorgfältig zusammen mit den Erinnerungen, die ich für immer behalten will.

Ich zeige Mike und Brayden an.

Margaret bietet mir an, mich zu begleiten, aber ich möchte allein gehen. Die Polizeiwache ist in einem flachen rechteckigen Betonbau untergebracht. Schmale Fenster sind wie Gucklöcher in die Fassade eingelassen. Noch während ich die Treppe hochgehe, sagt eine Stimme in meinem Kopf: *Du kannst noch umkehren. Kehr jetzt um.*

Doch ich kehre nicht um.

Ich gehe durch die schwere Doppeltür aus Glas und meine Beine tragen mich weiter. Ich komme mir vor, als würde ich jede meiner Bewegungen von außen beobachten. Am liebsten würde ich vorspulen und alles schon hinter mir haben. Bis mir klar wird, dass diese Geschichte, wenn ich der Polizei alles erzähle, nie vorbei sein wird. Jedenfalls noch sehr lange nicht.

Eine Polizistin gibt mir ein Formular zum Ausfüllen und bittet mich zu warten. Ich sitze da wie im Wartezimmer beim Arzt und tippe nervös mit den Fingernägeln auf die metallenen Armlehnen des Stuhls.

Du kannst immer noch gehen, auch jetzt noch.

Ein Polizeibeamter kommt auf mich zu. Ich schließe die Augen. In meinen Träumen sehe ich das rote Graffiti auf unserem Garagentor. Ich habe Thom im Ohr, wie er mich bittet, nichts zu sagen.

Ich hole tief Luft. Und dann rede ich.

Danach mache ich weiter, so gut ich kann. Was auch immer das bedeutet. Denn letztlich muss ich das ja.

In der Schule ist es einerseits besser und andererseits schlimmer als erwartet.

Die Staatsanwaltschaft erhebt tatsächlich Anklage: wegen Sachbeschädigung in Tateinheit mit gemeinschaftlicher Volksverhetzung. Falls Mike und Brayden verurteilt werden, drohen ihnen eine Geldstrafe von bis zu fünfundzwanzigtausend Dollar und möglicherweise ein bis drei Jahre Gefängnis. Solche Strafobergrenzen kamen mir bisher immer irreal vor, aber wenn ich erlebe, dass Menschen, die ich kenne, mit allen Mitteln dagegen vorgehen, wirken sie doch ziemlich echt. Ich habe deswegen sogar ein schlechtes Gewissen, was natürlich absurd ist, denn ich habe sie nur angezeigt. Sie haben das Verbrechen begangen, nicht ich. Trotzdem bleibt ein dumpfes Schuldgefühl.

An den ersten Tagen werde ich hauptsächlich angestarrt. Damit hatte ich gerechnet. Alle tun so, als würden sie nicht starren, versagen aber komplett.

Einige kommen auf mich zu, Leute, mit denen ich noch nie ein Wort gewechselt habe, und sagen, sie könnten es gar nicht fassen, dass Mike und Brayden so etwas Rassistisches an unsere Garage geschrieben haben, und sind voller Bewunderung dafür, dass ich das herausgefunden und sie angezeigt habe.

Aber es ist nicht so, dass jetzt niemand mehr etwas mit Mike und Brayden zu tun haben wollte.

Als ich die beiden das erste Mal sehe und sie mich, erstarren wir alle. Ich mache mich auf alles gefasst. Einen endlosen Moment lang sehe ich Mike an. Er wird rot, und ich sehe förmlich alle Flüche, die ihm durch den Kopf gehen. Aber er kneift nur die Augen zusammen und sagt etwas zu den anderen, die dabeistehen, was ich nicht hören kann. Alle lachen und drehen sich weg, auch Thom. Ich weiß nicht, ob er etwas über mich gesagt hat oder nicht. Und das ist wohl auch nicht weiter wichtig. Trotzdem versetzt es mir einen Stich.

Viele Leute hängen weiter mit ihnen ab, trotz der Gerichtsverfahren.

Laut Violet sind selbst diejenigen, die glauben, dass Mike und Brayden getan haben, was ich behaupte, nicht der Meinung, dass man für ein Wort auf einem Garagentor ins Gefängnis kommen, fünfundzwanzigtausend Dollar zahlen oder als Rassist abgestempelt werden sollte. Und viele glauben wirklich, genau wie Mike es prophezeit hat, dass ich mich nur rächen will und das Ganze deshalb so aufblase. Dass ich nur sauer bin, weil Thom mich abserviert hat.

An manchen Tagen wache ich mit dem Gedanken auf, die falsche Entscheidung getroffen zu haben. In der Mittagspause wird über mich getuschelt. Einmal höre ich, wie ein Mädchen zu ihrer Freundin sagt, ich sei eine Dramaqueen.

Thom und ich laufen uns oft über den Weg. Er ist in meinem Mathekurs. Wir vermeiden es, uns anzusehen. Normalerweise schnappe ich mir, sobald die Stunde zu Ende ist, meine Sachen und verschwinde. Einmal bleibe ich noch kurz, um die Lehrerin etwas zu fragen. Hinterher stelle ich fest, dass nur noch Thom und ich im Raum sind.

Er wirkt erschrocken und peinlich berührt. Auf dem Weg zur Tür muss er an meinem Platz vorbei. Hastig kommt er näher. Mein Herz fängt an zu rasen, ich mache mich auf eine Konfrontation gefasst – eine Entschuldigung? Eine Beleidigung? –, doch er eilt wortlos an mir vorbei.

Ich bin ein bisschen enttäuscht. Ich dachte, ich könnte mit dem Vorfall abschließen, aber es sieht nicht so aus, als würde das je passieren.

Manchmal stelle ich mir vor, das Ganze wäre nicht geschehen und zwischen Thom und mir hätte es kein Geheimnis gegeben. Unser Sommer hätte genau begonnen wie in Wirklichkeit, wir begegnen uns im Eiscafé, und Margaret kommt nicht nach Hause zurück. Wir sind glücklich. Vielleicht bleiben wir bis zum Ende der Highschool zusammen. Mein letztes Schuljahr sähe vollkommen anders aus. Ich wäre beliebt, ich würde von Thom eine Einladung zum Abschlussball bekommen, die glatt auf Instagram viral gehen könnte. Ob wir wohl zusammengeblieben wären?

In solchen Tagträumen kann man sich leicht verlieren. So leicht, dass ich manchmal grün vor Neid auf dieses andere Ich bin, das Mädchen, das alles bekommen hat, was ich gern hätte. Doch die Vision hält nie lange vor. Ich denke daran, wie Thom mich behandelt hat – wie seine Wunschvorstellung von einer Freundin, nicht wie einen echten Menschen –, wie ich mich für ihn kleingemacht habe, und ich weiß es besser. Thom und ich, das hat von Anfang an nicht funktioniert.

Ich frage mich, was aus ihm später mal wird. Hat er irgendwelche Schuldgefühle, weil unsere Beziehung so geendet ist? Weil er sich auf die andere Seite geschlagen hat? Wird er daraus etwas lernen? So viele Fragen und keine Antworten.

Vielleicht begreift er eines Tages, dass er im Unrecht war. Hoffentlich.

Wohin das Leben Thom auch führen mag, ich werde auf keinen Fall daran teilhaben. Es ist nicht meine Aufgabe, einen besseren Menschen aus ihm zu machen.

Ich gehe zur Schule, halte mich bedeckt, gehe zum Flötenunterricht, nach Hause und treffe mich mit Violet. Das Ganze in Dauerschleife. Ich versuche alles hinter mich zu bringen, ohne allzu sehr darüber nachzudenken. Schließlich kehrt Ruhe ein. Ich kann mir kaum noch vorstellen, dass ich am Anfang des Sommers nichts lieber wollte als Thoms Freundin sein und endlich zu den Beliebten gehören.

Jetzt verbringe ich meine Zeit damit, mich an Colleges zu bewerben und darüber nachzudenken, was ich nächstes Jahr machen will. Ich bewerbe mich an einigen Colleges in New York und Kalifornien, aber auch in Illinois. Ich habe mich mit Rajiv über die

University of Illinois unterhalten, die so groß ist, dass mich dort niemand kennen würde, ich könnte also sein, wer ich will.

Er und Margaret sind wieder zusammen, und das freut mich wirklich.

Was mich betrifft, habe ich Daniels Nummer seit Wochen in meinem Handy gespeichert, aber noch nie gewählt. Ich möchte ihm schreiben und ihn fragen, wie das Studium ist und wie sein Urlaub war, aber ich kann mich nicht überwinden. Je mehr Zeit vergeht, desto mehr scheint unser gemeinsamer Sommer zu einer fernen Erinnerung zu werden. Habe ich mir meine Gefühle nur eingebildet? Er ist jetzt schon so lange weg, dass ich kaum noch sagen kann, ob mein Gehirn mir vielleicht nur einen Streich spielt.

„Wieso schreibst du ihm nicht einfach?", fragt Violet. „Das ist doch keine große Sache. Du musst ihm ja keine Liebeserklärung machen."

„Wahrscheinlich hat er mich längst vergessen."

„Und vielleicht starrt er genau wie du auf sein Handy und wartet darauf, dass du den ersten Schritt machst." Sie schnalzt mit der Zunge. „Ihr benehmt euch beide albern. Soll ich ihm schreiben?"

„Nein!"

„Dann eben nicht. War nur ein Angebot."

Wenn ich seinen Opa fragen könnte, wie es Daniel geht, würde ich es tun. Aber Bakersfield hat beschlossen, sich zur Ruhe zu setzen und zum ersten Mal in seinem Leben zu verreisen. In einem Gewitterregen fahre ich an der Bäckerei vorbei. Die Fenster sind dunkel und leer, und in einer Ecke steht ein Schild mit der Aufschrift „Zu verkaufen". Ich denke an uns drei in der Küche. Wie die Wärme des Ofens den Raum erfüllt hat.

Ich denke darüber nach, dass nichts für immer ist.

Und eines Tages komme ich aus der Schule nach Hause und hole mein Handy heraus. Auf dem Display leuchtet mir eine Nachricht von Daniel entgegen, als wäre überhaupt keine Zeit vergangen.

Und da ist er, der Funke, den ich tief vergraben hatte, und leuchtet ebenfalls.

Die Blätter verfärben sich, welken und wehen mit dem Wind davon, hinterlassen unsere Stadt trostlos und grau. Irgendwie bringe ich fast ein ganzes Halbjahr hinter mich.

Margaret und ich telefonieren nicht miteinander, aber wir schreiben uns ziemlich regelmäßig, und es wundert mich selbst, wie schön ich das finde. Ich buche ein Flugticket, um sie in den Weihnachtsferien zu besuchen (und – obwohl ich es mir noch gar nicht richtig vorstellen kann – auch Daniel). Ich male mir aus, wie wir in Zukunft als Schwestern verreisen, nach Italien fliegen und *gelato* essen. Vielleicht reisen wir ja sogar eines Tages nach China, wo Mama herkommt und wo wir noch nie waren. Mit niemandem würde ich lieber dorthin als mit ihr. Und ich weiß, dass ich eines Tages, falls ich mit Mama streiten muss, um Konditorin zu werden, Margaret auf meiner Seite haben werde.

Zum Homecoming-Ball gehe ich nicht mit, obwohl Violet und Abaeze mich wochenlang beknien. Ich habe keine Lust darauf, dass mich alle die ganze Zeit anstarren und gucken, ob ich mich amüsiere oder ob ich von den Ereignissen des Sommers gezeichnet bin.

Tatsächlich geht es mir meistens gut. Ich bin glücklich.

Aber, und das macht mir wirklich zu schaffen: Ganz gleich, wie viel Zeit vergeht, ich werde diesen Sommer in meiner Erinnerung immer mit dieser Sache verbinden. Und ich finde es ungerecht, dass ich diese Last tragen muss, obwohl doch mir ein Unrecht geschehen ist.

Die Erinnerung ist ein bisschen wie die Sonne – sie erhellt alles, doch wenn man zu lange hineinschaut, sticht sie. Ich spüre immer noch das bodenlose Entsetzen als ich das Wort zum ersten Mal gesehen habe, auf unserem Haus. Das werde ich nie vergessen.

Ich erzähle meiner Schwester davon, denn sie ist die Einzige, die es verstehen kann. „Das ist echt Mist", sagt sie. „Nimm die Erinnerung und verbrenn sie einfach."

Ich will sie nicht verbrennen. Ich betrachte das als bittere Verantwortung, eine, der ich bis zum Ende nachkommen muss, auch wenn es überhaupt keinen Spaß macht. Ich frage mich, ob ich wohl besser durchblicke, wenn ich aufs College gehe und wieder hierher zurückkomme, denn bis jetzt weiß ich nicht, was für eine Lehre ich aus der ganzen Geschichte ziehen soll.

Ich glaube, dass sich Margaret, die am Horizont immer nach etwas Größerem, Strahlenderem Ausschau hält, darüber freut, diese Stadt hinter sich zu lassen. Sich wie ein Phönix darüber zu erheben oder irgend so etwas Poetisches.

Und ich? Ich weiß es nicht. Ich kann nicht so losgelöst sein wie sie, den Blick immer nach vorn gerichtet. Ich brauche meinen Anker, und ich kann diese Stadt nicht einfach hinter mir lassen. Sie gehört zu mir und macht mich aus. Ich bin zwar halb chinesisch, aber China ist für mich nur eine Vorstellung. Wenn ich gefragt werde, woher ich komme, werde ich immer sagen, dass ich von hier stamme.

Mike und Brayden haben versucht mich zu verwandeln, etwas

Fremdes, Exotisches aus mir zu machen, das ausgesondert und angestarrt werden muss. Auch diese Stadt haben sie versucht zu verwandeln.

Aber ich weiß, dass die Stadt nicht nur aus dieser abscheulichen Tat besteht. Ich muss daran glauben, dass da noch mehr ist.

Während ich durchs Leben gehe und die kleinen Momente mit meinen Freunden erlebe, die Unterstützung der Lehrer, das Lächeln von Fremden, sage ich mir immer wieder, dass es auch gute Menschen gibt. Menschen können schlecht sein, aber auch gut. Das will ich nicht vergessen. Ich möchte nicht alle, die hier wohnen, voller Argwohn betrachten und mich immerzu fragen, was sie wohl über mich denken.

So langsam kommen die winterlichen Sonnenuntergänge und breiten sich über den endlosen nackten Feldern, die mit verstreuten goldenen Überresten der Herbsternte gesprenkelt sind, orange und lila fächerförmig über den Himmel aus. Wenn es dunkel wird, blinken die Windräder, unter denen Daniel und ich gelegen haben, im Gleichtakt rot vor dem Nachthimmel, der so kalt ist, dass man die Tiefe des Weltalls Millionen Meilen entfernt spüren kann.

Mit einem zärtlichen Gefühl schaue ich Mama zu, wie sie das Laub der Rosensträucher im Garten zusammenharkt und zum Schutz rund um die Stämme Erde anhäufelt. Die Zweige sind jetzt kahl und dornig, doch in ein paar Monaten werden sie voller üppiger, bunt berstender Knospen sein.

Eines Tages werden diese Ereignisse verblasst sein wie ein alter Sonnenbrand. Wenn ich meine Taschen packe, um auszuziehen und meinen eigenen Weg zu gehen, kann ich mich entscheiden, was mir an meinem Zuhause wichtig ist. Ich kann mich für die guten Sachen entscheiden, denn den Triumph, mir das zu nehmen, haben Mike und die anderen wahrlich nicht verdient.

Ich kann in den Rückspiegel schauen, während die Zukunft auf mich wartet, ein weiterer Sommer in einen weiteren Herbst übergeht. Und kurz bevor ich wegfahre, kann ich mir den Gedanken erlauben, dass es hier immer noch schön ist.

DANKSAGUNG

Zuallererst möchte ich meiner Agentin Wendi Gu einen Riesendank aussprechen, für dein unerschütterliches Vertrauen und deine unermüdlichen Anstrengungen für dieses Buch und meine Karriere. Deine Begeisterung für mein Schreiben erlaubt es mir, an mich selbst zu glauben, auch wenn mich mal der Mut verlässt. Du bist eine Heldin in deinem Beruf, und ich bin wahnsinnig froh, dich an meiner Seite zu haben. Danke dafür, dass du meine Nachrichten gleichzeitig per Mail, Messenger und Instagram empfängst. Nicht zu vergessen ist natürlich die Unterstützung der gesamten Agentur Sanford J. Greenburger, vor allem der wunderbaren Stefanie Diaz, die meine Rechte im Ausland vertritt.

Alessandra Balzer, meine Lektorin, ich bin dir so dankbar dafür, dass du etwas Besonderes in meinem Buch gesehen hast und mit mir zusammenarbeiten wolltest. Es war ein solches Vergnügen. Deine wohlüberlegten Änderungsvorschläge verblüffen mich immer wieder aufs Neue. Mein herzlichster Dank dafür, dass du das Ruder dabei führst, dieses Buch auf den Markt zu bringen.

Ein Riesendank an alle bei Balzer + Bray und HarperCollins, die an der inneren und äußeren Gestaltung dieses Buchs mitgewirkt haben: meine Umschlaggestalterin Jessie Gang, die eine fantastische Vision erarbeitet und dafür gesorgt hat, dass Robin Har, dessen Kunst ich bewundere, das Cover mit Leben gefüllt hat; Valerie Shea, Rosanne Lauer und Alexandra Rakaczki, meine Korrektorin und Endredakteurin, deren genaue Anmerkungen einfach toll waren; Anna Bernard, Caitlin Johnson, Audrey Diestelkamp, Shannon Cox, Patty Rosati, Katie Dutton, Mimi Rankin, Andrea Pappenheimer, Kerry Moynagh, Kathy Faber, die alle daran mitgearbeitet haben, dieses Buch zu den Lesern und Leserinnen zu bringen.

Joan Claudine Quiba, Eleanor Glewwe und Yesha Naik verdanke ich so viel, weil sie die Geschichte und ihre Figuren so sorgfältig behandelt und wertvolle Gedanken beigesteuert haben.

Ich bin dem gesamten UK-Team von Penguin Random House dankbar, vor allem Asmaa Isse, die das Buch eingekauft hat, und Naomi Colthurst, meiner Lektorin, die es für die Leser und Leserinnen auf der anderen Seite des Ozeans weiterentwickelt hat.

Ich danke meiner Filmagentin Mary Pender dafür, dass sie sich dafür engagiert hat, das Buch in ein neues Medium zu überführen, etwas, was ich nie für möglich gehalten hätte, während ich diese Geschichte schrieb.

Es gibt außerdem so viele Menschen, die mich auf die eine oder andere Weise im Laufe meines Lebens unterstützt und mein Schreiben damit erst ermöglicht haben, selbst wenn ich über meine Texte nie besonders viel (oder gar nicht) gesprochen habe. An alle meine Freunde und Mitarbeiter im Allgemeinen, ohne euch gäbe es dieses Buch nicht.

Ganz besonders danke ich Angela Kim und Andy Chon, nicht nur, weil ich es euch versprochen habe, sondern auch, weil ihr die Ersten wart, die dieses Buch richtig gelesen und daran geglaubt haben. Aber ich weiß auch die Jahre der täglichen Gruppentherapie per Chat zu schätzen, für meine juristische Laufbahn und mein Leben im Allgemeinen. Ich weiß nicht, wie ich ohne diesen

Austausch irgendeinen Rat erteilen oder den richtigen Strampler kaufen sollte.

Ich finde kaum die richtigen Worte, um Jessica Kokesh zu danken, meiner schreibenden Freundin und Kritikerin der ersten Entwürfe dieses Buchs. Unsere Freundschaft ist jetzt so alt, dass sie schon eine Leserin sein könnte! Mein Leben hat sich radikal verändert, als die *Percy Jackson*-Fangemeinde uns zusammengeführt hat, und ich bin unendlich dankbar dafür, dass unsere Freundschaft all die Jahre Bestand hatte, obwohl wir nie auch nur halbwegs nah beieinander gewohnt haben. Ohne deine moralische Unterstützung und deine Änderungsvorschläge hätte ich dieses Buch nicht schreiben können (und auch nicht die zahlreichen Fanfiction-Texte und unveröffentlichten Bücher der letzten zehn Jahre).

Ein Dank an die Citros und die Dragos, die mich mit offenen Armen in die große New Yorker Italo-Familie aufgenommen haben, die ich mir immer gewünscht habe, und für euren begeisterten Zuspruch für mein Schreiben.

Mein ewiger Dank an meine Familie in China und den Vereinigten Staaten. Vor allem an meine Cousine Jane Liu für ihre Übersetzungshilfe, an meinen Bruder John, der mein bester Hype-Man ist, und meinen Großvater Zhihou Liu für meine lebenslange Liebe zur Sprache.

Ein Dank an meine Eltern, die mir mein Leben in den USA ermöglicht und so viel Mühsal auf sich genommen haben, damit ich es nicht musste. Ich denke mindestens zehnmal am Tag, was für ein Glückspilz ich bin.

Und schließlich Chris: Liebesgeschichten zu schreiben ist nichts im Vergleich zu einer echten Liebesgeschichte mit dir. Danke, dass du mein Mann bist.

ENDLICH DIE HELDIN DER EIGENEN LIEBESGESCHICHTE SEIN!

Elise Bryant
ELF SCHRITTE BIS ZUM HAPPY END
Softcover
368 Seiten
ISBN 978-3-551-58450-2
Auch als E-Book erhältlich

EIGENTLICH HÄTTE TESSA ALLEN GRUND zur Freude, denn in ihrer neuen Schule darf sie sogar im Unterricht Liebesgeschichten schreiben. Endlich kann sie die Heldin ihrer eigenen Geschichte sein. Etwas Besseres kann sie sich gar nicht vorstellen. Doch ausgerechnet jetzt fällt ihr nichts mehr ein. Zum Glück weiß ihre beste Freundin Caroline Rat: Tessa muss sich einfach selbst verlieben. Und entspricht der gut aussehende Nico nicht genau dem Helden aus ihren Geschichten? Ein 11-Punkte-Eroberungsplan muss her! Aber da ist auch noch Sam mit seinen köstlichen selbstgebackenen Muffins und seiner ruhigen Art ...

WWW.CARLSEN.DE